Montréal le 29 août 2017

Mon Cher frère J[illegible]

La Sagesse [illegible] le
Seigneur qui a [illegible]
Travaillons pour l'émancipation de
la femme noire en Haïti, au Canada et
en Afrique.
Va plus haut et plus loin au service de Dieu
et de tes frères et Soeurs.
Merci pour ton amour fraternel.

Leadership féminin et action politique

Salutations prophétiques et phénoménologiques.

[illegible]

[illegible] 2014

[illegible] Jean-Baptiste ROCK

La sagesse commence avec la crainte du Seigneur qui a fait le ciel et la terre.

[illegible]

Revue Afroscopie

Sous la direction de

Benoît Awazi Mbambi Kungua

Leadership féminin et action politique

Le cas des communautés africaines du Canada

L'Harmattan

5-7, rue de l'École-Polytechnique ; 75005 Paris

www.harmattan.fr
diffusion.harmattan@wanadoo.fr
harmattan1@wanadoo.fr

ISBN : 978-2-343-02214-7
EAN : 9782343022147

Sommaire

Éditorial

Gardant résolument la même posture épistémologique, éthique et politique que le précédent numéro (Afroscopie I/2013) qui traitait du bilan de 50 ans des indépendances politiques africaines et des défis de l'intégration des Africains au Canada, cette nouvelle livraison se focalise sur l'émergence d'un leadership féminin fort ainsi que sur l'urgence de l'engagement des Africains à tous les niveaux de la stratification politique et médiatique du Canada. Revenant de trois mois d'immersion en République démocratique du Congo, je puis affirmer que ce sont les femmes africaines qui assurent l'essentiel de la subsistance des familles aussi bien dans les villages que dans les villes. J'affirme aussi que ces femmes africaines devraient s'engager aussi dans le travail proprement intellectuel de production des discours et des savoirs autonomes à travers lesquels elles s'auto-promeuvent d'elles-mêmes, par elles-mêmes et pour elles-mêmes, comme des « subjectivités conscientes et performatives » dans leurs luttes quotidiennes pour la (con)quête de leur Ipséité irréductible. J'affirme également que les femmes africaines sont aussi complices de leurs instrumentalisations et assujettissements par les pouvoirs masculins et patriarcaux, car elles entérinent – consciemment ou inconsciemment – les dominations masculines en se prêtant aux stratagèmes ambigus de la séduction féminine qui reconduisent paradoxalement les hégémonies patriarcales dans les sociétés africaines postcoloniales.

Par exemple, dans toutes les associations politiques, religieuses ou caritatives, les femmes jouent avec enthousiasme, instinct maternel et séduction féminine les rôles traditionnels de préparation des nourritures et surtout, en exhibant des danses érotiques, voire licencieuses, qui constituent le tropisme ordinaire des rassemblements politiques en Afrique et dans les diasporas africaines ; elles entérinent *de facto* leur subordination domestique, intellectuelle et sociale aux pouvoirs mâles dominants. Cette ambiance d'hystérie collective permet aux pouvoirs autocratiques et obscurantistes africains de se reproduire, sans susciter aucune contestation sérieuse, étant donné que les citoyens baignent dans une vie hédoniste, insouciante, amnésique et apathique par rapport aux affres des échecs cuisants de la postcolonie et de l'insertion servile de l'Afrique dans la mondialisation néolibérale. L'observation attentive et critique des communautés africaines d'Afrique et des diasporas montre la prépondérance de cette ambiance de jouissance et d'insouciance qui empêche une prise de conscience d'envergure sur la persistance des situations asservissantes et abrutissantes dans les diasporas africaines végétant dans les sociétés occidentales d'Europe et d'Amérique du Nord.

C'est en partant de ce constant affligeant que le Cerclecad, dans la poursuite enthousiaste de sa mission de conscientisation, de mobilisation, de responsabilisation et de subjectivation politique des communautés africaines du Canada et du continent, a organisé deux colloques ambitieux dans la salle du Sénat de l'Université d'Ottawa. Le premier colloque a porté sur l'émergence du *leadership féminin* dans les communautés africaines du Canada (15 décembre 2012) et le deuxième colloque a traité de *la question des communautés africaines et de leur engagement politique au Canada* (17 décembre 2011). Les actes de ces deux colloques visionnaires sont restitués dans ce numéro qui s'inscrit dans la même percée épistémologique et politique que le numéro précédent (I/2013) qui récapitulait les déboires et les réalisations de la postcolonie. Myriam Matondo Nkenda donne une synthèse dynamique des conférences données lors du colloque sur le leadership féminin (Chap I), Judith Houédjissin-Cardin inventorie les différentes théories sur le leadership féminin (Chap II), Nelly Mpiounag traite de la question du leadership féminin dans l'action communautaire à Ottawa (Chap III), Khady Faye aborde la question des obstacles et des stratégies de renforcement du leadership féminin dans les communautés africaines d'Afrique et des diasporas occidentales (Chap IV), Aïchatou Touré réfléchit sur le rôle de la femme dans les communautés rurales et sa contribution substantielle dans les pays en voie de développement (Chap V), Émilie Jabouin fait apparaître le paradigme de l'agentivité féminine transgressive (*agency*) en analysant l'action intellectuelle et politique d'une femme noire canadienne au XIXème siècle (Chap VI), Joëlle Palmieri cherche les stratégies narratives et autonomes des femmes subalternes pour subvertir la colonialité induite par les TIC en produisant et en diffusant des savoirs féminins émancipateurs et producteurs de subjectivité consciente de soi (Chap VII), Aurelia Klimkiewicz réfléchit sur les enjeux identitaires, épistémologiques, politiques, idéologiques, médiatiques et éthiques de l'expérience du déracinement inhérent à l'intrigue exilique (Chap VIII). Dans la même dynamique de restitution des actes du deuxième colloque sur l'urgence de l'engagement politique des Africains au Canada, Myriam Matondo Nkenda restitue brièvement les différentes interventions qui ont eu lieu (Chap IX), Marlyse Anakeu parle des difficultés d'intégration socioprofessionnelle, de l'invisibilité sociale et des précarités constantes qui jalonnent les trajectoires migratoires des immigrants francophones en Alberta (Chap X), François Kibwenge s'appuie sur l'ascension politique de Joseph et de Daniel dans les diasporas juives de l'Ancien Testament pour puiser des catégories épistémologiques, politiques et pratiques de l'intégration des Africains dans des lieux de production des savoirs et des pouvoirs au Canada (Chap XI), Papa Samba Ndiaye Cherche des leçons et des pistes d'action politique pour une inclusion des minorités africaines du Canada en interrogeant habilement les politiques américaines de discrimination positive (Chap XII), Alphonse Sekre Gbodje met en évidence la poursuite de l'exploitation économique des ressources minières et pétrolières de l'Afrique par les puissances capitalistes et néolibérales qui orchestrent la projection planétaire des politiques néolibérales en décadence (Chap XIII), Levit Koloko met l'emphase sur le rôle moteur de l'éducation dans le développement de l'Afrique (Chap XIV), et enfin, quelques ouvrages seront recensés (Chap XV).

Je me permets de renvoyer au précédent numéro d'Afroscopie I/2013 (pp.157-260), où j'ai livré des recensions substantielles et denses de plusieurs ouvrages décisifs pour une compréhension approfondie, nuancée et critique des débats houleux sur la réception africaine des *Postcolonial* et de *Subaltern Studies*.

Les actes des deux colloques (la promotion du leadership féminin (2012) et l'engagement politique des communautés africaines au Canada (2011) livrés dans ce numéro doivent être lus et interprétés dans une épistémologie et une herméneutique dialectiques, sismiques, oscillatoires et tourbillonnaires qui font du texte écrit et diffusé l'interface (le précipité), ou mieux encore, le lieu de sédimentation et de cristallisation des défis et problèmes contradictoires et transversaux auxquels font face les Africains vivant en Occident et ceux vivant dans le Continent. Cette intuition sur une théorie du texte (et de la méta textualité ou de la méga textualité) comme précipité visible des problèmes qui se posent en Afrique et dans les diasporas occidentales, sera reprise plus systématiquement dans le prochain numéro de notre revue qui traitera de la mission et de la figure des intellectuels africains dans la conjoncture actuelle de l'exacerbation de la crise de la dette et des hypothèques et de ses retombées nocives dans les sociétés africaines postcoloniales dysfonctionnelles et anomiques.

Je ne le dirai jamais assez, les sociétés africaines ont complètement perdu la bataille de la production des savoirs endogènes, savants et émancipateurs par l'absence des bibliothèques d'envergure dans le plupart des universités et des mégalopoles africaines, où tout le temps de la population est complètement satellisé par les besoins immédiats de la captation des ressources alimentaires et des distractions publiques orchestrées par des pouvoirs tyranniques et obscurantistes, incapables de lire l'aggravation dangereuse des dominations protéiformes qui paralysent et asservissent les Africains partout dans le monde. D'où mon plaidoyer urgent pour la constitution des bibliothèques ambitieuses dans toutes les grandes villes de l'Afrique postcoloniale.

Professeur **Benoît AWAZI MBAMBI KUNGUA**
(PhD, Paris IV-Sorbonne)
Philosophe, Sociologue et Théologien
Président du CERCLECAD (www.cerclecad.org).

Chap I

Résumé du colloque du 15 décembre 2012 : « Émergence du Leadership féminin (*Empowerment* de la femme africaine) dans les communautés africaines du Canada) »

Par Myriam Matondo Kenda[1]

Le 15 décembre 2012 s'est tenu à Ottawa le colloque annuel du CERCLECAD. Cette troisième édition avait pour thème : « L'émergence du leadership féminin dans les communautés africaines d'Afrique et des diasporas occidentales ».

Pour cette édition spécialement féminine (par son thème et par les conférencières), huit femmes ont répondu à l'appel du CERCLECAD et ont exposé chacune une déclinaison personnalisée et contextualisée de la problématique du leadership féminin dans les communautés africaines du continent et des diasporas vivant dans le monde occidental en général (Europe et Amérique du Nord). Bien qu'ayant pour thème central le leadership féminin, les conférencières ont abordé le sujet sous différents angles, partant ainsi du leadership « administratif » (dans le secteur privé ou public) au leadership politique en passant par le leadership en contexte micro-domestique et communautaire ; et ce, aussi bien en milieu rural qu'en milieu urbain. Nous vous en proposons une brève synthèse.

---

[1] Myriam Matondo Nkenda est originaire du Congo-Brazzaville. Après avoir poursuivi une partie de ses études en France (Université de Tours), elle immigre au Québec. Elle poursuit une maîtrise en sociologie sur les « Enjeux et problèmes des actions diasporiques: Participation socioéconomique des diasporas africaines du Canada au développement de leurs pays d'origine». Tout au long de son parcours, ses intérêts se sont portés vers des questions liées à la vie communautaire des immigrants, à leur regroupement en réseaux de solidarité comme stratégies d'intégration au sein de la société d'accueil et comme moyen de participation au développement de leurs pays d'origine. Ayant grandi dans un milieu familial dans lequel le livre et la solidarité étaient valorisés, ces valeurs continuent de la porter et expliquent son engagement dans le milieu associatif, son intérêt pour l'éducation et l'alphabétisation, ainsi que sa « folie » de changer le monde.

I. « Le leadership : inné ou acquis. Les développements théoriques des 10 dernières années», par Judith HOUEDJISSIN-CARDIN.

Il est question dans cet exposé, de poser les bases de la définition du terme « leadership » et de revenir sur sa pertinence, bien que les ingrédients que les uns et les autres y mettent laissent à penser à un concept fourre-tout, vide et dénué d'originalité. Partant de différentes définitions proposées par quelques auteurs sur le concept de leadership, l'exposé se veut un survol de différentes approches en vue de permettre davantage une meilleure compréhension, plutôt qu'une définition univoque du concept en question.

En effet, le leadership pourrait être défini comme : « une interaction entre deux membres ou plus d'un groupe. Elle entraîne souvent une structuration ou une restructuration de la situation et comporte implicitement les perceptions et les attentes de ses membres » (Bass, 2009, p. 19). Cette définition sous-entend une adhésion volontaire des membres d'un groupe à un projet donné et un ajustement continuel aux interactions entre les différentes parties impliquées. Elle laisse à penser aussi à une formulation d'un ou des objectif(s) précis à atteindre, d'un choix préalable d'une cause (choisir la bonne cause) à mener à bien, tout en considérant les points de vue de chaque membre du groupe.

De ce fait, le leader se doit d'avoir des compétences personnelles, sociales et cognitives ; de l'intelligence et de l'humanité. Ce sont là, entre autres, des éléments qui permettraient la bonne marche et l'aboutissement d'un projet et une cohésion entre les membres. De même, il doit exercer une influence sur les autres. L'erreur étant humaine et le fait que quiconque détient un pouvoir est tenté d'en abuser, il existe un bon et un mauvais leadership.

Aussi, un bon leadership implique :

- une source de changement ;
- la production du changement, dont la planification est un élément. Ce changement doit aboutir à une concrétisation du projet.

Finalement inné ou acquis ? La question reste posée. Toutefois, l'on peut retenir qu'une part d'inné est à prendre en compte dans les qualités d'un leader, mais que l'essentiel s'acquiert, se nourrit et se développe à force de travail, par l'expérience professionnelle et s'enrichit des interactions sociales au quotidien. La pertinence de cette présentation pour les communautés noires en contexte diasporique ou en Afrique, c'est qu'elle permet de donner des outils pour bâtir une diaspora qui, non seulement s'engage (sur les plans social, politique, économique, etc.), mais qui agit efficacement afin de mener à bien ses actions et de les pérenniser. Cela est réalisable par une formulation claire et concertée des actions à mener ou des objectifs précis de projets à entreprendre. Il convient enfin de souligner la capacité de convergence, de ralliement et d'unité que doit avoir un leader.

Loin d'établir une opposition « femme *versus* homme » pour déterminer lequel des deux incarnerait un meilleur leader, considérant les idées présentées dans cet exposé, l'on pourrait affirmer que le tempérament pacifique, conciliant et « *caring* » souvent attribué au genre féminin, apparaît ici comme un acquis majeur – dans le sens d'atout - en vue de la manifestation effective du caractère de leader qui sommeillerait en chaque femme.

II. « Obstacles et stratégies de renforcement du leadership féminin dans les communautés africaines, celles d'Afrique et des diasporas », par Khady FAYE DIOP.

Il a été question dans cette présentation de discuter des caractéristiques du leadership féminin, d'en identifier les obstacles et de dégager des stratégies capables de faire émerger un véritable leadership des femmes africaines, qu'elles se trouvent en Afrique ou dans les diasporas africaines de l'Occident.

Khady FAYE DIOP a établi une comparaison entre le passé et le présent en matière de considération dévolue et donc, de la place de la femme africaine dans la direction de la société. L'auteure souligne qu'autrefois, à l'époque de nos ancêtres, la femme en Afrique, inspirait une grande considération et un grand respect. Ce qui n'est plus le cas de nos jours. Face donc à une situation qu'elle qualifie « d'éclipse du leadership féminin », l'auteure propose d'échanger sur « la problématique du leadership féminin – bien que l'on reconnaisse la grande influence que les femmes africaines, de manière générale, exercent à travers les rôles de mères, de gardiennes de foyers et de garantes de la pérennisation de ce qui fait l'essence d'une société : sa culture et son bien-être - , en se basant sur les obstacles et sur les stratégies concrètes pour sa promotion dans les communautés africaines des diasporas. Cette présentation s'inscrit ainsi, dans la dynamique des réflexions sur la condition féminine. La thèse principale de l'auteure est que la femme africaine détient des atouts décisifs pour devenir leader ou du moins reprendre sa place de leader au sein de la société africaine contemporaine. La présentation s'est donc articulée autour de deux points principaux : les obstacles au leadership féminin et les stratégies pour le promouvoir. En effet, en matière de leadership, il semblerait que l'inspiration, la capacité de s'ériger en guide et la production d'un changement seraient des caractéristiques importantes. Le don de soi, le caractère protecteur seraient les caractéristiques du leadership de femmes.

En ce qui concerne les obstacles, la conférencière souligne entre autres, le manque de valorisation de la formation (ou de l'éducation) des filles ; le poids des tâches domestiques ; les problèmes d'instabilité politique, à travers notamment, les violences de tous genres faites aux femmes ; mais aussi, la timidité des femmes. Ce seraient là des aspects qui nuisent au leadership, notamment à la représentativité des femmes dans les instances de décision.

Pour s'en sortir, les stratégies suivantes sont proposées :

- La promotion des femmes leaders contemporaines : la capacité d'identifier celles qui font la fierté de l'Afrique, à travers leur engagement, leur apport, leur combat. Ainsi, leurs actions peuvent devenir des sources d'inspiration pour d'autres (on revient sur la caractéristique « Inspiration ») ;
- Encourager le mentorat ;
- La scolarisation et l'alphabétisation des filles comme priorité sociale ;
- Encourager les femmes à investir les milieux de formation en sciences politiques, en sciences « dures », etc.;
- Vulgariser les nouvelles technologiques de l'information et de la communication ;
- La promotion de la justice sociale, du genre et la valorisation des études féminines (*Women studies*).

Enfin, un peuple ainsi engagé et outillé, en particulier les femmes, serait une force afin de « surmonter de nombreux obstacles pour une alternative crédible au changement des mentalités socio-économiques et politiques tant attendu dans nos sociétés africaines ». Des femmes africaines d'Afrique et des diasporas occidentales, fortes d'un bagage intellectuel et de la connaissance des réalités qui sont les leurs, doivent se lever et être des « ambassadrices » de la cause de l'émancipation globale des femmes africaines.

Pour conclure, la thèse de FAYE DIOP est aussi celle défendue par la totalité des panélistes lors de ce colloque. Cependant, son intervention est pertinente dans la mesure où elle nous propose clairement, à la fois, les limites à une émergence du leadership de la femme africaine, mais aussi, des voies de solutions pour y parvenir.

Nous pouvons dire que nous avons ici une présentation de type fonctionnel, pratique, sans avoir la prétention d'avoir traité de ces points de façon exhaustive. L'on peut enfin noter la place de choix que semble accorder la conférencière à l'idée de choix culturel et à la notion de « bien-être » dans la définition d'une société développée et prospère.

III. « Le rôle de la femme dans les communautés rurales et sa contribution pour les pays en voie de développement», par Aïchatou TOURÉ.

Dans son intervention Aïchatou Touré met en évidence des aspects d'un leadership féminin en Afrique, en soulignant et en posant la question de la place et du rôle de la femme dans le développement des pays africains ; en particulier, du rôle de la femme en milieu rural. Autrement dit, elle avance la thèse selon laquelle la reconnaissance du rôle des femmes en milieu rural contribuerait à l'émergence d'un développement économique endogène dans les pays en voie de développement.

Pour ce faire, elle part du constat selon lequel les femmes en milieu rural sont celles à qui les tâches quotidiennes incombent : l'éducation et le soin des enfants, les tâches domestiques, procurer de la nourriture à la famille, etc. Dans ces régions démunies, les femmes sont donc celles qui, bien souvent, restent au foyer et n'occupent pas d'emplois rémunérés.

Pour Aïchatou Touré, le développement (au-delà de la réforme des systèmes, de l'implantation d'ONG, etc.) est d'abord la possibilité des populations démunies de se nourrir et de s'auto suffire grâce à leurs activités quotidiennes.

Son intervention prend la forme suivante : l'état des lieux de la condition des femmes en milieu rural et les contraintes liées à une non-émergence du leadership féminin ; des solutions pour s'en sortir, sans oublier de mentionner quelques exemples de femmes africaines leaders, mais aussi des efforts de considération du point de vue des femmes dans la gestion des affaires sociales et économiques locales en Afrique.

FEMMES EN MILIEU RURAL : ÉTAT DES LIEUX DES CONTRAINTES.

Dans les pays en développement :

- 2/3 des femmes occupent un emploi précaire (travail indépendant, travail familial non rémunéré, etc.), bien que considérées comme des agentes importantes du développement économique dans les zones rurales. De par leur rôle grandissant en tant que gestionnaires familiales, elles assument les charges du ménage, alors que les hommes immigrent vers les grands centres urbains.

- L'on note ensuite une hiérarchisation hommes-femmes défini et liée aux traditions et à la culture globale. En effet, l'introduction et l'amélioration des outils, des instruments de chasse, de guerre a changé la position et le rôle de chacun dans la société, conduisant ainsi à des sociétés patriarcales ainsi qu'à un changement au niveau de la division du travail et du rôle des individus. Cette situation s'accentuera avec l'école coloniale et néocoloniale, qui prône une justification biologique de l'inégalité des sexes. Les fonctions socio-affectives sont donc dévolues à la femme ; et à l'homme incombe des fonctions plus « instrumentales », avec pour responsabilité le soutien financier qui lui confère entre autres, le titre de chef de famille.

Aïchatou Touré note aussi que dans ces activités du quotidien, les femmes font preuve de leadership, en s'organisant en coopératives souvent financées par le biais du microcrédit. En effet, Touré note que le taux d'entreprenariat des femmes africaines serait le plus élevé que partout ailleurs au monde :

- Les femmes disposent d'un accès limité aux ressources, de moins d'autonomie et elles ont peu d'influence sur des décisions affectant leur propre vie.
- On sait que le travail des femmes représenterait entre 12 à 13 heures de plus que les hommes, par semaine.
- Une étude faite au Brésil aurait déterminé que lorsque la femme gère les revenus de la famille, cela augmentait de 20% les chances de survie de l'enfant.
- En Afrique, le taux d'entrepreneuriat est plus élevé qu'ailleurs dans le monde ; le taux de scolarisation est en hausse : 84 filles pour 100 garçons en 1991 contre 91 filles pour 100 garçons en 2009.
- Plus de 60% de la main d'œuvre agricole est féminine. Ce qui représente beaucoup de temps consacré à ces travaux et une diminution de la possibilité d'occuper des emplois rémunérés. Malgré cela, les hommes auraient 2 fois plus de têtes de bétail que les femmes et sont plus susceptibles d'être propriétaires, avec 3 fois plus de superficie de terre cultivable que les femmes dans les pays en voie de développement.
- D'après une allocution de Bill Clinton en 2009, les femmes produiraient 66% du travail dans le monde et 50% de la nourriture.

Mais elles n'en reçoivent que 10% des revenus et possèdent seulement 1% des biens fonciers.

L'élimination de ces obstacles aurait pour conséquences positives :

- L'augmentation des exploitations gérées par des femmes de 20 à 30% et ainsi une réduction de la faim à travers le monde de 100 à 150 millions ;
- Une augmentation du pouvoir économique et du pouvoir d'action pour les femmes ;
- Une plus grande reconnaissance de la femme, de son rôle et de son savoir ;
- Donner une plus grande autonomie économique aux femmes permettrait d'accroître la production et les moyens de production ; d'améliorer les conditions de vie et la dignité des femmes, leur reconnaissance et ainsi, mettre en œuvre des sociétés plus justes.

La conférencière a souligné encore l'importance de valoriser la place et le rôle de la femme dans les sociétés en développement, notamment en Afrique, en faisant un lien avec les objectifs du Millénaire. Objectifs dont la réalisation passerait par la femme, car étroitement dépendants et liés à la condition de la femme dans le monde. Parmi ces objectifs l'on peut citer : la lutte contre la pauvreté, la réduction de la mortalité infantile, la réduction du paludisme, assurer le développement durable, ou encore favoriser l'éducation.

LES VOIES DE SOLUTION

Pour s'en sortir, il faudrait entre autres :

- Développer la scolarisation des jeunes filles. Ce qui entraînerait le développement d'un plus grand leadership féminin et économique en zones rurales.
- Étant donné que l'emploi est un élément déterminant dans l'intégration sociale des individus dans la société, s'attaquer à la question de l'emploi des femmes leur permettrait d'exercer un leadership à plus grande échelle. C'est un moyen précieux de sortir de la pauvreté.
- Un accès plus grand aux moyens de financement tels que le microcrédit.
- La mise en place de politiques sociales adéquates et leur application effective.
- La visibilité de la femme par sa présence dans les lieux publics et à des postes de décisions.

Malgré les conditions peu favorables ainsi que de multiples obstacles à l'émancipation de la femme, il n'en demeure pas moins que l'on note une certaine présence de femmes africaines qui font preuve de leadership. C'est le cas de madame la docteure WANGARI MUTA MAATHAI, de par son militantisme aussi bien politique qu'écologique et social, qui lui a valu le prix Nobel de la paix en 2004. Elle devint ainsi en 2004, la première femme africaine à recevoir le Prix Nobel de la paix pour « sa contribution en faveur du développement durable, de la démocratie et de la paix[2] ». De par son savoir, elle a su inspirer et forcer le respect non seulement envers la femme, mais aussi une sensibilisation à la protection de l'environnement au niveau planétaire.

Dans cette même perspective, la Banque Africaine de Développement (BAD) a instauré un Prix féminin de l'innovation, en 2012. Elle travaille aussi en partenariat avec des femmes productrices de beurre de Karité, regroupées en coopératives au Burkina-Faso. Cette activité de production permet aux femmes d'avoir une autonomie financière.

En conclusion, l'autonomie économique de la femme est indispensable. Elle passe par la reconnaissance du rôle et du savoir détenu par les femmes. Ce sont donc là des éléments qui permettent d'affirmer que les femmes tiennent un rôle primordial, mais aussi que leurs actions peuvent aider les communautés rurales à s'en sortir, si et seulement si, on leur accordait plus d'intérêt, notamment en les déchargeant du poids de la tradition qui les enferment dans un rôle de subordination, et donc, de second plan. Ce qui ne leur donne ni assurance, ni moyen de déployer librement et efficacement leur potentiel, pour la bonne marche sociale. La femme est présentée ici comme un espoir pour le développement économique et social des pays en développement.

IV. « Leadership féminin dans l'action communautaire», par Nelly MPIOUANG.

Nelly Mpiouang commence par présenter le leadership comme étant un concept à la mode et de ce fait, caractérisé par une appréhension dans la société, suscitant des questionnements multiples. En effet, elle considère que le terme de leadership est prisé au sein des organisations communautaires. L'appréhension face au leadership féminin pourrait être vue comme un déni d'affirmation d'une

---

[2] Source: http://fr.wikipedia.org/wiki/Wangari_Muta_Maathai.

féminisation au sein de la société actuelle. Cependant, loin de cette appréhension, on ne saurait oublier le rôle historique et communautaire des mères africaines. Aussi, la femme est considérée comme le noyau central de la cellule familiale. De ce fait, elle représente le centre décisionnaire au sein de la communauté. Ainsi, la participation égalitaire de tous les membres de la cellule familiale est importante. La réalité étant que l'homme a toujours su compter sur les conseils de la femme et l'inverse est aussi à prendre en compte. Au vu de ceci, la femme doit donc prendre conscience de son potentiel en termes de leadership.

Nelly Mpiouang considère que le défi actuel est de penser l'utilité du leadership féminin dans un contexte de mondialisation socio-économique, sans oublier de tenir compte du poids des us et coutumes qui nous embrigadent. Comme autre obstacle, l'auteure souligne la nature mesquine des comportements sociaux qui peut exister au sein de groupes de femmes issues des communautés africaines du Canada. Cette propension à s'attarder sur des banalités empiète grandement sur la vision et la réalisation d'une action communautaire efficace, respectable et qui propulse en avant. L'absence de solidarité, l'esprit de compétition, le manque d'échange en vue de transmettre et de préparer la relève, la réticence de travailler avec les hommes sont autant d'obstacles identifiés comme étant des freins au leadership.

L'auteure fait le choix de discuter des principes généraux caractérisant le leadership féminin dans une optique de valorisation et non pas de revendication, refusant ainsi une opposition stérile hommes *versus* femmes. Son argumentaire s'articule autour de 3 points principaux, soit les aspects pédagogique, culturel et organisationnel du leadership féminin. D'abord, l'aspect pédagogique du leadership féminin se manifeste par l'apport instructif ou éducationnel de la femme à la communauté. La femme est celle qui met au monde. Elle apporte les soins, la première éducation à l'enfant. Cet aspect intuitif est un facteur universel. Ensuite, l'aspect culturel du leadership féminin se retrouve dans la transmission du savoir traditionnel et familial. Ceci, que ce soit à l'échelle domestique (l'initiation à l'art culinaire ou en assurant le passage rituel du la jeune fille au statut de femme, etc.) ou communautaire (briser l'isolement ; initier des évènements de valorisation ou de transmission de la culture africaine, notamment, aux enfants nés hors du continent africain ; proposer des solutions pour une meilleure intégration des familles africaines, en puisant dans des valeurs proprement africaines ; consolider les cellules familiales aux prises avec de nombreuses difficultés d'adaptation et d'intégration ; organiser des moments de rassemblement communautaire ; favoriser les rencontres entre communautés, etc.).

Enfin, du point de vue organisationnel, il est préconisé aux organisations communautaires des communautés africaines de sortir de l'esclavagisme des subventions institutionnelles. En effet, les organisations ne doivent pas compter exclusivement sur ces subventions pour remplir leurs mandats. Les organisations communautaires devraient donc y avoir recours avec parcimonie, valorisant ainsi la solidarité et l'efficacité communautaire pour atteindre les objectifs des différents projets. L'association de deux formes de leadership (masculin et féminin) est ici considérée comme une force. Nelly Mpiouang termine en soulignant la nécessité de valoriser l'action communautaire comme un emploi régulier. Sa préoccupation est aussi de savoir comment à travers l'action communautaire, la femme peut se projeter dans l'administration (organisationnelle, éducationnelle, etc.) et y jouer le même rôle. Le leadership féminin doit redorer le blason de l'image de nos communautés. Il est un levier majeur dans les communautés africaines.

En définitive, cette intervention qui consistait à discuter de la manifestation du leadership féminin dans milieu communautaire nous apprend qu'il nous faut privilégier l'égalité et la complémentarité homme-femme, pour une société forte, solidaire dans un contexte de mondialisation socio-économique. Les femmes doivent faire la paix avec elles-mêmes en revêtant l'assurance et ainsi exprimer leur plein potentiel en matière de leadership. On retrouve dans cette présentation, la mise en avant du côté « caring », affectif de la femme, comme une force. L'on peut conclure en s'interrogeant sur le bien fondé de cette mise en avant de la fonction affective de la femme. Bonne chose ou élément péjoratif, réducteur de l'identité de la femme ? La question reste ouverte. Toujours est-il que, comme il a été souligné dans l'intervention de Judith HOUEDJISSIN, - et même celle de Khady FAYE DIOP- le leadership ce n'est pas seulement des qualités sociales ou relationnelles, mais aussi, des compétences professionnelles, des aptitudes personnelles, du bon sens et du charisme.

V. « Mary Ann Shadd," l'agentivité" féminine comme exemplarité d'une citoyenneté canadienne transgressive», par Émilie JABOUIN.

Dans cette intervention, Émilie JABOUIN présente une réflexion sur l'absence de la femme et de la femme noire en particulier dans l'imaginaire politique canadien, des années 1850. L'expérience combative de Mary Ann Shadd est au cœur de son propos. Mary Ann Shadd, femme noire, journaliste, libre et instruite, immigre au Canada, fuyant ainsi un système permettant aux maîtres blancs des États-Unis d'aller chercher de nouveaux esclaves parmi même ceux qui étaient déjà affranchis, vivant dans des territoires dits libres. Il s'agit donc de discuter de la manière dont Mary Ann Shadd bouleverse l'imaginaire politique canadien des années 1850. Le Canada est encore à l'époque, une colonie britannique.

Par « agentivité », on entend la possibilité d'agir, non seulement d'un point de vue physique (se mouvoir, protester, etc.), mais aussi, le pouvoir de décider soi-même de ce que l'on veut faire. Parler de leadership féminin, c'est aussi parler de l'émergence de l'investissement politique féminin. Contrairement à un questionnement orienté vers la recherche des moyens pour faire émerger le leadership féminin chez les femmes noires, l'auteure soutient que les femmes noires ont toujours été et seront toujours politiques. Ceci est lié à notre entendement de ce qui est politique et de ce qu'est le leadership féminin.

Par imaginaire politique canadien on entend l'ensemble des personnages qui, à l'époque sont cités, reconnus, désignés comme étant des acteurs politiques canadiens. Dans cet univers hostile à la représentation féminine, et encore moins, à la présence féminine noire, Mary Ann Shadd se démarque en faisant preuve d'agentivité avec audace. L'expérience de Mary Ann Shadd est à lire en ayant à l'esprit que l'imaginaire politique de l'époque est ancré dans l'idéologie de la modernité inspiré de la philosophie des Lumières. La modernité est entendue ici comme idéologie prônant la séparation des sexes, la notion de l'État et la construction des races favorisant la suprématie blanche. C'est ce que vient de démontrer avec brio le dernier essai de l'historien et politologue camerounais Achille Mbembe[3].

Cette conception favorisait une séparation entre espace privé et espace publique. Les femmes et les femmes noires étaient confinées

[3] Achille Mbembe, *Critique de la raison nègre*, La Découverte, Paris, 2013.

dans l'espace privé, espace dans lequel elles n'étaient pas non plus considérées. Il n'y a donc pas de représentation de la féminité noire dans le Canada et dans la modernité, car les expériences des femmes noires sont difficiles à retracer. À travers l'expérience de Mary Ann Shadd, l'auteure conclut que l'imaginaire politique canadien n'était donc pas en mesure de reconnaitre la présence des femmes noires dans la société canadienne de l'époque.

Chap II
Les théories du Leadership

Par Judith Houédjissin-Cardin[4]

Introduction

Qu'est-ce que le leadership ? Ce texte se veut une synthèse récapitulative des publications sur le leadership à l'usage des fonctionnaires du Gouvernement fédéral du Canada, pour qu'ils acquièrent les principes et les valeurs fondamentales qui sous-tendent tout vrai leadership. Michel Leclerc a lu et résumé durant quatre ans trente-huit livres ou numéros de revues spécialisées sur le leadership pour la publication dans une série appelée *Les Carnets du Leadership*. Il s'agit d'une riche bibliographie sur le leadership qui comporte différentes thèses et apports des auteurs sélectionnés. Cette vaste connaissance littéraire et pratique a permis à Michel Leclerc de dégager deux définitions du leadership qui ne sont pas contenues dans les lectures sélectionnées pour des raisons méthodologiques. Il s'agit de la définition de Bass qui affirme que « Le leadership est une interaction entre deux membres ou plus d'un groupe. Elle entraîne souvent une structuration ou une restructuration de la situation et comporte implicitement les perceptions et les attentes de ses membres

---

[4] Judith Houédjissin-Cardin, est diplômée de deux universités canadiennes. Elle est politologue, chercheure et auteure du livre sur : *Les Administrations Publiques Africaines* : *Sortir de l'inefficacité Cas du Bénin,* L'Harmattan, Paris, 2008 ». Une recension de cet ouvrage, par Benoît Awazi Mbambi Kungua, est faite dans la Revue *Afroscopie I,* parue en janvier 2013 chez l'Harmattan. Elle est spécialiste des questions internationales et des réformes administratives et institutionnelles. Mme Houédjissin-Cardin collabore auprès de plusieurs centres de recherches sur l'Afrique dont l'Institut Canadien de Recherche en Développement et Études Stratégiques sur l'Afrique (ICREDESA). De cette collaboration est né le premier forum de l'institut sur les relations canado-africaine et la publication d'un acte de forum dont le titre est *Le Canada et L'Afrique : repenser les rapports de coopération au développement*, Éditions ICREDES, 2010. Par ailleurs, elle a participé activement au lancement du CERCLECAD le 15 mars 2008 au Collège dominicain d'Ottawa, au Canada, dont elle est un membre actif et conférencière d'envergure. Elle reste une actrice et une analyste perspicace des « questions africaines et internationales ». Elle montre ainsi l'exemple d'un leadership féminin dont les communautés africaines ont urgemment besoin pour se démarquer à divers niveaux dans la société. Mis à part ces engagements scientifiques, Judith Houédjissin-Cardin travaille au gouvernement du Québec.

». [5] La note de Goethals complète selon Leclerc la définition de Bass, car Goethals soutient que « L'élaboration d'une vision collective de l'avenir qu'on doit vivre avec d'autres membres de l'organisation semble constituer une tâche essentielle pour les leaders d'organismes qui favorisent le renouveau. Aussi, pouvoir faire partager cette vision commune avec les membres de l'organisation devrait donc revêtir une importance complémentaire »[6].

Leclerc, à travers ses résumés, a pu dégager *trois faux débats sur le leadership* parmi les plus importants. Le premier, concerne le chaos versus le statu quo, le second concerne l'opposition entre gestionnaires et leaders et le troisième qui veut choisir entre le leadership charismatique, transformationnel et transactionnel, le servant leadership (etc.), alors que l'auteur pense qu'un leader peut avoir plusieurs de ces composantes et donne l'exemple de Barack Obama qui a un leadership charismatique mais aussi transformationnel.

Dans les lignes qui suivent, nous présenterons les auteurs résumés par Leclerc suivant quatre thématiques à savoir : la question du changement, les qualités du leader, le débat sur la distinction entre leaders et gestionnaires et le leadership du secteur public versus privé. Nous finirons ce résumé critique par la section sur les apports du livre.

Notice biographique de l'auteur

Michel Leclerc a enseigné plusieurs années avant d'assumer des responsabilités de gestion à l'Université du Québec. Il a fait carrière dans l'administration, à un haut niveau comme vice-recteur à l'enseignement et à la recherche et vice-recteur à l'administration à l'UQAM. Il a ensuite été vice-président au siège social de l'Université du Québec pendant près de 20 ans[7].

---

[5] Bass, Bernard M. *Handbook of Leadership. Theory, Reasearch and Managerial Applications*, p.19, cité par Michel Leclerc, (2009) Qu'est-ce que le Leadership? (p.x).

[6] Goethals, George R., Georgia J. Sorenson, James MacGregor Burns. *Encyclopedia of Leadership*, volume 2, cité par Michel Leclerc, (2009) Qu'est-ce que le Leadership? (p. x).

[7] Biographie tirée de la 4e page de couverture du livre de l'auteur.

La question du changement

Le fil conducteur de ce résumé de 30 livres est la gestion du changement entrepris et piloté par le leader. La plupart des auteurs mesurent le leadership du dirigeant par rapport au taux de succès et de la réussite des changements entrepris dans l'organisation. Wheatley Margaret J. (1999) se demandant pourquoi les projets de changements ne fonctionnaient pas comme on le souhaitait, a interrogé des leaders. « 75% des leaders consultés disent que leurs projets de changement n'ont pas donné des résultats escomptés parce qu'ils veulent trop contrôler le changement » (Leclerc, p. 29). Or, « il faut accepter que la réalité que nous essayons de gérer n'est pas statique (…) ». Il faut accepter qu'un projet de changement dans une organisation sera probablement dans la réalité différent de celui qui avait été dessiné au point de départ ». Pour Watkins Michael (2003), si les chefs d'États ont 100 jours pour faire leurs preuves, les nouveaux leaders, pour leur part, auraient trois mois (donc une centaine de jours) pour réussir une transition de façon efficace. Drucker, Peter F. et Peter M. Senge (2001) soutiennent que le changement est devenu notre réalité quotidienne. Senge prévoit que les 10 ou 20 prochaines années vont nous apporter bien plus de changements que ceux que nous avons observés au cours des 10 ou 20 dernières années. Il faudra donc être proactif devant le changement, précise Drucker. (Leclerc, p. 2). Pour Kotter (1990), « la fonction du leadership est de produire du changement et définir la direction de ce changement est une de ses missions essentielles ». Or, c'est là que se pose un problème majeur de confusion : définir une direction ne veut jamais dire planifier, même à long terme. « La planification relève du *management* et c'est un processus déductif par nature et destiné à produire des résultats ordonnés et non un changement » (Leclerc, p. 63). Cette assertion participe déjà au débat sur la distinction entre *leader* et *manager*. Shriberg, Arthur, David L. Shriberg, Richa Kumari ont été plus originaux. Richa Kumari (2005), adopte une position plus originale lorsqu'elle analyse les différents types de leadership requis pour trois types de fonctionnements en équipe : les équipes traditionnelles, les équipes virtuelles et les équipes créées pour gérer les projets. (Leclerc, p.103) L'auteur en arrive à la conclusion que le leadership de l'avenir est le leadership virtuel et le leadership de gestion de projets. Tous les auteurs du livre affirment que le leadership s'exerce dans le changement. Shriberg (2005) avance que le modèle critique du leadership est construit d'abord à partir d'une analyse de certaines carences du leadership transformationnel et de l'énumération des habiletés essentielles au leadership moderne ; « le leadership est une relation, et non la prérogative d'un seul individu ; (…) le leadership provoque des changements (…). Le leadership peut être assumé par n'importe qui, et pas seulement par ceux qui en ont le titre » (Leclerc, p.106). Les auteurs définissent un nouveau type de leadership qui, selon eux, conviennent le plus à la société postindustrielle et ce leadership « consiste essentiellement en une relation d'influence entre les leaders et leurs collaborateurs qui aspirent tous à des changements réels traduisant leurs objectifs communs » (Leclerc, p.106). Il s'agit d'un leadership « collaboratif ».

Les qualités du Leader

Goleman, Daniel, Richard Boyatis et Annie Mckee (2002) traitent de la puissance de l'intelligence émotionnelle et proposent de nouvelles approches pour augmenter la capacité d'intelligence émotionnelle du leader, du gestionnaire ou du groupe (Leclerc, p.8). Les auteurs affirment que *le leader a un pouvoir très important pour soulever les émotions des humains*. Les auteurs croient qu'« un leadership qui parvient à concrétiser la puissance de l'intelligence émotionnelle suscitera de l'inspiration, aura beaucoup d'influence, travaillera en équipe, gérera rapidement les conflits, agira comme catalyseur de changement, s'avérera transparent, empathique et fera preuve d'initiative » (Leclerc, p.10). Les leaders qui réussissent sont ceux qui ont développé une intelligence émotionnelle. Yulk, Gary et Richard Lepsinger (2004) proposent un modèle de leadership flexible axé sur des comportements qui peuvent être appris ou perfectionnés. « Une gestion omniprésente, prise isolément, peut entraîner une bureaucratie dépourvue d'objectifs tandis qu'un leadership trop fort, pris isolément, peut provoquer un changement irréalisable. Pour se montrer efficace, un gestionnaire doit aussi être un leader, et le leader doit également gérer » (Leclerc p.39). « L'art véritable du leadership est une affaire d'équilibre. Les leaders les plus efficaces sont ceux qui peuvent déceler les situations délicates, évaluer les défis, pondérer les exigences conflictuelles et intégrer les comportements différents pour pouvoir relever les défis correctement » (Leclerc, p.40). March, James G (2003) considère que « le leader doit savoir apprécier la vie, être conscient de la réalité, sans se faire enfermer dans le cynisme et l'aigreur que peut provoquer la conscience de la vanité probable de nos efforts. Il doit savoir goûter les charmes des joies simples et apprécier la gloire de la volonté humaine » (Leclerc, p.45). March affirme que « les organisations fonctionnent surtout grâce à une grande densité de compétence ordinaire dans toute l'organisation » (Leclerc, p.45). Kets de Vries, Manfred (2002) affirme que les meilleurs dirigeants doivent posséder des compétences dans les trois domaines à savoir : les compétences personnelles (telles la confiance en soi, l'énergie) ; les compétences sociales (telles l'influence, l'empathie) ; les compétences cognitives (entre autres une vision synthétique des choses). L'auteur énumère quelques autres compétences indispensables comme la « *surgence* qui s'applique aux personnes ayant un caractère affirmé et qui savent ce qu'elles veulent » ; *la réceptivité* (aux idées nouvelles, incontournable avec la mondialisation) la fiabilité (les bons leaders sont consciencieux), *l'intelligence analytique et l'intelligence émotionnelle* (Leclerc, p.33). Il complète que « l'efficacité d'un dirigeant tient en quatre mots clés : l'espoir, l'humanité, l'humilité et l'humour » (Leclerc, p.34). Ouimet, (2007) soutient qu'être leader « c'est réussir à faire vouloir l'autre » (Leclerc, p.167). Le leadership est un art qui fait du leader un maître orchestrateur. Il doit composer de manière à conjuguer harmonieusement la diversité des tendances de personnalité, des intérêts particuliers et des besoins individuels avec les impératifs des mandats qui lui sont confiés » (Leclerc, p.168). Sample, Steven, B. (2005) énonce quinze principes essentiels pour le leader. Il doit : (1) Adopter la pensée nuancée (à l'opposé de la pensée binaire) ; (2) Pratiquer la pensée affranchie en considérant des approches extravagantes ; *(3)* Écouter avant de parler ; (4) Les experts ne remplaceront jamais votre sens critique ; (5) Se méfier des théories soi-disant scientifiques qui énoncent des faits soi-disant indéniables ; (6) Avancer en lisant des grands textes (Platon, Machiavel, Shakespeare, Dante, Sophocle) ; (7) Ne jamais prendre une décision qu'il peut raisonnablement déléguer à l'un de ses collaborateurs, et ne jamais prendre le jour même une décision qu'il peut raisonnablement remettre au lendemain ; (8) Oublier ses échecs et ses erreurs passés, décider en fonction de l'avenir ; (9) Ne pas humilier inutilement un adversaire vaincu ; (10) Savoir pour quelle cause il est prêt à mourir ; (11) Travailler pour ceux qui travaillent pour lui ; (12) Laisser le leadership à d'autres s'il aspire à être leader sans en exercer le métier souvent ingrat et contraignant ; (13) Savoir qu'un leader ne peut pas vraiment être aux commandes de son organisation, mais seulement diriger des individus qui, ensemble, constituent cette organisation et la font fonctionner ; (14) S'efforcer de valoriser ce que les êtres humains ont de meilleur et appliquer ce principe à lui-même ; (15) Ne pas chercher ailleurs que dans des idées neuves et des approches originales le moyen d'atteindre l'excellence (Leclerc, p.56). Sample se demande enfin si ce sont les leaders qui font l'histoire ou c'est plutôt l'histoire qui fait les leaders. Il considère que sur le plan moral, le leader doit toujours agir comme s'il était le seul responsable de ses actes (Leclerc, pp56-61) Northouse, Peter G. (2004) consacre son introduction de 13 pages à un essai de définition du leadership. « Concernant le phénomène du leadership, on peut considérer que les énoncés suivants sont d'une importance primordiale (a) le leadership est un processus ; (b) le leadership présuppose de l'influence ; (c) le leadership se manifeste à l'intérieur d'une équipe ; et (d) leadership implique l'atteinte d'un but » (Leclerc, p. 108-109). L'auteur en vient à formuler la définition ci-après : « Le leadership est un processus par lequel une personne exerce une influence sur un groupe dans le but d'atteindre ensemble un objectif commun » (Leclerc p.108). Le leadership n'est donc pas restreint à certains individus privilégiés possédant à la naissance des qualités particulières qui en feraient des leaders naturels (Leclerc, p.108). L'auteur établit une distinction importante entre leadership et coercition : « La coercition suppose l'usage de la force pour opérer un changement. Elle entraîne les autres à accomplir quelque chose en tirant parti des sanctions et des récompenses disponibles dans leur milieu de travail.» (Leclerc, p.109). MacGregor Burns, James. (1978) est un classique incontournable comme Greenleaf, Bennis, Drucker et Senge. Pour l'auteur, il n'y a pas de véritable école pour apprendre le leadership. « Les processus du leadership doivent être vus comme une partie des dynamiques du conflit et du pouvoir ; le leadership ne correspond à rien s'il n'est pas lié au bien commun ; (…) l'efficacité des leaders doit être jugée non pas par leurs revues de presse, mais plutôt, par le changement réel mesuré par leur intention et la satisfaction des besoins et attentes des humains » (Leclerc, p.177). Dotlich David L. James L. Noel, Norma Walker. (2004) fournissent en 17 chapitres des outils à la fois pratiques et techniques qui permettent d'améliorer son leadership, ainsi que des exemples éminemment pragmatiques. Les conseils peuvent être pratiques autant pour les leaders du secteur public que ceux du secteur privé (Leclerc, p.74). Ils affirment que le leadership efficace doit pouvoir intégrer les passages de la vie personnelle et professionnelle pour que le leadership se nourrisse de ces expériences. Il s'agit du *leadership learning* parce qu'on y trouve un résumé des passages de la vie que nous pouvons intégrer pour enrichir notre leadership de façon continue. Kouzes, James et Barry Posner (2004), identifiant les pratiques des leaders qui réussissent, expliquent que le leader ne peut rien faire sans ses collaborateurs et qu'il s'exprime avec le NOUS plutôt qu'avec le JE. Pour être en mesure de motiver et de mobiliser ses collaborateurs, le leader a besoin d'abord et avant tout d'être crédible : « Honnêteté, Compétent. Tourné vers l'avenir. Inspirant » (Leclerc p.135). Et une fois leur crédibilité bien établie, les leaders peuvent convaincre d'autres personnes de relever des défis grâce à une stratégie en trois points : vision, implication, persévérance ou VIP (p.135). En croisant leurs recherches avec d'autres, Kouzes et Posner concluent que les compétences du leader se développent par l'expérience (50%), par les relations (30%) et par la formation (20%) (p.140).

Le leadership à vocation sociale et la recherche du bien commun

Dans le numéro spécial de la revue *Organizational Dynamics* (2004), les auteurs ont choisi de résumer deux articles sur les huit que contenait la revue[8]. L'article du professeur Leonard L. Berry est rempli d'exemples illustrant la philosophie fondamentale qui voulait s'assurer que les différents acteurs pratiquent la médecine en collaboration et non en compétition. Ce qui fait dire à Leclerc que « la rémunération à l'acte vécue au Québec est perçue comme un mal qui ne peut mener qu'à l'individualisme et à la compétition » (Leclerc, p.47). Greenleaf, Robert K. (2002) nous ramène à l'essentiel et rappelle que la personne voulant exercer un leadership utile et qui transcendera les modes ayant cours en administration doit être un leader qui se mettra au service du bien commun mais aussi de ses commettants et sera perçu comme tel. (Leclerc p.170-172). Les leaders doivent exercer le pouvoir en se rappelant la finalité de leurs

---

[8] Le premier article porte sur « la clinique Mayo et la construction d'un leadership institutionnel axé prioritairement sur la collaboration et le travail en équipe des professionnels de la santé » et le cinquième est intitulé : « une gestion qui recherche continuellement le bien commun pour un leadership à vocation sociale ». La clinique Mayo a été fondée en 1910 par William Mayo et son frère Charles et a des revenus annuels de plus de 4 milliards de dollars (Leclerc, p.46). La culture organisationnelle est celle de la culture de coopération et de travail en équipe soutenue par un support technologique avant-gardiste. Les valeurs adoptées par les fondateurs étaient que la pratique de la médecine devrait être vécue comme étant une coopération et non une compétition.

actions à savoir le bien de la collectivité. Ce leadership est avant tout éthique et rassembleur (Leclerc, p.170).

Débat sur la distinction entre leaders et gestionnaires

Kets de Vries (2002) bien qu'il se soit largement inspiré des écrits de Warren Bennis en faisant la distinction entre leaders et managers, fait preuve d'originalité selon Leclerc lorsqu'il affirme que : « les véritables leaders inspirent parfois une crainte mêlée de fascination et de dévouement, mais ils font avancer les choses et créent la différence dans l'entreprise. Les managers eux, se contentent de mettre en application la vision du leader » (Leclerc, p.34). L'auteur s'éloigne ainsi de la tendance au leadership participatif et préfère plutôt le leadership transformatif[9].

Henry Mintzberg (1975) dans son ouvrage *Profession : manager. Mythes et réalités*, critique la formation de managers et affirme « qu'il n'y a pas de travail plus essentiel à notre société que celui de manager, car c'est lui qui détermine si nos institutions sociales nous servent véritablement ou si elles gaspillent nos ressources et nos talents » (Leclerc, p.64). L'auteur propose dix rôles du manager regroupées en trois catégories. Le premier rôle est celui des relations (relations publiques) de leader (responsabilité de coordonner le travail des membres de son équipe) et d'agent de liaison (avec les pairs dans d'autres équipes). Le second rôle est celui de la formation qui réunit trois tâches : celle de pilote, de diffuseur d'informations importantes auprès de ses collègues et de porte-parole de son unité. Le troisième rôle est celui de la décision qui regroupe quatre tâches : celle de l'entrepreneur, du gestionnaire de crises, du gestionnaire de ressources (surtout humaines) et de négociateur[10].

Bennis, Warren G. (1989) va dans le même sens que Mintzberg, Drucker et Senge dans sa critique de la formation donnée dans les écoles de gestion. Il propose d'offrir une éducation qui, dans le

---

[9] « Le leadership transformatif cherche à satisfaire les attentes supérieures des subordonnés aspirant à s'engager dans un processus de stimulation et de développement mutuels dans lequel les intérêts égoïstes sont transcendés au bénéfice du bien commun » (Kets de Vries dans Leclerc 2009, p.34).

[10] La critique adressée à Mintzberg par plusieurs auteurs est qu'à force de définir le travail managérial de façon très cérébrale, il oublie une partie importante de tout gestionnaire, l'intuition, les émotions agissantes dans toutes les décisions. Mintzberg soutient aussi que dire que le management est une science ou profession est faux, car les écoles de gestion ont valorisé et surtout enseigné la façon de résoudre les problèmes par l'approche « *Problem Solving* » auxquels étaient confrontées les organisations qui les sollicitaient (Leclerc, p.66).

domaine du leadership, cultivera les compétences cognitives, émotionnelles et interpersonnelles requises pour assurer un succès soutenu dans la nouvelle économie. Bennis croit fermement qu'on ne naît pas leader, mais qu'on le devient en continuant à changer et à progresser pendant toute sa vie. Et comme Dotlich David L. James L. Noel, Norma Walker, il pense que nos valeurs, notre pensée, nos émotions et la perception que nous avons de nous-mêmes sont nécessairement évolutives, que nos transformations sont les principales sources de l'approfondissement de nos connaissances (Leclerc, p. 84).

A l'opposé, plusieurs auteurs dénoncent la propension que certains auteurs ont à dénigrer le gestionnaire au profit d'un leadership qui serait plus important que la gestion. Ils estiment qu'« un leadership solide exige des aptitudes de gestion fiables, et de l'autre, une gestion éprouvée fait partie intégrante d'un leadership à vocation sociale » (Leclerc, p. 49).

Peter Lorenzi (2004) par exemple explique qu' « un leader est aussi un gestionnaire (*manager*) » bien que chacun dispose de ses caractéristiques propres à la fois différentes, mais parallèles. Lorenzi propose « le bien des citoyens comme valeur dominante du leader » (Leclerc p.50).

Kotter (1990) affirme que le leadership diffère du management, mais pas pour les raisons que l'on croit généralement. « Le leadership n'a rien de mystique ni de mystérieux et n'a rien à voir avec le charisme ou quelque caractéristique personnelle exotique. Il n'est pas le privilège d'un petit nombre d'élus. Il n'est ni meilleur ni pire que le management et ne saurait pas davantage le remplacer. Il faut plutôt voir là deux modes d'action distincts et complémentaires, ayant chacun leurs fonctions et leurs activités propres » (Leclerc, p.63). John Adair, (2005) critique la fameuse distinction entre les leaders et les managers introduit par Zaleznik (1977) et développée par Warren Bennis[11].

---

[11] « Ce qui distingue les gestionnaires (managers) des leaders (...), c'est l'idée qu'ils se font, au plus profond d'eux-mêmes, du chaos et de l'ordre. Les gestionnaires favorisent le processus, recherchent la stabilité et le contrôle, et, d'instinct, s'efforcent de résoudre les problèmes sans délai. (...) Par opposition, les leaders tolèrent le chaos et l'incohérence; ils n'ont pas hâte de crever l'abcès, ce qui leur permet de mieux cerner les problèmes. » L'auteur soutient que « l'essence du leadership, c'est d'effectuer des changements. Être le premier à effectuer ces changements, c'est faire preuve de leadership créatif » (Leclerc, p.160).

Le leadership du secteur public et celui du secteur privé

Milner, Eileen et Paul Joyce. (2005) pensent qu'il faut revenir sur les leaderships transformationnel et transactionnel (Leclerc, p. 89). La préoccupation de Follett résidait dans le danger d'une image d'obéissance trop aveugle des disciples (*followers*), surtout lorsque le leadership s'exerçait dans le secteur public et que les citoyens voulaient participer plutôt que suivre[12]. *Le leadership du secteur public est différent de celui du privé pour plusieurs raisons qui se rapportent aux valeurs, à la vision et à l'éthique. Le privé a une obsession : la croissance des profits nets pour les actionnaires alors que le secteur public doit, en plus de respecter ses propres objectifs et ses raisons d'être, protéger les citoyens en encadrant les actions et les profits abusifs, mais aussi l'exercice des droits et devoirs des citoyens.* « Les gouvernements veulent réaliser leurs promesses électorales en créant de nouveaux programmes, en révisant ceux qui existent déjà et en faisant adopter des lois » (Leclerc, p.90). Les auteurs nuancent quand même la notion de l'exercice du leadership en l'absence de profit par l'analyse de nombreux cas en montrant par exemple que, *dans plusieurs domaines, le secteur public a su faire des profits, créer des fondations, (etc.) : les exemples de sociétés d'État au Québec, qui réalisent des profits et les remettent à l'État ou les réinvestissent partiellement sont nombreux* (Leclerc, p.90).

Se basant sur des témoignages portant sur le leadership recueillis par ici et par là au sein du secteur (Ville Liverpool, le NYPD (New York City)), des études de cas principalement au Royaume Uni, au Canada, en Australie et aux États-Unis, et une revue de littérature sur le sujet, les auteurs affirment que « Le leadership est synonyme de changement mais un changement pas uniquement abstrait. (…) Les leaders sont considérés comme des personnes qui déclenchent changement et renouveau. Les leaders ne sont pas des élitistes, ils ne

[12] La distinction entre leadership transactionnel et le leadership transformationnel apportait une solution au problème potentiel souligné par Milner et Joyce « Tandis qu'on décrit le leadership transactionnel comme une suite d'échanges entre leaders et disciples, le leadership transformationnel dépasse le stade où l'on offre des récompenses pour obtenir des résultats souhaités en incitant, en stimulant intellectuellement et en inspirant les disciples à transcender leurs propres intérêts personnels pour atteindre plutôt un objectif collectif plus élevé ». Le leadership transformationnel convient mieux au secteur public parce qu'il est entre autres raisons, plus près de la démocratie du citoyen et des services du citoyen. (Leclerc, p.89-90).

s'abandonnent pas à des jeux simplement idéologiques. Ce sont des leaders qui servent en s'assurant que des services publics s'adaptent aux changements culturels auxquels nos sociétés modernes sont confrontées, et ils s'acquittent de cette tâche en aidant leurs organisations à apprendre encore que ce processus d'adaptation s'avère parfois pénible et incertain » (Leclerc, p.88). Pour les auteurs, « la création et le maintien de services publics innovateurs et axés sur la performance représentent le défi ultime pour le leadership dans le secteur public (...). Dorénavant, les environnements axés sur la performance et la conformité deviennent de plus en plus la norme. Ils constituent des paris à relever et qui ne pardonnent guère dans nos milieux de travail. Ce ne sont pas tous les gestionnaires du secteur public qui possèdent les qualités de leadership (en particulier la résilience) leur permettant d'assumer le défi de se hisser à l'avant-garde du leadership dans leur domaine » (Leclerc, p.91).

« Mais la principale différence de l'exercice du leadership (public versus privé) », selon les auteurs, « est liée à l'essence même de la vie politique. Les fonctionnaires qui sont appelés à côtoyer les politiques savent que ces derniers ne feront pas carrière comme ministres et qu'ils ne veulent pas gérer le statu quo. Les élus veulent aussi passer de l'État-providence sans réserve à des services rationalisés, plus modernes, accessibles en ligne, avec la formule des guichets uniques : en clair la modernisation permanente des programmes et des services » *(p. 91).* Ce qui amène Fenlon (2002) à affirmer que, « le leadership privé et public est à la fois fondamentalement semblable et différent dans des points importants. L'essentiel du leadership et de la gestion dans le secteur public recoupent exactement celui du secteur privé » (Leclerc, page 91).

Milner et Joyce tout en acquiescent cette affirmation nuancent et font ressortir la plus grande complexité de la gestion du leadership dans le secteur public et s'interdisent de se prononcer sur la complexité et la différence des deux leaderships.

VanWart, Montgomery (2005) cité par Leclerc (p.117), conçoit un modèle appelé *le cycle d'action du leadership : aperçu global.* Le modèle de VanWart est conçu à l'intention des leaders du secteur public qui occupent des postes administratifs, excluant de ce fait les élus. L'auteur définit le leadership comme « un processus complexe qui englobe cinq réactions » dont une est d' « approfondir les nombreux et indispensables traits psychologiques et aptitudes du leader (telles l'intégrité, la confiance en soi, la soif de l'excellence et l'aptitude à communiquer et à influer sur les gens) » (Leclerc, p. 117).

Apports de l'ouvrage

Le travail de Leclerc est remarquable dans la mesure où il permet au lecteur d'avoir une vue très diversifiée des théories du leadership. Ces théories soulèvent trois débats :

(1) Dans le livre de March, James G. et Thierry Weil (2003); Weil pose la question « du genre et leadership » et se demande si les organisations les plus efficaces sont féminines. March a réussi à éviter la polémique en rétorquant que « sa contribution s'est bornée à remarquer que les caractéristiques des organisations efficaces qu'il identifie sont plutôt associées à des styles féminins de leadership, même si elles peuvent évidemment être mises en place dans des organisations variées, quel que soit le genre de leurs dirigeants » (Leclerc p.43). Coughlin, Linda, Ellen Wingard et Keith Hollihan (2005) ont résumé quelques auteurs qui écrivaient sur le leadership des femmes. Ainsi, David Gergen qui fut conseiller auprès de quatre présidents des États-Unis autant républicains que démocrates fait un tour d'horizon en mentionnant plusieurs femmes américaines devenues des leaders dans leur domaine d'activité, de Hillary Clinton à Condoleezza Rice, en passant par Madeleine Albright et plusieurs autres. Pour Gergen, la caricature d'une leader c'est celle qui, au lieu de se positionner au sommet d'une pyramide, reste plutôt au centre d'un cercle, avec des rayons qui en émanent (Leclerc, p. 69). Selon Fisher (1999), les femmes raisonnent par réseaux (*web thinking).* L'auteure décrit plusieurs habiletés des femmes. Ainsi : « le raisonnement par réseaux, la flexibilité mentale, l'intuition, l'imagination, l'aptitude à appréhender l'ambiguïté, une prédisposition pour planifier dans le long terme, la finesse dans la parole, les aptitudes en société, la tendance à collaborer et l'empathie» constituent des traits féminins essentiels aux nouvelles formes de leadership. *Mais le message le plus important de l'auteur est que les femmes et les hommes partagent des aptitudes de leadership complémentaires et les femmes changent progressivement l'exercice du leadership. Les uns et les autres ont donc besoin de s'entendre pour réussir. Cependant les dispositions propres aux femmes autant que celles particulières aux hommes peuvent faire évoluer la société favorablement* (Leclerc, p. 71).

(2)Le comportement des collaborateurs ou des disciples (*followers*).

Lord, Robert G et Douglas J. Brown (2004), énoncent l'hypothèse selon laquelle les études ou recherches sur le leadership aborderaient rarement les comportements ou les réactions des collaborateurs ou des disciples (*followers*), alors que les leaders ne peuvent exister que s'ils ont une influence sur un ou des disciples (Leclerc, p. 51). A travers leurs chapitres sur les émotions, l'équité et la justice ; les auteurs expliquent que « le leadership repose sur un fondement particulièrement solide, les émotions ». Or les théories sur le leadership se sont peu attardées aux émotions générées par les relations entre leader et ses collaborateurs ». Ils insistent sur l'importance de la perception qu'ont les employés de la justice et de l'équité, et proposent des théories sur l'évaluation de l'environnement de la justice (Leclerc, p.55). MacGregor fait aussi remarquer que nous connaissons peu de choses à propos du *followership*, des disciples ou des *followers* et que la construction d'un savoir scientifiquement organisé à propos du leadership demeure une tâche difficile (Leclerc, p.177).

(3) Les mauvais leaders. Kellerman, Barbara. (2004)

Le livre examine toute la gamme de l'incompétent cruel et de l'inefficace à l'immoral. Il observe le mauvais leadership dans son contexte et sous l'angle des collaborateurs et celui des leaders, et analyse la question de savoir comment faire échec à un mauvais leadership ou du moins comment en ralentir les effets (Leclerc, p. 155). Kellerman analyse le leadership sous un angle politique, car elle est une politologue. L'auteur propose *d'étudier la typologie des mauvais leaders ; ce qui est quasiment évacué du champ des écoles d'administration et des industries de la formation en matière de leadership. Les mauvais leaders se retrouvent dans la catégorie des incompétents, rigides, outranciers, impitoyables, corrompus, qui feignent l'ignorance et cruels* (Leclerc p. 158). Le leader outrancier manque de contrôle de soi et il est desservi et défavorisé par des collaborateurs inaptes ou réticents à intervenir efficacement. Kellerman donne plusieurs exemples très intéressants, dont celui de James Bakker, un télé-évangéliste extrêmement populaire qui devient rapidement multimillionnaire. Ses excès sexuels, ses dépenses extravagantes et ses détournements de fonds l'obligèrent rapidement à ne plus prêcher. Le leadership impitoyable fait fi ou ne tient pas compte des besoins, des requêtes et des souhaits du groupe ou de l'organisation, et particulièrement, de ceux des subordonnés. On retrouve, selon l'auteur, dans cette catégorie Rudolph Giuliani, qui, après le tragique 11 Septembre 2001, devint le leader charismatique des New Yorkais et des Américains. Alors qu'avant cet événement, Giuliani qui fut maire de New York en 1994, était un leader impitoyable dans ses rapports avec les autres leaders et les communautés noires : il les ignorait et refusait même de rencontrer leurs porte-parole. Un autre type de mauvais leadership est celui axé sur la corruption. Les scandales d'Enron à *Tyco International*, en passant par la description des fraudes de Bill Aramony, président de *United Way of America* (Leclerc, p.160). Le leadership feignant l'ignorance, allant jusqu'au mépris de certains collaborateurs. Kellerman propose une analyse du génocide du Rwanda et de la décision de Bill Clinton et de certains de ses conseillers de détourner les yeux par rapport à ce qui s'y passait et de ne pas intervenir. Par cette décision, Bill Clinton s'est avéré un mauvais leader qui a préféré ignorer le génocide du Rwanda (Leclerc, p.160).

Bref, une description très originale et intéressante du mauvais leadership. L'auteur a fait preuve de beaucoup de courage en critiquant durement l'industrie du leadership aux États-Unis et en déclarant que le leadership est un produit principalement américain.

Chap III
Leadership féminin dans l'action communautaire

Par Nelly Mpiouang[13]

Le leadership féminin est devenu un concept à la mode. Ses caractéristiques font de lui un élément d'appréhension et un ensemble de questionnement pour la société. Cependant, force est de constater que ce leadership est de plus en plus prisé dans les structures organisationnelles. On serait alors amené à penser que c'est le désir d'affirmation d'une féminisation, dans cette société en pleine croissance, et dont les normes d'alors ont cloisonné l'éclosion de leur intellect qui en serait l'élément fédérateur. Loin s'en faut, car alors ce serait oublier le rôle historique que nos mères ont joué dans le développement de nos communautés. Chaînon important et essentiel depuis des temps immémoriaux, la femme s'est toujours présentée comme un noyau familial et par la même occasion un centre décisionnaire communautaire. Quoiqu'il en soit, il est une réalité qui frappe à nos yeux : la participation conjointe et égalitaire de tous les éléments familiaux car, quelle que soit la mise en place de nos

[13] Elle est titulaire d'une Maitrise en Gestion Internationale, d'un DESS en Administration Internationale de l'École Nationale d'Administration Publique (ENAP) et d'un Baccalauréat en Géographie Physique et Environnements Naturels de l'Université Laval. Elle a publié quelques articles scientifiques en lien avec l'administration publique/internationale et l'environnement. Elle est récipiendaire du Méritas de l'Innovation Durable (2e Mention du Jury) décerné par le Réseau des Universités du Québec en 2013 à Drummondville, au Canada. Consultante et bénévole communautaire engagée, elle collabore aux activités du Centre de Recherches Pluridisciplinaires sur les Communautés d'Afrique noire et des diasporas (CERCLECAD), et elle est actuellement Vice-présidente chargée des enjeux reliés aux femmes à l'Association de la diaspora africaine du Canada (ADAC). Elle siège au sein des conseils d'administration de certaines organisations de la région de la capitale nationale dont le Projet Maison Ethnoculturelle Francophone (PMEF) du Conseil de Planification Sociale d'Ottawa (CPSO) au sein duquel elle contribue à la création des coalitions d'organismes communautaires. De plus, elle a été auxiliaire d'Enseignement et de Recherches au Centre d'Études Nordique de Québec (CEN) de l'Université Laval. Fort de ces expériences, elle milite pour un leadership au féminin comme mode d'emploi et recette gagnante au sein des organisations. Passionnée dans la transmission, à la nouvelle génération, de l'importance participative aux activités communautaires, elle ne cesse d'organiser des activités de retrouvailles pour le partage des connaissances et le renforcement des capacités des collectivités locales, et la mise en place d'un réseau d'entraide "Entre nous".

sociétés et de nos cultures, l'homme a toujours eu besoin de compter sur les conseils de la femme. Nous ne saurons oublier également que l'inverse est à prendre en compte. On constate alors, que comme sujet de pensée et de décision, la femme n'est de fait qu'en voie et en droit de prendre conscience du potentiel qui est le sien.

Notre principal défi des prochaines décennies serait de penser l'utilité du leadership féminin en pleine croissance dans cette conjoncture socio-économique mondiale de la globalisation technologique et économique. Les mœurs, les us et coutumes d'alors devraient être révolus car l'actualité nous prouve que de plus en plus la croissance d'une société ne passe pas forcément par l'homme.

Notre propos se déploie dans une optique de valorisation et non de revendication des principes généraux qui caractérisent le leadership féminin. Celui-ci s'articulera sur trois points essentiels : pédagogique, culturel et organisationnel.

Le concept de leadership a fait l'objet de plusieurs études depuis de nombreuses années. Aujourd'hui, l'on constate encore que cette notion continue de susciter l'intérêt non seulement des universitaires, mais également, de toutes les couches de la population de notre société. Cela explique la panoplie de définitions qui existent sur cette notion. Toutefois, les éclaircissements de Bass[14] qui affirme que « *Le leadership est une interaction entre deux membres ou plus d'un groupe. Elle entraîne souvent une structuration ou une restructuration de la situation et comporte implicitement les perceptions et les attentes de ses membres* [1] », ainsi que de Goethals[15] qui soutient que « *L'élaboration d'une vision collective de l'avenir que l'on doit vivre avec d'autres membres de l'organisation semble constituer une tâche essentielle pour les leaders d'organismes qui favorisent le renouveau. Aussi, pouvoir faire partager cette vision commune avec les membres de l'organisation devrait donc revêtir une importance complémentaire* [2] », résument bien les tenants et les aboutissants de ce concept tellement large sans l'embrigader dans un domaine d'étude précis (genre, type, etc.). Dans le cadre de nos propos qui se situent dans

---

[14] Bass, Bernard M. *Handbook of Leadership. Theory, Reasearch and Managerial Applications*, p.19, cité par Michel Leclerc, (2009) *Qu'est-ce que le Leadership ?* (p.x).

[15] Goethals, George R., Georgia J. Sorenson., James MacGregor Burns., *Encyclopedia of Leadership*, volume 2, cité par Michel Leclerc, (2009) *Qu'est-ce que le Leadership?* (p. x).

l'action communautaire, le leadership féminin vise l'unité du groupe ou de la famille en privilégiant des solutions pratiques qui favorisent la réconciliation et la guérison individuelle et collective des Africains du Canada aux prises avec des nombreuses difficultés d'intégration. Cela est dû au fait que c'est la femme qui porte l'enfant dans son ventre et qui lui donne les premiers soins nécessaires à la poursuite de sa vie. Pour cette raison, nous disons que le leadership féminin se déploie selon une intentionnalité thérapeutique, matricielle et compassionnelle, car la vie qui vient de Dieu et de nos ancêtres éponymes passe par l'être de la femme pour apparaître dans le monde.

Partant de ce fait, il n'est pas surprenant d'articuler nos propos suivant les logiques pédagogique, culturelle et organisationnelle.

1. Logique pédagogique

À ce niveau, le leadership féminin est axé sur l'enseignement à toute la communauté. En effet, la femme joue plusieurs rôles notamment celui de donner la vie (naissance). C'est également elle qui est la première personne qui prend l'enfant et le nourrit. En plus, c'est la femme qui donne la première éducation aux enfants avant l'étape de la formation scolaire et institutionnelle. Cette éducation est intuitive, c'est-à-dire maternelle (communique la langue maternelle). L'intuition ici est très poussée et fait une connexion avec l'origine de la vie. Il est important de préciser que ce facteur (intuition) est universel peu importe la couleur de la peau. C'est d'elle que vient la reconnaissance de l'enfant par l'homme, autrement dit, il n'existe pas de doute sur la maternité de la femme. Bref, la femme est vue partout comme celle qui donne la vie à cause de la proximité par rapport à la source de la vie. En effet, on ne saurait douter de la maternité d'une mère.

2. Logique culturelle

Le culturel est cerné ici sous des éléments bien précis à l'instar de l'héritage, des us et coutumes. À l'origine, le leadership féminin contribue à l'existence d'une transmission du savoir traditionnel et familial. L'acquisition des connaissances culinaires illustre bien ce cas de figure. Ce type de leadership facilite également le passage de l'état de fille à celle de femme. L'on pourrait dire qu'il s'agit de l'existence d'une ritualité qui s'effectue entre le passage du biologique au culturel, c'est-à-dire, socialiser le biologique et le physiologique en vue de le hisser au niveau culturel de l'humanisation par l'intégration progressive à la société des hommes. Plus encore, il s'agit de l'existence d'une prise en charge de la domesticité (culinaire, foyer, famille).

Le leadership féminin représente un atout majeur au niveau de notre milieu d'intégration sociale. Dans nos communautés africaines où des familles divorcent à la même vitesse que le reste de la communauté canadienne, les femmes africaines devraient prendre toutes leurs responsabilités de « mères » et « de premières éducatrices » des enfants, pour que nos valeurs africaines de solidarité, de tolérance et de résolution des problèmes par la palabre deviennent des remparts contre toutes les logiques qui sèment les divisions et les confrontations néfastes entre les hommes et les femmes africains en situation incertaine de diaspora au Canada. Nos valeurs africaines devraient nous inspirer à trouver des solutions proprement africaines pour résoudre nos conflits sans nécessairement suivre aveuglément les procédures juridiques et les logiques institutionnelles mises en place par la société canadienne qui nous accueille. De plus, la naissance des enfants dans la société d'accueil met en exergue l'évidence de la notion de culture axée sur l'éducation (culinaire, danses, art, etc.) ; ce qui permet à nos communautés non seulement de faire face aux problèmes et défis d'acculturation, mais aussi d'acquérir, de partager et de vulgariser de saines habitudes de vie notamment dans l'apprentissage de recettes culinaires.

3. Logique organisationnelle

Mon expérience dans la communauté afro-canadienne a été très enrichissante. En effet, arrivée dans la ville de Québec en 2001, j'ai rencontré et intégré la communauté Camerounaise de la région. Celle-ci était à une étape charnière de son existence, notamment, avec la relance de ses activités grâce à l'impulsion des gens dévoués. D'après le récit de certains aîné (e)s de la communauté, les Camerounais et les Gabonais s'étaient regroupés au sein d'une association du fait de leur taille moins considérable mais également, de part leurs affinités géographique et culturelle. Par la suite, ces deux communautés ont pris de l'expansion et ont dû se scinder en deux groupes distincts. D'où la création par les Camerounais de la région de leur propre association qui, malheureusement, a connu plusieurs remous. La relance de ses activités lui a permis d'asseoir une stabilité et une notoriété régionale grâce la réalisation d'événements importants. Mon apport à l'édification de la communauté s'est fait aux niveaux organisationnel, éducationnel et culturel. C'est ainsi que j'ai pu partager mon expérience avec des hommes et des femmes soucieux de l'avenir de la communauté et intéressés dans l'acquisition de nouvelles connaissances, notamment, culinaires. L'une de mes plus grandes réussites a été de participer à l'émergence d'un talent : un chef culinaire. Par la suite, j'ai déposé mes valises dans la région d'Ottawa-Gatineau où je suis consultante et siège au sein des conseils d'administration de différentes organisations et structures communautaires. Dans l'une d'elles (le Conseil de planification social d'Ottawa) et grâce à l'existence de la parité homme/femme, j'assiste à des résultats positifs liés non pas au leadership féminin ni masculin, mais au leadership tout court.

Cette expérience m'a permis de renforcer certains acquis en termes de gestion et de planification. En effet, force est de constater que le potentiel humain y est, ce qui m'amène à dire que nos communautés devraient sortir de l'endormissement ; cette béatitude trompeuse qui les fait croire que tout viendra d'ailleurs. Cela leur permettra non seulement de créer un réseau d'emplois grâce à des rencontres et des échanges très enrichissants, tout en évitant d'être pris dans les méandres de l'esclavagisme des subventions.

Toutefois, il n'en demeure pas moins que les femmes font face à plusieurs difficultés et défis. En effet, elles s'attardent trop sur des détails. De plus, l'absence de solidarité, l'existence d'un esprit de concurrence, la non-reconnaissance de leurs forces et la non reconnaissance de leur potentiel constituent des freins à l'éclosion de leur savoir-faire. Les femmes peuvent se targuer d'avoir de modèles, pourtant, une difficulté demeure, celle d'assurer et de préparer la relève.

4. Vision

En tant que femme et par rapport au leadership féminin, je me pose la question de savoir : comment est-ce qu'une femme, au travers de l'action communautaire, peut se projeter dans l'administration (au niveau éducationnel, organisationnel) pour aller et y jouer le même rôle ?

À mon avis, l'action communautaire doit être une action à long terme, c'est-à-dire qu'elle peut-être égale à un boulot et, à cet égard, être pris comme un emploi effectif au même titre que ceux liés au niveau administratif (fédéral, provincial, municipal). La création des incitatifs lors des réunions, des conférences et des colloques serait salutaire, notamment en prévoyant des stratégies d'accommodement au niveau des frais de garderie. C'est pourquoi l'action communautaire est et doit être valorisant au même titre que d'autres emplois. Par ailleurs, étant donné que l'on y laisse des marques pour le restant de la vie, il faudrait que la prise en compte de certains éléments soit primordiale à l'instar de la reddition des comptes, de l'imputabilité et de la transparence.

Le leadership féminin dans l'action communautaire doit anticiper les conflits, les apaiser et redorer le blason de nos communautés. Grâce à ses éléments primordiaux, notre société retrouvera ses lettres de noblesse et en sortira grandi. À titre d'exemple, dans nos communautés, les problèmes sont souvent gérés d'une certaine manière (facteur culturel). Les femmes sont la plupart du temps initiatrices de la vie communautaire (assistance aux autres, rituel au niveau des naissances, etc.). C'est pourquoi ce type de leadership est vital pour nos communautés du point de vue pédagogique, culturel et organisationnel. Loin de moi l'idée de demander aux femmes de se plaindre, au contraire, elles doivent se mettre debout, oser, croire et prendre leur place.

Conclusion générale

Le leadership féminin dans l'action communautaire constitue un levier majeur pour faire émerger des communautés africaines solides, soudées et solidaires dans les péripéties et les défis qui jalonnent les trajectoires migratoires incertaines des Africain(e)s au Canada. Le renforcement des communautés africaines au Canada s'avère crucial dans la promotion d'une culture d'autonomie, de responsabilisation et d'entreprise des Africain(e)s du Canada, en osant sortir des sentiers battus et des pièges asservissants des subventions qui atrophient nos capacités d'inventivité, de créativité, d'autonomie et d'imputabilité. Il s'agit pour nous Africaines et Africains, comme individus et comme groupes, de contourner les effets néfastes de la crise économique et les précarités professionnelles et matérielles qui en résultent tout en s'exacerbant de jour en jour.

Ce leadership devra nécessairement se distancier des attitudes sentimentales, opportunistes et improvisées, et oser penser des stratégies éducatives, pédagogiques et thérapeutiques qui favorisent l'autonomie, la dignité, la responsabilité et la fierté des Africain(e)s partout où ils vivent dans le monde, aussi bien sur le continent que dans les nombreuses diasporas africaines du monde occidental.

Sans une pensée pluridisciplinaire, libératrice et thérapeutique, toutes nos initiatives ne risquent de se révéler que comme des feux de paille et des agitations sentimentales éphémères qui débouchent sur des impasses, la paralysie collective et la résignation individuelle. Alors, osons enfin un leadership féminin dans les associations et des organisations africaines qui ose parier sur notre capacité à être des sujets responsables et des agents conscients de notre destin dans un monde propulsé par des logiques mercantilistes, esclavagistes et consuméristes. Cela passe aussi, et surtout, par l'abandon de la course aux subventions qui nous enlèvent notre capacité d'être les premiers auteurs et bénéficiaires de nos initiatives en nous plongeant dans de nouvelles formes insidieuses d'esclavages, de mendicité matérielle et de domination symbolique et économique de la part des détenteurs des savoirs et des pouvoirs dans des sociétés fortement érodées par la crise de la dette et de la spéculation boursière.

Chap. IV
Obstacles et stratégies de renforcement du leadership féminin dans les communautés africaines, celles d'Afrique et des diasporas

Par Khady Faye[16]

Introduction

Mesdames, mesdemoiselles, messieurs, Bonjour…,

Permettez-moi d'abord de vous remercier de votre présence.

Je voudrais aussi remercier M. Benoît Awazi Mbambi Kungua et tous les membres du CERCLECAD qui nous ont donné cette opportunité d'échanger sur le thème intitulé : « Obstacles et stratégies de renforcement du leadership féminin dans les communautés africaines, celles d'Afrique et des diasporas ». Ce ne serait pas aisé de faire une analyse exhaustive de cette vaste question relative au leadership féminin. Car l'Afrique n'est pas uniforme, les conditions de vie des diasporas africaines du Canada, encore moins. La condition de la femme africaine variant d'une zone à une autre dépendamment des

[16] **Madame Khady Faye Diop**, compte dix ans d'expériences professionnelles au Sénégal et au Québec en tant que technicienne et administratrice de systèmes informatiques notamment à la Banque Crédit Lyonnais, à IBM, à l'Université Mc Gill et à Thales Canada Avionics. Elle est titulaire d'un baccalauréat série C du Lycée Charles De Gaulle de Saint Louis, d'une maîtrise en Sciences Physiques de l'Université de Dakar et d'un DESS en Informatique de l'Institut International 2IE de Ouagadougou. Elle a par la suite, obtenu un diplôme supérieur en Management et Finance du Centre de la Formation Professionnelle et Bancaire – CFPB\ITB de France. Khady est la présidente fondatrice de la Fondation Internationale d'Appui au Développement – FIAD (**www.fiad.ca**). En Afrique, les deux principaux domaines d'actions de la FIAD sont le micro-financement des femmes et le soutien à l'éducation des jeunes de ses 4 villages partenaires. Elle œuvre depuis 2006, dans le développement international pour le renforcement des capacités des collectivités locales et l'amélioration de leurs conditions de vie. Elle est aussi une activiste qui agit pour la consolidation des acquis démocratiques, la promotion de l'État de droit et de la bonne gouvernance. Khady Faye est arrivée en 2005 à Montréal, ou elle s'est investie comme bénévole dans plusieurs organismes et institutions comme l'Hôpital de Montréal pour enfants, Petites Mains, l'Association des Guinéens du Canada – AGC, le Regroupement Général des Sénégalais du Canada – RGSC, le Congrès des Ivoiriens du Canada – CIC, l'Association Québécoise pour les Enfants ayant des troubles d'apprentissage – AQETA, Initiatives Diaspora 2012, Afromanif, le Centre Éducatif Maanavar Arivalayam …) et les Assises Nationales du Sénégal, Comité de Pilotage du Canada. Elle accompagne des nouveaux immigrants dans leurs recherches d'emploi pour leur meilleure intégration à la société québécoise.

différentes réalités socioculturelles et religieuses, le leadership de la femme africaine sera donc confronté à de nombreux obstacles que je tenterais d'évoquer dans un premier temps, avant d'aborder des stratégies pour l'émergence d'un leadership féminin efficace et capable d'impulser une nouvelle dynamique dans le grand chantier de la Renaissance de l'Afrique et de tous ses fils et filles disséminés dans le monde.

I. Obstacles à l'éclosion du leadership féminin dans les communautés africaines, celles d'Afrique et des diasporas

Le leadership est un terme emprunté à l'anglais qui définit la capacité d'un individu à mener ou conduire d'autres individus ou organisations dans le but d'atteindre certains objectifs. Un leader est quelqu'un qui est capable de guider, d'influencer et d'inspirer. Les femmes africaines ne cessent de forger ce leadership dans divers domaines d'intervention au prix de multiples sacrifices. En effet, elles rencontrent de nombreux obstacles dont nous citerons quelques-uns :

- le manque d'accès à la terre et au crédit ;
- l'analphabétisme et l'insuffisance de la scolarisation des filles ;
- le manque de formation, de temps, de ressources, et d'informations ;
- la violence conjugale et les contraintes socioculturelles ;
- le manque de représentativité dans les instances de décision ;
- L'instabilité politique.

Bref, un manque de libertés fondamentales que nous détaillerons plus bas au fil de notre exposé. Dans le secteur agricole, les femmes africaines qui veulent s'adonner à l'exploitation et à la mise en valeur de la terre sont souvent confrontées à deux contraintes majeures : un problème d'accès à la terre, au crédit et un manque d'encadrement.

1. Les femmes africaines éprouvent aussi des difficultés à établir des réseaux. L'un des obstacles reliés à ce réseautage est la propension de certaines femmes au concept de la reine des abeilles ; c'est-à-dire, de celles qui, ayant réussi leur ascension sociale, ont tendance à fermer la porte derrière elles, en étant peu favorables à ce que d'autres femmes les rejoignent dans la voie de la réussite sociale et professionnelle.

2. L'analphabétisme des femmes et le faible taux de scolarisation des jeunes filles est aussi un frein à leur potentiel leadership. Même si ce taux de scolarisation s'est amélioré lors des dernières décennies, on note le décrochage scolaire de nombreuses jeunes filles lié aux grossesses et aux mariages précoces.

3. À ces obstacles, s'ajoute le manque de temps résultant du volume important des travaux domestiques réservés, en général, à la femme africaine. La contrainte qui en découle est la difficulté à maintenir l'équilibre et à concilier la vie familiale et la vie professionnelle surtout dans les sociétés africaines urbaines et celles des diasporas.

4. Comme autre obstacle, nous avons les pressions et les violences conjugales ainsi que les contraintes socioculturelles qui inhibent l'autodétermination des femmes. En effet, l'image que la société se fait de la femme africaine ne joue pas toujours en sa faveur. La femme est censée incarner la vertu et l'abnégation ; or son émancipation et/ou son aspiration à plus de liberté posent souvent problème.

Cependant, les femmes sont en partie les artisanes de leur difficile condition. De par l'éducation donnée à leurs enfants, elles perpétuent un système de pensée qui leur est défavorable du genre : « un garçon ne balaie pas ».

5. Le manque de représentativité des femmes africaines dans les cercles de prise de décision tels que les Cas (Conseils d'Administration), les CoDir(comités Directeurs) et certains postes de responsabilités favorise les risques de stéréotypes. Sur le plan politique par exemple, la représentativité de la femme pose toujours problème. Même si la législation politique actuelle de plusieurs pays africains comme le Sénégal, prône la parité, il faut admettre que dans les faits, les deux sexes sont inégalement représentés sur le plan des responsabilités politiques.

6. Un autre obstacle non moins important est l'instabilité politique.

En effet, la colonisation et le partage arbitraire des frontières africaines sont une source de cohabitation difficile, de préjugés et de conflits armés dont les femmes et les enfants sont les principales victimes. On parle de plusieurs milliers de femmes de la République démocratique du Congo qui sont victimes de viol et/ou transformées en esclaves sexuels.

II. Stratégies de renforcement du leadership féminin dans les communautés africaines, celles d'Afrique et des diasporas

Il existe un nombre important de femmes africaines leaders de haut niveau. Nous avons les cas de Ellen Johnson Sirleaf, la présidente du Libéria, l'ex première ministre Mame Madior Boye du Sénégal et la Kenyane Wangari Muta Maathai, première femme prix nobel de la paix en 2004 et leader du mouvement *Green belt*. Nous suggérons la promotion d'exemples de leaders féminins qui ont réussi à concilier leurs vies personnelles et professionnelles pour en faire des modèles de révolution des mentalités. Ces leaders pourraient servir de *mentors* à d'autres femmes qui aspirent renforcer leur leadership dans la société dans laquelle elles vivent.

Le renforcement du leadership féminin passerait aussi par :

- la scolarisation des filles, l'alphabétisation des femmes adultes et l'encouragement de la formation des femmes dans différents domaines d'études et d'activités, y compris les sciences politiques et techniques ;
- la promotion de centres d'aide à la scolarisation des filles ;
- la mise à leur disposition d'outils de communication efficaces pour les aider à émettre les bons signaux pour se sentir légitimes dans les lieux de pouvoir ;
- la sensibilisation et l'encadrement des femmes entrepreneures dans la gestion de leurs récoltes par le développement de méthodes de conservation et/ou de transformation des produits périssables ;
- l'allègement des tâches ménagères de la femme et de la garde des enfants qui causent un problème de mobilité ;
- La sensibilisation pour une plus grande justice sociale qui pourrait s'acquérir par le biais de colloques et de plaidoiries humanistes pour l'accès à la terre, au crédit, à la technologie, aux instances de décision…; tout en gardant en tête que la femme africaine n'a pas besoin d'être l'antagoniste de l'homme mais plutôt sa complémentaire qui disposerait cependant d'un minimum d'autonomie ;
- la protection des femmes par les gouvernements contre le harcèlement sexuel en vue d'asseoir davantage leur leadership sur le plan professionnel ;
- En effet, pour renforcer le leadership féminin, il faudrait une réelle volonté politique de la part des États africains.

Conclusion

En conclusion, nous pensons que les stratégies énumérées précédemment permettraient aux femmes africaines de surmonter de nombreux obstacles à l'éclosion effective de leur leadership et de représenter une alternative crédible à l'émergence tant souhaitée du continent africain comme une terre d'avenir pour l'humanité en crise profonde de valeurs, de sens et de spiritualité. Ici les femmes africaines pourraient promouvoir de nouvelles dynamiques théoriques et pratiques capables de diffuser des valeurs de la solidarité, du partage et de la compassion avec les couches les plus pauvres des sociétés africaines contemporaines, y compris dans les diasporas africaines du monde occidental qui ne cessent de grandir en nombre avec toute la kyrielle de défis d'intégration professionnelle et sociale, exacerbés par la crise économique mondiale qui paralyse toutes les sociétés capitalistes et consuméristes du monde occidental. D'autant plus que généralement, les femmes africaines, en plus de jouer un rôle d'éducatrice, exercent déjà une forte influence sur leurs familles et sont garantes de la pérennisation de ce qui fait l'essence d'une société : sa culture.

Cette culture africaine a certes été sapée par la colonisation, la mondialisation et l'avènement des nouvelles technologies. Mais certaines règles traditionnelles persistent toujours, créant ainsi un dualisme dans lequel la femme africaine a parfois du mal à trouver sa place. Vu les conséquences néfastes du capitalisme au niveau social et environnemental matérialisées par les hauts taux de suicide, la négligence des aînés, la destruction lente mais progressive du tissu social occidental, les africaines auraient intérêt à ne pas imiter aveuglément l'Occident et à définir leur propre modèle de développement visant à garder leurs valeurs familiales et leurs traditions positives. L'Afrique devrait trouver le juste milieu entre une société parfois injustement dominatrice de la femme et une société soumise à un capitalisme à caractère parfois déshumanisant.

Ce qui permettrait de bâtir une nouvelle société plus juste, solidaire et agréable à vivre qui comprend que le développement n'est pas seulement matériel. Il est aussi et surtout affaire de bien être social, de la quête du sens holistique de la vie et de spiritualité pour une société qui garde encore sa foi en l'Humain et en Dieu. Ce dilemme est un véritable enjeu à anticiper. La transformation des rapports que les femmes africaines entretiendront avec leur environnement social et culturel déterminera leur responsabilité dans l'avenir de la société africaine de demain.

CHAP V
Le rôle de la femme dans les communautés rurales et sa contribution pour les pays en voie de développement

Par Aïchatou Touré[17]

Avant propos

J'aimerais commencer cet article en soulignant que je viens de compléter, dans le cadre de mes études, un stage au ministère de la Culture et des Communications du Québec, où j'ai eu la chance d'assister à la nomination de la 1ère femme Première ministre du Québec. Je souligne cet aspect parce que malgré la modernité de cette société et toute son avancée en matière d'égalité, on se rend compte que le « *womenpower* » n'est pas encore chose « acquise ».

On comprend bien, par le fait même, que dans nos sociétés africaines, il nous reste encore beaucoup de chemin à faire afin que le leadership féminin soit reconnu à sa juste valeur dans le développement économique. En parlant de développement, on pense à reformer le système, changer le gouvernement, implanter des ONG, etc. Pourtant, afin de réduire la pauvreté, il faut d'abord apprendre aux populations à s'auto-suffire par leurs activités quotidiennes. La femme dans les régions les plus démunies est encore aujourd'hui considérée comme la personne qui reste au foyer et prend en charge l'éducation des enfants. Pourtant, on voit de plus en plus les femmes s'organiser et mettre en place des systèmes efficaces qui portent fruit. Ne serait-il

[17] Très polyvalente, Aïchatou adore depuis toujours prendre part en tant que bénévole dans l'organisation d'évènements culturels divers et prend plaisir à rassembler les gens. Elle a complété un baccalauréat en Économie et Mathématiques à l'université de Montréal ainsi qu'un certificat en commerce électronique à HEC Montréal. Elle vient de terminer une maîtrise en administration publique, option administration internationale, à l'École Nationale d'administration Publique (ÉNAP). Dans son optique d'être plus active au sein de sa communauté, elle occupe présentement le poste de présidente du Regroupement des Maliens de la région de la capitale nationale et fait partie du Conseil d'administration de l'Union provinciale des minorités raciales et ethnoculturelles francophones pour la région de l'Est. Elle est particulièrement intéressée par les questions des populations défavorisées face à la mondialisation, mais plus particulièrement de la place de la femme dans cette ère. Elle a organisé et participé à des événements de sensibilisation autour de la question de la crise malienne suite au coup d'État de 2012. Aïchatou est une récipiendaire de la prestigieuse Médaille du jubilé de diamant de la reine Elizabeth II pour son implication communautaire.

pas important de souligner cet aspect de leadership qu'on oublie très souvent et de se poser la question à savoir si le développement des pays africains ne pourrait pas passer par la femme ?

Je dédie cet article à toutes les femmes qui montrent la voie, que ce soit en occupant des postes politiques clés ou en démontrant un leadership incroyable dans leurs petites communautés

Introduction

Dans les pays en développement, près de deux tiers des femmes actives occupent un emploi précaire exercé de manière indépendante ou en tant que travailleuses familiales non rémunérées. L'accès à l'éducation dans ces zones est très difficile pour les femmes. Rares sont celles qui peuvent bénéficier de programmes de formation professionnelle en raison de facteurs culturels qui leur assignent d'emblée des rôles domestiques de prise en charge quotidienne de la vie de la famille et des membres les plus vulnérables de celle-ci.

Pourtant, considérant leur rôle de gestion du foyer ainsi que leurs fonctions de plus en plus grandissantes dans les zones rurales, les femmes sont des agentes importantes du développement en Afrique subsaharienne. En effet, les hommes quittent très souvent ces régions pour s'installer vers de grandes villes à la recherche d'emploi, laissant ainsi la femme en contrôle des biens agricoles. Ces dernières font un travail qui reste trop souvent sous silence.

Elles réalisent de grandes activités et s'organisent souvent en coopérative et cherchent de plus en plus à avoir accès au microcrédit afin de faire rouler quelques petites entreprises. Ces femmes entrepreneures sont un vecteur incontestable du développement économique de ces zones parfois laissées à elles mêmes. L'accès à un travail constitue un moyen précieux de se sortir de la pauvreté, et ceci, aussi bien pour les femmes que pour les hommes. En s'attaquant aux contraintes et aux obstacles auxquels les femmes font face en tentant d'y accéder, on leur permettrait d'exercer leur leadership et contribuer à une plus grande échelle au développement des pays du Sud.

Plusieurs auteurs se sont penchés sur la question du leadership. Dans l'ouvrage de Michel Leclerc « *Qu'est-ce que le leadership ?* », il présente la définition du leadership selon différents auteurs comme étant l'interaction entre deux ou plusieurs personnes entrainant une structuration. L'élaboration de la vision collective de l'avenir avec les autres membres de l'équipe devrait, selon certains auteurs, être une priorité du leader. Certains soutiennent la thèse que le leader doit être porteur et gestionnaire du changement mais également définir la direction que doit prendre ce changement. L'auteur Bass soutient d'ailleurs que ce leadership transformationnel est plus spécifique aux femmes.[18] Le leadership permettrait ainsi l'atteinte d'un but en ayant une influence sur un groupe. Le leadership exercé par les femmes rurales ne va pas en opposition avec celui exercé par les hommes mais en est plutôt complémentaire. [19] Il ne s'agit pas là de remettre en question le leadership des hommes mais plutôt de souligner ce leadership féminin trop souvent oublié.

L'envergure mondiale de la crise africaine nous pousse à mettre en œuvre un nouveau type de leadership éthique dans les sociétés africaines qui propose entre autre l'unification au niveau planétaire des réseaux de réflexion critique. Il faut absolument responsabiliser politiquement les Africains face aux défis cruciaux de la survie de l'Afrique dans une mondialisation étranglant. [20]

1. Déterminants historiques : les relations hommes-femmes

Dans tous les pays, les attentes quant aux caractéristiques et aux comportements que doivent avoir les femmes et les hommes sont déterminées par la culture, la tradition et l'histoire. L'amélioration des conditions de vie, accompagnée par le développement des outils de chasse, de guerre et des moyens de production ont énormément transformé les rôles sociaux. En effet, dans cette société plus « patriarcale », la hiérarchie sociale est plus accentuée et la division du travail est faite selon le sexe.

Les femmes vont alors commencer à jouer un rôle plus dans l'ombre des hommes et être marginalisées. La situation va être accentuée par les écoles coloniales puis néocoloniales qui vont donner une justification « biologique » questionnable à l'inégalité des sexes.

Les fonctions dites naturelles que doivent donc occuper les femmes sont plus socio-affectives tandis que celles des hommes sont plus instrumentales. L'homme est alors le chef de famille et s'impose ainsi comme maître, étant celui qui soutient financièrement sa famille. On constate que, d'une manière générale, les femmes dans les pays en

[18] Site internet: http://www.leadership recherche.fr/index.php?option=com_content&view=article&id=16&Itemid=41.

[19] Judith Houedjissin-Cardin, « Le leadership: inné ou acquis. Les développements théoriques des 10 dernières années » (voir le chap I de cette revue).

[20] Benoit Awazi Mbambi Kungua, *De la Postcolonie à la Mondialisation néolibérale. Radioscopie éthique de la crise négro-africaine contemporaine*, L'Harmattan, Paris, 2011.

développement ont moins d'autonomie personnelle, moins de ressources à leur disposition et une influence limitée sur les processus de décision qui régissent le fonctionnement de la société dans laquelle elles vivent et leur propre vie. Le tableau suivant présente les rôles respectifs traditionnels des hommes et des femmes, qui prévalent encore dans plusieurs endroits en Afrique sub-saharienne :

Tableau[21] :

Droits et devoirs traditionnels dans les activités ménagères, agricoles ou commerciales	
Activités ménagères, agricoles ou commerciales	
Hommes :	cultures de rente, gros bétail
Femmes :	éducation des enfants et entretien du ménage (y compris la préparation des repas et l'approvisionnement en eau et en bois de chauffe), cultures vivrières et potagères, petit élevage, transformation et vente des produits cultivés (depuis le domicile).
Tâches agricoles	
Hommes :	défrichage
Femmes :	semis, désherbage, transformation et conservation des produits agricoles
Parcelles et champs respectifs	
Hommes et femmes :	responsables séparément de leurs intrants et du contrôle de leur production
Terres exploitées en commun	
Hommes et femmes :	partage de la main-d'œuvre, utilisation des rentrées pour les besoins du ménage
Droits fonciers :	
Hommes :	propriété
Femmes :	propriété aléatoire déterminée par le mari ou les hommes de la famille
Droits aux intrants	
Hommes :	droit aux ressources (terre, main-d'œuvre, informations techniques et crédit)
Femmes :	accès à ces ressources déterminé par les hommes

2. Le pouvoir économique de la femme rurale

La femme africaine est une force et une opportunité, comme le diraient plusieurs, pour le continent africain. Le taux d'entrepreneuriat féminin y est plus élevé que dans les autres régions du monde et le taux de scolarisation primaire est passé de 84 filles pour 100 garçons en 1991 à 91 filles pour 100 garçons en 2009.[22]

La Journée internationale de la femme que l'on célèbre chaque année le 8 mars, a eu pour thème en 2012 « *l'autonomisation des femmes rurales et leur rôle dans l'éradication de la pauvreté et de la faim, le développement et les défis actuels* ».[23] Le secrétaire général

[21] La situation économique des femmes dans l'agriculture et la société rurale, disponible en ligne internships.cta.int/pubs/erw/french_part1.pdf.

[22] Site internet de la Banque mondiale : http://web.worldbank.org/WBSITE/EXTERNAL/ACCUEILEXTN/PAYSEXTN/AFRICAINFRENCHEXT/0,,contentMDK:22851993~pagePK:146736~piPK:226340~theSitePK:488775,00.html.

[23] Site internet de Radio France International http://www.rfi.fr/afrique/20120308-journee-internationale-femme-le-rôle-crucial-femme-rurale-8-mars.

des Nations unies, Ban Ki-moon, a déclaré lors de la journée internationale de la femme rurale le 15 octobre 2012 que :

« L'autonomisation des femmes revêt une importance cruciale pour éradiquer la faim et la pauvreté. En privant les femmes de leurs droits et de possibilités, ce sont leurs enfants et leurs sociétés que nous privons d'un avenir meilleur. C'est la raison pour laquelle l'Organisation des Nations Unies a récemment lancé un programme d'autonomisation des femmes rurales et de renforcement de la sécurité alimentaire » [24].

Il a appelé les gouvernements, la société civile et le secteur privé à « *investir dans les femmes rurales* », à « *éliminer les discriminations dont elles sont victimes », et à leur « garantir le même accès aux ressources qu'aux hommes* ».

En Afrique sub-saharienne, les femmes rurales représentent plus de 60% de la main d'œuvre agricole. [25] Ces femmes cultivent les champs, élèvent du bétail, collectent l'eau et le bois, et prennent soin de leurs familles. Cet emploi de temps très chargé leur laisse très peu de temps pour des activités génératrices de revenus.

Plusieurs facteurs sociaux et politiques, souvent interconnectés, ont une influence sur la faculté des femmes à participer à la vie économique. On peut citer entre autres :

- l'accès aux services de planification familiale et autres services de santé,
- la possibilité de bénéficier d'une couverture sociale,
- scolarisation post-primaire des filles,
- taux d'alphabétisation des femmes adultes,
- influence des femmes au sein des structures de gouvernance et des instances de décision politiques.

Les femmes agricoles en Afrique subsaharienne travaillent généralement 12 à 13 heures de plus par semaine que les hommes. Par contre, les hommes possèdent environ deux fois plus de têtes de bétail

[24] Site internet des Nations Unies : http://www.un.org/apps/newsFr/storyF.asp?News ID=29193&Cr=rural&Cr1=.

[25] Site internet ONU Femme http://www.unwomen.org/fr/how-we-work/csw/csw-56/facts-and-figures/.

que les femmes et la superficie de terres que possèdent les hommes est en moyenne trois fois plus grande que celle des femmes[26].

Des études démontrent que si les femmes n'étaient pas restreintes par leur statut inférieur à l'homme et qu'elles avaient un accès égal aux ressources et intrants agricoles, les exploitations qu'elles gèrent pourraient voir leur production s'accroître de 20 à 30%, réduisant ainsi le nombre de personnes souffrant de la faim dans le monde de 100 à 150 millions selon l'Organisation des Nations unies pour l'alimentation et l'agriculture (FAO). [27] Malheureusement, les femmes reçoivent beaucoup moins de prêts que les hommes, créant ainsi une injustice et limitant leurs actions [28].

Lorsque les femmes sont indépendantes économiquement et socialement, elles deviennent de puissants vecteurs de changement. Dans les zones rurales, elles contribuent largement à faire vivre les ménages et occupent une place centrale dans l'activité agricole. Il est clair que la participation des femmes à la vie économique et l'augmentation à juste titre de leur pouvoir d'action sont essentielles pour leur permettre d'exercer une influence plus grande au sein de leur collectivité. Il faudrait pour cela qu'elles aient un meilleur accès aux ressources et outils économiques (l'emploi, services financiers, biens fonciers, formation, etc.). L'ancien président des États-Unis, M. Bill Clinton déclarait d'ailleurs lors d'une réunion annuelle de la *Clinton Global Initiative* en septembre 2009 :

« Les femmes assument 66 % du travail effectué dans le monde et produisent 50 % de la nourriture mais ne perçoivent que 10 % des revenus et possèdent seulement 1 % des biens fonciers. Qu'il s'agisse d'améliorer l'éducation dans le monde en développement, de lutter contre le changement climatique à l'échelle de la planète ou de quasiment n'importe quel autre problème, renforcer leur pouvoir d'action constitue un élément essentiel de l'équation » [29].

En plus de permettre un épanouissement économique et une croissance, cela contribuerait de manière considérable à renforcer la

---

[26] *Les femmes et le développement rural*, Site internet du Fond international pour le développement agricole, disponible en ligne :www.ifad.org/pub/factsheet/women/women_f.pdf.

[27] Site internet de Radio France International http://www.rfi.fr/afrique/20120308-journee-internationale-femme-le-role-crucial-femme-rurale-8-mars.

[25] Site internet de la Banque mondiale : http://web.worldbank.org/WBSITE/EXTERNAL/ACCUEILEXTN/PAYSEXTN/AFRICAINFRENCHEXT/0,,contentMDK:22851993~pagePK:146736~piPK:226340~theSitePK:488775,00.html.

[29] Site internet des Nations unies http://www.un.org/fr/events/ruralwomenday/.

dignité de ces dames et créer une société plus juste. L'autonomie économique des femmes est une condition indispensable à l'instauration d'un développement durable et à la réalisation des objectifs du millénaire pour le développement (voir Annexe). L'établissement de l'égalité entre les hommes et les femmes et l'autonomisation des femmes auront un effet important sur le développement. D'ailleurs, il semble que le facteur femme n'ait pas été pris convenablement en considération lors de l'implantation des programmes d'ajustement structurel qui devaient éliminer la pauvreté grâce au développement économique et la promotion du secteur agraire. Ces programmes s'inspiraient sur la théorie de « l'effet de retombée », qui prévoit que la croissance finit par toucher toutes les couches de la population.

Les femmes consacrent généralement une part plus importante de leurs gains que les hommes à leur famille et à leur communauté. Cette théorie a été soutenue par une étude réalisée au Brésil qui a démontré que les chances de survie d'un enfant augmentaient de 20 % lorsque la mère gère les revenus du foyer. [30] Le développement agricole et rural en Afrique subsaharienne est très variable selon les régions, les richesses en ressources naturelles, l'évolution historique, la stabilité politique, l'environnement culturel et socioéconomique, etc.

Le principal défi rencontré dans le secteur primaire africain est l'accroissement de la production et de la valeur des produits agricoles. En effet, la superficie de terres arables est limitée et cette hausse devra se baser sur l'intensification et la valorisation de la production. Étant donné que les femmes représentent 70 % de la main-d'œuvre agricole et assurent 60 % de la production agricole et 80 % de la production vivrière, elles sont directement concernées par ces nouvelles directions. [31] Les changements significatifs des vingt dernières années dans le secteur agricole ont eu un impact sur le rôle de la femme ainsi que sur la perception de ce rôle. Le problème trouve son fondement dans l'absence de politiques et de stratégies de programmation adéquates concernant le rôle et la contribution de la femme dans la vie agricole. Il est essentiel de prendre en compte le savoir et le travail agricole des femmes et d'intégrer la réalité de la condition féminine dans les théories, les politiques et les programmes de développement.

---

[30] Site internet de la FAO : http://www.fao.org/gender/gender-home/gender-programme/gender-food/fr/.

[31] La situation économique des femmes dans l'agriculture et la société rurale, disponible en ligne internships.cta.int/pubs/erw/french_part1.pdf.

Les femmes ne doivent pas rester invisibles ! Une meilleure compréhension de la situation particulière des femmes permettra d'identifier les contraintes et les possibilités de promotion des activités génératrices de revenus.

3. « *Empowerment* » des femmes

L'amélioration de la capacité des femmes à se procurer des revenus est primordiale pour l'amélioration de la condition féminine. L'autonomie et la confiance en soi vont de pair. Les femmes l'ont bien compris et ont également découvert que le travail collectif était particulièrement efficace pour avoir accès aux actifs et aux services dont elles avaient besoin pour élargir leurs horizons.

Afin d'atteindre les Objectifs du Millénaire pour le développement visant à éradiquer l'extrême pauvreté et la faim, ainsi que celui relatif à la parité hommes-femmes, il est essentiel de favoriser l'égalité entre les sexes et de renforcer le pouvoir d'action des femmes dans le secteur de l'agriculture. Lors de la Conférence de Pékin de 1995, le paradigme d'*empowerment* est adopté par les institutions internationales et les ONG. L'*empowerment* des femmes sera alors décrit comme suit dans la déclaration de Pékin : *« L'empowerment des femmes est leur pleine participation dans des conditions d'égalité dans toutes les sphères de la société, incluant la participation aux processus de décision et l'accès au pouvoir, sont fondamentaux pour l'obtention de l'égalité, du développement et de la paix ».* Cet énoncé a été modélisé pour refléter les réalités des zones en développement où l'on met plutôt l'accent sur « la capacité politique individuelle autant que collective des femmes de réaliser des actions dans une perspective d'émancipation sociale ». L'*empowerment* permet alors d'accroître l'autonomie et la force interne des femmes. Elle est très souvent associée à l'accès à la microfinance qui est un puissant outil d'autonomisation.

Le microfinancement permet à ceux qui en bénéficient de stabiliser leurs moyens de subsistance, d'avoir des possibilités de choix plus grandes et de disposer de capitaux de démarrage pour investir dans des activités productives et à scolariser les enfants. Par contre, il est important de souligner les effets négatifs de la microfinance que sont l'endettement, l'alourdissement des responsabilités, la surcharge de travail, la fatigue, l'aggravation de l'exclusion, le détournement des entreprises lorsque celles-ci deviennent profitables ou encore le renforcement de la spécialisation des femmes dans des secteurs d'activité souvent peu productifs [32].

4. Où en sommes-nous aujourd'hui?

La femme est l'espoir de l'Afrique ! Malheureusement, certaines considérations contextuelles : système de représentation, organisation sociale et statut de la femme freinent cet enthousiasme. Beaucoup de femmes dans les régions rurales continuent d'être victimes de discrimination au moment de créer leurs entreprises. Elles se voient alors refusées de nombreux prêts bancaires par manque de confiance, malgré que les études prouvent que les femmes prennent beaucoup moins de risques financiers que les hommes et que leurs affaires ont un taux d'échec plus faible.

Après de longues années de combat, les femmes entrepreneures africaines forcent aujourd'hui le respect et c'est d'ailleurs pour les encourager que la BAD a lancé en 2012 l'idée d'un « prix féminin de l'innovation en Afrique » destiné à distinguer les femmes porteuses de projets les plus innovants et à consacrer la reconnaissance de l'implication de la femme dans les efforts de développement du continent africain. [33]

Dans le domaine de la production agricole, les problèmes d'accès à la terre sont encore un problème majeur. En effet, on constate chez plusieurs groupes ethniques, en dépit de normes nationales d'appropriation et d'exploitation de la terre reconnaissant un accès égal au domaine foncier pour les hommes et les femmes, que la femme est écartée du jeu.

En réduisant les possibilités d'accès des femmes aux intrants agricoles et aux microcrédits grâce auxquels elles pourraient améliorer leur productivité, on réduit leurs potentialités d'actrices économiques. Le rôle « innée » de gestion communautaire de la femme plutôt qu'économique, prend en Afrique une dimension contextuelle de réponse à la défaillance de l'État dans des secteurs essentiels tels que la santé l'éducation, l'alphabétisation.

La Banque mondiale contribue à poser les jalons de l'édifice du progrès et se tient à l'écoute des populations pauvres tout en reconnaissant que c'est au peuple africain qu'il revient de prendre les

[32] Cours à l'Université d'Ottawa, *Femmes, genre et développement, Empowerment* et Microfinance, Automne 2012.

[33] Source : Site internet de la Banque africaine de développement http://www.afdb.org/fr/news-and-events/article/afdb-mulls-african-women-innovation-award-7341/.

devants pour l'aboutissement de ce processus. La Banque a élaboré une Feuille de route et un Plan d'action pour l'intégration des femmes. Ces instruments favorisent l'accès des femmes à la terre, aux intrants agricoles, aux infrastructures, au marché du travail et aux services financiers. Par le biais de l'Initiative en faveur des filles adolescentes, des mentors ont accès à une formation et habilitent les jeunes femmes à aborder en toute sérénité la transition vers la vie active.

5. Quelques exemples de leadership féminin

1er cas : Travaux de réparation d'une piste d'atterrissage dans l'Est du Tchad [34]

Situation : Plus de 40000 réfugiés soudanais installés par le HCR dans des camps situés à Mile et Kounoungou, non loin de la ville de Guereda. Les organisations humanitaires étant installés à Guereda et les ravitaillements passent par la ville d'Abéché.

Problématique : À cause des multiples attaques des coupeurs de routes, il est impératif d'utiliser la voie aérienne pour se rendre à Abéché. Cependant, les aérodromes sont en proie à la dégradation par les intempéries (fréquentation, érosion éolienne et pluviale, etc.).

Solution : Pour réhabiliter, les organisations font appel à la population locale (ex. Programme du PAM Vivres contre Travail).

Implication des femmes : Au total, 90 personnes ont participé à ces travaux dont 70 étaient des femmes. Du chargement de la latérite à l'étalement sur les zones érodées et le compactage, les femmes sont présentes. En voyant les femmes à l'œuvre il ne fait pas l'ombre d'un doute que les femmes rurales sont les partenaires sûres pour faire un bon développement.

2ème cas : Coopératives de femmes productrices de karité au Burkina-Faso

Situation : Depuis plus de 15 ans, le Centre d'étude et de coopération internationale (CECI) investit dans une filière de karité au Mali et au Burkina-Faso (mais aussi en Guinée et au Niger). Le travail de coopération a permis d'améliorer les revenus de dizaines de milliers de femmes, membres des organisations de production partenaires. Il a généré des impacts remarquables sur les conditions de vie de milliers de familles dans les zones d'intervention.

Avec la contribution de coopérants volontaires et en collaboration avec diverses organisations, les capacités des partenaires ont été renforcées par la formation des femmes en production, en gestion et

[34] Source : blog http://apedactchad.unblog.fr/.

en commercialisation ainsi que leur habileté à travailler en concertation. Le programme va encore plus loin, en effet, la production de beurre de karité par des coopératives de femmes a connu un développement remarquable au cours des dernières années. Cependant, cette croissance pose de nouveaux défis au plan environnemental. En effet, cette activité de production nécessite une consommation relativement importante de bois de chauffage et d'eau, aussi, elle entraîne le rejet de résidus végétaux. À faible concentration, ces résidus sont inoffensifs, mais au fur et à mesure que la production augmente, les coopératives de productrices se trouvent confrontées à un problème nouveau de gestion environnementale. De plus, la pression sur les ressources naturelles (l'eau et le bois) risque de devenir critique dans un environnement sahélien. Étant donné que la plupart de ces nouvelles entreprises sociales envisagent d'accroître leur production pour répondre à la demande, des mesures doivent être prises à moyen et long terme, afin d'assurer la durabilité de ce développement socio-économique par la mise au point de méthodes de production plus écologiques.

C'est ce défi que nous relevons actuellement en partenariat avec une importante entreprise sociale, l'UGPPK, une union de coopératives qui rassemble plus de 3 000 productrices de karité au Burkina Faso. L'objectif est de mettre en place une unité de « production verte » de beurre de karité à partir d'une technologie « carboneutre ». Les principaux volets du projet sont la gestion des ressources naturelles, le compostage des résidus végétaux, le recyclage des eaux usées ainsi que l'usage accru d'une énergie renouvelable par la production de biogaz et l'énergie solaire. La formation des productrices et l'optimisation ergonomique de la chaîne de production font également partie de l'initiative dans le but de réduire la pénibilité du travail et d'améliorer la productivité et l'efficacité énergétique. [35]

3ème cas : Implication des femmes dans les processus de prise de décision

Situation : Située à 70 km de la capitale du Kénédougou, la commune rurale de Kourouma a une population de 12.458 habitants dont 51,48% sont des femmes avec deux représentantes au conseil communal.

---

[35] Source : Site internet du CECI http://www.ceci.ca/fr/regions/afrique/burkina-faso/projets-fr-CA/cooperatives-de-femmes-productrices-de-karite/.

Problématique : Dans la commune, la végétation est abondante mais menacée par la sécheresse et la pression agricole et pastorale.

Solution : Le maire Adama Noupounou Diarra urge sur la nécessité de former et d'informer les femmes de Kourouma, principales usagères de l'environnement végétal et hydrique de manière à mieux les préparer à s'adapter au changement climatique. Il a rassuré les habitants que la commune verra bientôt l'exploitation d'un gisement de bauxite dans les trois villages concernés. Des propos soutenus par la présidente de l'association professionnelle des femmes rurales (Asprofer), Masséni Koné.

Implication des femmes : Dans ce domaine, « les femmes rurales peuvent jouer un rôle considérable à travers leur implication dans les débats et les prises de décision sur la question ». L'apport des femmes de Sikasso à une dimension réelle est salutaire pour le développement socioéconomique de la région et du pays entier. Cependant, le changement climatique pèse et Sikasso ne fait pas exception. C'est dans cette optique que les femmes s'impliquent de plus en plus dans la surveillance des exploitations illicites des forêts classées soumises au régime de la gestion villageoise [36].

[36] Source : Site internet Maliweb, l'actualité malienne : http://www.maliweb.net/news/non-classe/2012/11/28/article,108383.html.

6. Le chemin à faire

Il n'existe pas de solution miracle pour accroître l'autonomisation économique des femmes. Y parvenir exige la mise en place de politiques judicieuses par les pouvoirs publics, l'adoption d'une approche globale et un engagement de longue haleine de la part de tous les acteurs du développement.

Il faudra dépasser les normes culturelles et sociales traditionnelles entravant l'épanouissement des femmes et des filles, et renforcer leur accès aux actifs productifs et financiers. Les femmes devraient avoir accès aux ressources productives telles que la terre, le crédit et les technologies adaptées afin d'augmenter la production et la consommation de cultures vivrières.

À travers l'aide apportée par certains organismes, les moyens sont déjà mis en place afin que les femmes puissent s'exprimer et défendre leur conception de la société, notamment, de faire valoir leur interprétation des normes culturelles et des normes sociales concernant le rôle de chaque sexe, ainsi que leur point de vue quant à la façon de les modifier.

Il sera également nécessaire d'augmenter les investissements ciblés en faveur des femmes et des filles. La scolarisation des filles et l'éducation des femmes sont des instruments puissants d'autonomisation des femmes. Ils leur permettront d'acquérir les connaissances, les compétences et l'assurance dont elles ont besoin pour s'engager dans la recherche de possibilités de réussite matérielle[37].

La promotion et le développement de techniques agricoles adaptées aux femmes au niveau de la production, de l'après-récolte et de la commercialisation sont essentiels à l'amélioration des conditions des femmes. Il faut encourager la création d'entreprises permettant aux femmes de prendre la tête de l'innovation et de la diversification dans les zones rurales. De plus, les femmes connaissent les besoins locaux et disposent de compétences particulières dans le domaine des relations interpersonnelles et de la communication. Il faudra d'ailleurs élaborer des moyens permettant une communication adaptée et efficace avec les femmes rurales.

[37] *Investir en faveur des femmes et des filles*, Stratégie pionnière vers la réalisation des OMD, disponible en ligne sur le site de l'OCDE.

Les femmes africaines doivent elles-mêmes s'impliquer durablement et sérieusement dans l'écriture de l'histoire des luttes féminines. Elles devraient pour cela, dépasser et vaincre leurs timidités et oser prendre la parole dans des lieux où se déroulent les luttes pour la définition des savoirs et la production des pouvoirs scientifique, politique, médiatique et économique. Il faudrait renforcer les capacités des femmes rurales par la mobilisation, l'adoption de programmes d'action, les publications et la création de réseaux et, également, soutenir davantage les personnalités féminines influentes à tous les niveaux et créer plus de colloques sur le leadership féminin.

En effet, dans ce souci de promotion massive d'un leadership féminin transformateur et efficace dans les communautés africaines d'Afrique mais également des diasporas, il importe de mettre clairement en évidence la grande responsabilité des femmes africaines lettrées et éduquées dans des universités par rapport au gigantesque chantier de production effective des savoirs libérateurs et pluridisciplinaires susceptibles de produire des subjectivités féminines conscientes de leurs responsabilités et de leur rôle clé dans la reconstruction des communautés africaines de partout dans le monde. Ces femmes ont le devoir de promouvoir des savoirs écrits et de se constituer en réseaux de cercles de réflexion capables d'irriguer en idées émancipatrices toutes les autres associations de femmes africaines qui œuvrent pour l'*empowerment (Womenpower)* de la femme africaine comme pivot de la renaissance et de la reconstruction africaines.

Annexe

Rôle de la femme rurale dans l'atteinte des objectifs du millénaire

Objectif 1 : Éliminer l'extrême pauvreté et la faim

- L'accès limité des femmes rurales aux infrastructures des zones rurales limite les opportunités de réduire la pauvreté et la faim.
- L'agriculture, source importante de moyens d'existence, permet d'éradiquer l'extrême pauvreté, notamment pour les femmes rurales.
- Il est essentiel d'améliorer l'accès des femmes aux ressources productives pour s'attaquer au problème de la faim.
- L'autonomisation économique des femmes peut aider à réduire le nombre d'enfants présentant une insuffisance pondérale.

Objectif 2 : Assurer l'éducation primaire pour tous

- La pauvreté et les inégalités constituent des obstacles à l'éducation universelle.
- La plupart des analphabètes dans le monde sont des femmes rurales.

Objectif 3 : Promouvoir l'égalité des sexes et l'autonomisation des femmes

- Les filles rurales sont doublement désavantagées au niveau de la participation globale à l'école secondaire.
- Les femmes rurales ont une probabilité moins grande d'avoir un emploi salarié que les hommes ruraux.
- Dans la plupart des régions, les femmes sont sous-représentées au niveau politique et de la prise de décisions.
- De nombreuses femmes rurales subissent des violences domestiques, mais peu d'entre elles cherchent de l'aide.

Objectif 4 : Réduire la mortalité des enfants de moins de cinq ans

- Les taux de mortalité infantile dans les zones rurales demeurent supérieurs à ceux des zones urbaines.
- L'éducation des femmes est un facteur clé pour la survie de leurs enfants.

Objectif 5 : Améliorer la santé maternelle

- Si davantage de femmes rurales reçoivent de l'aide pendant l'accouchement, les inégalités perdurent.

• Si les femmes rurales bénéficient d'améliorations au niveau des soins prénataux, elles sont toujours en retard par rapport aux femmes urbaines.

Objectif 6 : Combattre le VIH/sida, le paludisme et d'autres maladies

• Les femmes rurales ont une compréhension plus limitée que les femmes urbaines de la manière dont se propage le VIH, bien qu'elle constitue la première étape pour éviter l'infection.

• La couverture par les thérapies antirétrovirales est inégale.

• Les femmes assument le fardeau des soins, notamment dans les régions rurales.

• Insécurité alimentaire, déshéritage et VIH chez les femmes rurales.

Objectif 7 : Assurer un environnement durable

• Les femmes rurales et les ressources Naturelles, Femmes, politique et durabilité environnementale.

• La présence des femmes est importante, mais la nature de leur participation est également cruciale.

• Les écarts au niveau de l'accès à des sources d'eau améliorées demeurent significatifs entre les régions urbaines et rurales.

Objectif 8 : Mettre en place un partenariat mondial pour le développement

Source : Les femmes rurales et les objectifs du Millénaire pour le développement

Disponible en ligne : www.fao.org/docrep/015/an479f/an479f.pdf

Bibliographie

La situation économique des femmes dans l'agriculture et la société rurale, disponible en ligne : internships.cta.int/pubs/erw/french_part1.pdf.

Les femmes et le développement rural, Site internet du Fond international pour le développement agricole, disponible en ligne www.ifad.org/pub/factsheet/women/women_f.pdf.

Les femmes rurales et les objectifs du Millénaire pour le développement, disponible en ligne : *www.fao.org/docrep/015/an479f/ an479f.pdf.*

Judith Houedjissin-Cardin, « Le leadership : inné ou acquis. Les développements théoriques des 10 dernières années », Cf Chap I de cette livraison d'*Afroscopie*.

Benoit Awazi Mbambi Kungua, *De la Postcolonie à la Mondialisation néolibérale. Radioscopie éthique de la crise négro-africaine contemporaine*, L'Harmattan, Paris, 2011.

Investir en faveur des femmes et des filles, Stratégie pionnière vers la réalisation des OMD, disponible en ligne sur le site de l'OCDE.

Site internet : http://www.leadership recherche.fr/index.php?option =com_content&view=article&id=16&Itemid=41.

Site internet des Nations Unies : http://www.un.org/apps/newsFr/storyF.asp?NewsID=29193&Cr=rural&Cr1= http://www.un.org/fr/events/ruralwomenday/.

Site internet de l'organisation des nations unies pour l'alimentation et l'agriculture : http://www.fao.org/gender/gender-home/gender-programme/gender-food/fr/.

Site internet de la Banque mondiale : http://web.worldbank.org/WBSITE/EXTERNAL/ACCUEILEXTN/PAYSEXTN/AFRICAINFRENCHEXT/0,,contentMDK:22851993~pagePK:146736~piPK:226340~theSitePK:488775,00.html.

Site internet de la Banque africaine de développement http://www.afdb.org/fr/news-and-events/article/afdb-mulls-african-women-innovation-award-7341/.

Site internet du CECI http://www.ceci.ca/fr/regions/afrique/burkina-faso/projets-fr-CA/cooperatives-de-femmes-productrices-de-karite/.

Site internet de Radio France International : http://www.rfi.fr/afrique/20120308-journee-internationale-femme-le-role-crucial-femme-rurale-8-mars.

Site internet Maliweb, l'actualité malienne : http://www.maliweb.net/news/non-classe/2012/11/28/article,108383.html.

Site internet ONU Femme http://www.unwomen.org/fr/how-we-work/csw/csw-56/facts-and-figures/.

Blog http://apedactchad.unblog.fr/.

Note de cours à l'Université d'Ottawa, *Femmes, genre et développement*, Empowerment et Microfinance, Automne 2012

Chap. VI
Mary Ann Shad : une agentivité féminine comme exemple d'une citoyenneté canadienne transgressive

Par Emilie Jabouin[38]

Les femmes et le leadership sont des thèmes qui incitent souvent à des discussions passionnées. Y-a-t-il un genre de leadership propre aux femmes ? Les circonstances sont-elles réellement différentes pour leur engagement ? Y-a-t-il un certain désintérêt ou une timidité envers la politique ? S'agirait-il d'un biais dans nos approches aux questions de l'engagement politique ? Prenons-nous position lorsque nous cherchons à savoir *comment pourrions-nous encourager davantage le leadership féminin ?*

Cet article fait partie d'une intervention présentée lors du colloque annuel du centre de recherches pluridisciplinaires sur les communautés d'Afrique noire et des diasporas (CERCLECAD) organisé le 15 décembre 2012 dans la salle du sénat de l'université d'Ottawa. Dans cet article, je cherche à valoriser la vie de Mary Ann Shadd comme modèle d'agente politique tout en faisant des liens avec la manière dont est conceptualisé le « leadership féminin ». Je positionne Mary Ann Shadd comme exemple d'une « agentivité » politique caractérisée par sa résilience au quotidien. Je me concentre sur l'importance du quotidien et des expériences vécues car ils représentent un aspect politique souvent ignoré et perçu comme banal.

Selon ma perspective, je considère que le politique est distingué par la mémoire. Nous nous rappelons des événements et nous dépendons de certaines personnalités pour comprendre et raconter l'histoire. Par conséquent, certains événements, contextes et acteurs sont effacés et ignorés dans l'histoire. Ceci donne une perception erronée de l'état de l'engagement politique des femmes noires au Canada par exemple. Cet article expose Mary Ann Shadd à travers ses expériences de femme noire[39]. En se concentrant sur ses expériences, je cherche à

---

[38] Emilie Jabouin termine sa maîtrise en science politique et études des femmes au printemps 2013. Son sujet de thèse traite de Mary Ann Shadd, la féminité noire politique au Canada, la mémoire, l'identité et la citoyenneté. Elle est dédiée à la recherche sur les questions qui touchent les femmes noires au Canada et à l'investissement communautaire.

[39] J'utilise cette expression de manière légère. Je réfute l'idée que d'être femme et noire soit une affirmation biologique. Je considère plutôt que ce sont les expériences

rendre plus visibles les contraintes liées à son identité et la dépolitisation des espaces physiques et psychiques qu'elle occupe.

Mary Ann Shadd représente une perspective intéressante lorsqu'elle est contextualisée dans l'imaginaire du Canada. En empruntant une perspective critique sur les concepts sociologiques de race et de genre, je démontre que l'identité de Shadd en tant que femme noire est une construction sociale. Shadd représente une expérience de vie parmi plusieurs expériences de la féminité noire définie arbitrairement par la modernité occidentale. Les dimensions politiques de sa vie font d'elle un bouleversement de l'imaginaire du Canada. Ceci me permet de faire valoir ses expériences et la symbolique de sa présence à travers le concept d'agentivité[40]. Dans le cas de Mary Ann Shadd, son usage de l'imagination est un outil de conscientisation et de production du savoir. Dans le but de valoriser d'autres espaces politiques dont ceux créés par la féminité noire, donc par Shadd, je cherche à savoir: *comment Mary Ann Shadd est-elle un exemple de leadership féminin au Canada ?* D'une part Mary Ann Shadd bouleverse l'imaginaire canadien et par conséquent redéfinit l'appartenance au Canada. Elle le fait, par ailleurs, en transgressant le sens traditionnel de la citoyenneté. D'autre part, cette transgression est aussi preuve de son agentivité et de son leadership en tant que femme, et en tant que subalterne. Cet article jette aussi un coup d'œil sur l'impact de la présence de Shadd au 19e siècle dans le contexte du Canada de la pré-confédération. Mary Ann Shadd représente la possibilité d'une féminité noire au Canada, une contre-narration qui bouleverse les structures imaginaires et racisées-sexuées[41] de l'appartenance au Canada. Comme l'explique Himani Bannerji[42], l'agent racisé n'est pas représentatif du Canada selon les représentations et symboles dominants.

En premier lieu, je vais démontrer comment Mary Ann Shadd bouleverse la modernité et l'imaginaire canadien en faisant ressortir

---

qui permettent de définir par soi-même une identité de femme noire qui est unique mais aussi représentative de structures et idéologies qui forment des expériences de groupe.

[40] Ce terme renvoie au pouvoir d'agir d'une agente ou actrice (dans ce cas-ci), à la possibilité physique et psychique de porter des actes à l'encontre des canons.

[41] Les termes *racisation, racisée, genrée et sexuée* traduisent le processus à travers lequel une personne est différenciée par les perceptions sociales de la race, du genre, et du sexe de la personne.

[42] Bannerji, Himani (2000). *The Dark Side of the Nation, Essays on Multiculturalism, Nationalism and Gender*, Toronto, Canadian Scholars' Press.

son impossibilité ontologique (l'impossibilité de sa présence). En deuxième lieu, je démontre en quoi la présence historique et physique de Shadd est un bouleversement aux narrations canadiennes de la citoyenneté. Dans le fait même de bouleverser les narrations dominantes, Mary Ann Shadd les redéfinit. Elle permet de faire ressortir les modes d'exclusion de la citoyenneté et de retracer la définition de l'appartenance. Je propose que les expériences sont transférables. Ainsi, les expériences de Shadd permettent de retracer une épistémologie (soit une compréhension) des obstacles et réalités d'une femme noire éduquée et libre. Cet assemblement de faits ethnographiques et biographiques permet de définir un modèle de citoyenneté ou expériences citoyennes[43]. En même temps, je crée des parallèles entre une épistémologie politique féminine et une définition du leadership féminin. Finalement, je relie ces derniers à une tradition d'*invisibilisation* de l'apport de la féminité noire au Canada.

Par conséquent, comme femme noire, Mary Ann Shadd reflète une agentivité « impossible » et représente un aspect dépolitisé du politique dans une perspective dominante. Cet espace épistémologiquement omis remet en valeur les expériences d'agentes féminines noires dépolitisées dans une compréhension dominante, soit coloniale et moderne du politique. Je suggère ainsi de repenser le politique et les espaces politiques pour pouvoir valoriser l'investissement féminin. Et ce, en reconnaissant plusieurs formes d'actions politiques dont la subalternité. L'élargissement de la définition du politique permettrait de mieux comprendre les obstacles souvent occultés de certaines positions sociales comme dans le cas du leadership féminin.

I. La construction d'une agentivité « impossible » et la déconstruction de l'imaginaire politique à l'aide de Mary Ann Shadd

Je définis le politique à partir de l'idéologie de la modernité occidentale, une réalité construite à partir des philosophies des Lumières. La philosophie qui guide ces dernières conçoit le sujet historique et moderne selon une idéologie de la blancheur basée sur un imaginaire européen et sur un mode de pensée binaire. Mary Ann Shadd est ainsi construite comme étant non-moderne et sans agentivité selon les constructions sociales attribuées au genre et à la race. Ces constructions se transcrivent ensuite dans la réalité et dans l'histoire et

[43] Il est possible de tirer des similitudes entre différentes expériences de femmes racisées.

ignorent la présence de certains acteurs. Ediberto Román[44] aborde les omissions de l'espace politique et de la citoyenneté en expliquant que les femmes (blanches) sont souvent décrites comme étant des citoyennes de seconde classe. Néanmoins, les discussions qui abordent les questions des expériences des femmes noires, invisibles même dans l'espace privé, sont marginalisées. C'est ainsi que l'espace politique, l'histoire populaire et les récits populaires reflètent ces mêmes omissions.

Plus précisément, la modernité canadienne et l'impérialisme sont les modes de colonialisme à travers lesquels les Européens se sont déclarés comme premiers habitants du Canada[45]. La formation des colonies s'est faite de manière illégitime, mais elles se sont imaginées comme légitimes au détriment des autochtones. C'est ainsi qu'ont été imaginés les espaces politiques, et par conséquent, non-politiques de l'imaginaire canadien. Sous la couronne de l'empire britannique, tout citoyen canadien était avant tout un citoyen britannique. La citoyenneté et ses privilèges, selon la tradition Tory, sont avant tout protégés *par* l'État moderne plutôt qu'à son écart.[46] Cela dit, l'imaginaire étatique et national protège et promeut les citoyens qui appartiennent à son imaginaire. La citoyenneté, comme mode d'appartenance, est déjà un concept articulé selon le genre. Ce concept reflète les fondations patriarcales de la cité et le rôle politique attendu avant tout des hommes de guerre.[47] De plus, la citoyenneté britannique est définie en premier selon la blancheur et l'exclusion masculine reflétée à travers un imaginaire de pureté nordique du Canada.[48]

Du côté théorique et idéologique, Mary Ann Shadd en tant que représentative d'une construction historique et sociale de la race et du genre n'a pas d'espace politique, historique, ni symbolique et national

---

[44] Román, Ediberto (2010). *Citizenship and Its Exclusions, A Classical, Constitutional, and Critical Race Critique*, New York: NY, New York University Press: 64.

[45] Mackey, Eva (2002). *The House of Difference: Cultural Politics and National Identity in Canada,* Toronto: University of Toronto Press.

[46] Fierlbeck, Katherine (2006). *Political Thought in Canada- An Intellectual History*, Peterborough, ON: Broadview Press.

[47] Román (2010).

[48] Cet imaginaire a été formé dans l'époque de la pré-confédération canadienne (Winks, 1997). Cette interprétation est toujours valable aujourd'hui. C'est à partir de ce cadre théorique et idéologique que je considère que Shadd est exclue de l'image du 'Canada'. Dans la littérature, plusieurs auteurs parlent de *British and Northern purity.*

qui lui est destiné dans le contexte du Canada. Selon Katherine McKittrick,[49] le Canada se définit comme une nation blanche reflétant une histoire qui exclut les Noirs ou qui se concentre uniquement sur les Européens blancs : « Canada, (...) is still defining its history as Euro-white, or non-black ». Selon la définition de l'imaginaire canadien et de la modernité politique, Mary Ann Shadd manque d'agentivité. Le fait d'être identifiée à un groupe racial doté d'une infériorité socialement construite crée un effet de marginalisation. Au-delà des constructions sociales, la formation de l'État se base sur l'exclusion raciale comme déviance qui se relie à la classe et au genre[50]. Ses expériences et les circonstances de sa migration des États-Unis vers le Canada[51] reflètent des expériences qui résultent de circonstances touchant seulement à ceux excluent du monde occidental. La race et le genre attribués à l'aspect physique de sa personne font d'elle une personne indésirable aux Etats-Unis et dans un contexte de modernité occidentale et libérale plus large. Dans cette optique, les agents racisés ne peuvent donc pas être représentatifs du Canada[52], de son appartenance, ni de sa citoyenneté à cause de leur incompatibilité avec l'idéologie de la blancheur. Selon Walcott[53] et Winks[54], cela se traduit par une fausse perception que les populations noires du Canada sont de nouveaux arrivants, émises de l'immigration en permanence ou seulement passagères. Par conséquent, l'idée de *blackness* est constamment reléguée à l'Afrique et est mise en opposition à l'imaginaire de la *canadienneté*. Ainsi de suite, la

---

49 Mckittrick, Katherine (2006). *Demonic Grounds: Black Women and the Cartographies of Struggle*, University of Minnesota Press : 92.

50 David Theo Goldberg (2002). *The Racial State*, Blackwell Publishers, Malden:MA:5;22.

51 Bien que Mary Ann Shadd soit née libre et l'est restée toute sa vie, le projet de loi américain du *Fugitive Slave Act* de 1850 met sa vie en danger parce qu'elle est noire. Elle s'exile donc vers le Canada pour trouver refuge. Cette période marque le point culminant du Chemin de fer clandestin parce que la loi permettait aux maîtres d'esclaves de réclamer les fugitifs même en terre libre. Par conséquent, les populations de Noirs libres étaient elles aussi susceptibles d'être mises en esclavage.

52 Bannerji, Himani, 2000. *The Dark Side of the Nation: Essays on Multiculturalism, Nationalism and Gender,*
Toronto: Canadian Scholars' Press Inc.

53 Walcott, Rinaldo (2003) *Black Like Who? Writing-Black-Canada*, Toronto: Insomniac Press.

54 Winks, Robin, (1997). *The Blacks in Canada, a History*, 2nd edition, McGill-Queen's University.

présence d'une femme noire comme Mary Ann Shadd et bien d'autres sont ignorées et les narrations qui les rendraient possible sont souvent peu employées dans les récits nationaux et dominants.

En outre, la réalité contemporaine de Shadd au 19e siècle est celle de l'ère victorienne dont les mœurs et attentes pour les femmes posent des obstacles importants. Dans le cadre des communautés noires, Shadd, journaliste, éditrice et institutrice milite dans le cercle social du *Black press.* Ce cercle de journalistes noirs est dominé par les hommes et ne fait pas exception aux exclusions basées sur le genre.[55] Mary Ann Shadd signe ses écrits journalistiques à l'aide de ses initiales pour cacher son identité. Elle s'impose lors de rencontres politiques où les femmes ne sont pas souvent les bienvenues. [56] Elle critique indirectement mais avec conviction ses adversaires et les idées qu'elle réfute dans son pamphlet *A Plea for Emigration* (1852). Elle est beaucoup critiquée par rapport à ses écrits, mais aussi, pour le simple fait qu'elle soit une femme prenant un tel rôle politique. Ses positions politiques sur l'émigration vers le Canada sont moins populaires. Elle diverge des opinons d'émigration vers Haïti et le Libéria qui sont promus par des leaders hommes de l'époque. Ces destinations suggèrent une incompatibilité des Noirs au climat nordique et nord-américain et d'une solidarité culturelle trop simpliste. Davantage, en ce qui concerne le *Colonization Society*[57] très influant aux États-Unis, ils expriment une vision coloniale et esclavagiste qui reliait constamment et uniquement les Noirs à l'Afrique. Cette vision se marie aux suggestions ignorantes qui considèrent les Noirs indignes de vivre en Amérique du nord, et incapables de s'adapter ailleurs qu'en Afrique.

Dans le contexte contemporain, Mary Ann Shadd bouleverse l'imaginaire canadien par le fait qu'elle écrive à propos du Canada, à une époque où la présence des Noirs est peu évoquée. Pourtant, cette intellectuelle ne voit pas ses œuvres valorisées dans les recueils

---

[55] Peterson, Carla L. (1995). "“Colored Tourists”: Nancy Prince, Mary Ann Shadd Cary, Ethnographic Writing, and the Question of Home", pp. 88-118, *in* "Doers of the Word": African-American Women Writers and Speakers in the North (1830-1880), Oxford University Press.

[56] Peterson, Carla L. (1995).

[57] Cette organisation est établie en 1816 et cherche un compromis entre la hausse de la population noire libre aux États-Unis et la volonté des maîtres d'esclaves de garder le contrôle sur l'institution esclavagiste. Le projet qu'ils poussaient le plus de l'avant était de créer la colonie du Libéria et de se débarrasser le plus possible de la population noire (Almonte, 1998 : 104).

canadiens. Les cahiers canadiens, revues de sociologie qui compilent les écrits sur le Canada omettent les écrits de Shadd.[58] Tout de même, son pamphlet, *A Plea for Emigration (1852),* partage de l'information détaillée sur la vie au Canada du point de vue territorial, social, politique et économique de son époque. On pourrait considérer ces œuvres essentielles à l'historicisation du Canada. Cette omission est loin d'être un simple oubli et montre un biais idéologique de la recherche. Elle fait aussi écho aux omissions historiques et politiques des apports de la féminité noire et de la présence noire canadienne. En outre, cette omission rappelle aussi les paramètres du politique et de ce qui est considéré important et valable à retenir dans les mémoires et les récits populaires nationaux. Ainsi, il est possible de tirer comme conclusion que les structures sociales dominantes (ou modes de production du savoir) empêchent la reconnaissance politique des femmes noires[59]. C'est ainsi que Shadd crée des espaces politiques pour les femmes noires et les communautés noires à travers ses écrits, selon sa vision d'une société tolérante et libre. Elle se concentre sur l'émigration au Canada, à cause de l'absence d'un système esclavagiste officiel après 1834[60], et des ressemblances économiques et sociales avec les États-Unis ainsi que les acquis politiques pour les Noirs.

Avec un peu de recul, je tiens à réaffirmer que ma méthodologie fait tout autant partie de mon argument politique. Je me sers de la critique pour expliquer comment les modes de production du savoir peuvent politiser et dépolitiser les agents. Plutôt que de suggérer qu'il y a un manque d'engagement féminin, je propose de regarder l'engagement féminin d'un autre œil. La définition de celui-ci peut être faite selon d'autres paramètres qui valoriseraient des espaces politiques subalternes. Les femmes sont investies politiquement à plusieurs niveaux mais il y a plusieurs obstacles à leur reconnaissance sociale.

Par exemple, le sexisme se trouve dans le cercle du *Black press* que fréquente Mary Ann Shadd. Elle s'en prend à différentes institutions nationales et politiques lors de son vécu. Certaines femmes, bien

---

[58] Walcott, Rinaldo (ed.) (2000). *Rude: Contemporary Black Canadian Cultural Criticism*, Toronto: Insomniac Press.

[59] Soit de tout groupe subalterne.

[60] L'année 1834 marque l'abolition de l'esclavage dans toutes les colonies britanniques. L'abolition est un outil de propagande britannique surtout au Canada (Ouest et Est à l'époque) qui affiche son sens de justice et de tolérance.

qu'elles soient investies, n'atteignent pas nécessairement une visibilité publique et politique. On pourrait rappeler Marie-Angélique et Chloe Cooley deux esclaves du Québec (Montréal) vers 1734[61] et en Ontario vers 1793[62], qui toutes les deux ont fait preuve de résistance redoutable face à leur condition d'esclave. Marie-Angélique est connue pour avoir tenté de s'enfuir avec son amant. Elle fut rattrapée et pendue publiquement suite à l'accusation d'avoir mis le feu au domicile de son maître. De ce fait, elle est accusée de mettre le feu à la ville de Montréal. Chloe Cooley a résisté violemment à son déplacement hors du Canada pour être revendue aux États-Unis[63]. Ces femmes font preuve d'actes politiques en refusant une condition imposée, et en remettant en question l'esclavage comme condition naturelle des Noirs. D'ailleurs, les répercussions punitives de leurs actes se déroulent bel et bien publiquement mais représentent un débarras, une honte et un ennui public. Pourtant, ces événements peuvent être compris comme manifestations de résistances politiques qui reflètent d'autres luttes quotidiennes entrainées par ces femmes. Bien que peu de valeur soit forcément donnée à ces actes politiques, ils sont importants parce qu'ils nous informent des expériences vécues de ces femmes et de leurs micro-influences qui jouent un rôle essentiel dans la réalité politique de leur époque[64].

Dans la littérature américaine et aussi canadienne, d'autres femmes ont été mises de l'avant comme Sojourner Truth, Mary Bibb, Harriett Tubman et Mary Ann Shadd. Les espaces quotidiens et l'engagement communautaire tout comme le milieu domestique est dévalorisé bien qu'ils servent aussi de place publique où se manifestent les micro-résistances. Shadd fait preuve d'agentivité contrairement au manque de représentation des femmes noires politiques dans les archives populaires et nationales de l'histoire du Canada. Elle imagine de manière consciente un nouveau lieu d'appartenance des Noirs : le Canada ; soit une déterritorialisation ou dénationalisation des Noirs

---

[61] McKittrick (2006).

[62] Elgersman, Maureen G. (1999). *Unyielding Spirits: Black Women and Slavery in Early Canada and Jamaica*, New York: Garland Pub.:28.

[63] Ce moment a influencé le passage d'une loi par le gouverneur Simcoe du Haut-Canada pour donner la liberté à tout esclave qui met pied dans la province après 1793 (Elgersman, 1999).

[64] S'il n'y avait pas d'opposition à l'esclavage et que les Noirs assumaient entièrement leur position, à la base il n'y aurait pas d'argument contre-esclavagiste.

dans le but de créer une appartenance nationale plus inclusive[65] ou englobante. Shadd fait preuve d'agentivité en exprimant cette prise de conscience politique : elle cherche un lieu sûr, mais aussi un foyer à l'abri de l'injustice et de violation des droits humains. Elle cherche un lieu d'épanouissement des Noirs comme communauté du point de vue économique, social et politique. Mary Ann Shadd exprime un leadership féminin et une agentivité transgressive, car elle remet en question des espaces politiques rendus invisibles dans les narrations politiques dominantes.

II. Mary Ann Shadd comme exemple d'une citoyenneté canadienne.

Dans cette deuxième section, j'utilise le concept du récit comme méthode d'argumentation. Selon plusieurs auteurs qui s'intéressent à la production du savoir, dont plusieurs chercheurs des mouvements indigénistes, noirs et féministes, les récits sont à la source des identités, « *Stories shape our lives* ».[66] Thomas King soutient que la production du savoir, des identités et de la réalité dépend des récits. Les fins auxquelles ces récits sont utilisés reflètent donc les relations de pouvoir qui leur ont donné du sens. C'est ainsi que je considère que la vie biographique de Shadd puisse être utilisée comme outil épistémologique à valeur objective. Ses récits de vie sont comparables à des faits et sont un exemple de données empiriques. Comme l'indique Michael Rustin,[67] en sciences sociales, la biographie est devenue une méthode d'analyse et d'accumulation d'expériences comme une accumulation de faits nous permettant de définir des généralités.

Selon l'argumentation de la première partie, il est possible d'aborder la question de l'appartenance de Shadd au paysage politique national et de la citoyenneté canadienne. Si en effet la citoyenneté canadienne est modelée pour servir les intérêts et refléter les expériences de vie (ou opportunités) d'une masculinité blanche, Shadd en est le parfait contre-exemple. Mary Ann Shadd est un exemple

---

[65] Ce terme pose un problème fondamental car il ne s'agit pas d'atteindre l'inclusion des Noirs ou d'autres populations subalternes, mais avant tout d'avoir une reconnaissance de leur agentivité et autodétermination.

[66] King, Thomas (2003). *The Truth about Stories: A Native Narrative*, Dead Dog Café Productions Inc.:9.

[67] Rustin, Michael (2000) "Reflections on the Biographical Turn in Social Science", in *The Turn to Biographical Methods in Social Science- Comparative Issues and examples*, eds. Prue Chamberlayne, Joanna Bornat and Tom Wengraf, London and New York: Routledge: 42.

d'une citoyenneté canadienne qui reflèterait les expériences d'une féminité noire au Canada. Elle réclame son appartenance à une citoyenneté canadienne britannique. Selon la définition et la déconstruction de la citoyenneté canadienne, Mary Ann Shadd représente son antithèse. Elle centre le discours de la citoyenneté et de l'appartenance au Canada sur l'expérience des Noirs.[68] Dans son discours, les Noirs sont des acteurs dans un système libéral et moderne basé sur le succès individuel et l'autonomie économique. Cela permet de reconnaître leur participation à la société comme citoyens à part entière. Nonobstant, le but n'est pas de conceptualiser les Noirs uniquement dans un contexte moderne occidental, mais aussi, de critiquer l'idée qu'ils doivent s'intégrer à un mode de vie particulier et que celui-ci leur garantirait l'accès à la citoyenneté. Le fait de reconnaître leurs capacités est un acte transgressif par la simplicité des représentations de populations noires, mais ce qui ressort dans les affirmations de Shadd est le fait de disputer l'appartenance au Canada en articulant ses idées. Mon argument peut sembler trop commun, et ses idées triviales à l'époque des Lumières où le progrès et le succès économique sont capitaux. Néanmoins, ces acquis ne sont pas évidents et leur réaffirmation montre une conviction formatrice d'un discours et d'une image de résistance de l'époque.

A l'époque, les provinces canadiennes font encore partie de l'empire colonial britannique. La compréhension de Shadd de l'appartenance offre d'autres horizons pour la citoyenneté. Elle permet d'élargir l'imaginaire d'appartenance nationale. Par exemple, elle encourage les Noirs à adopter la citoyenneté britannique franchement et non seulement par convenance[69]. Comme le décrit Rinaldo Walcott[70], cette personnalité politique permet d'imaginer une autre forme de « canadienneté » qui donne de la visibilité aux femmes noires et reflète les expériences des Noirs. Par conséquent, Shadd nous offre une multitude de possibilités par le simple fait d'affirmer sa citoyenneté[71]. Encore, Mary Ann Shadd perçoit la migration vers le

[68] Dans son pamphlet *A Plea for Emigration,* (1852), Mary Ann Shadd parle des Noirs comme citoyens canadiens au même titre que les Britanniques. Bien que cette observation soit triviale, c'est ce en quoi consiste la théorie qui se traduit ensuite en réalité.

[69] Glass, K.L. (2006) : 57.

[70] Walcott, Rinaldo (ed.) (2000). *Rude: Contemporary Black Canadian Cultural Criticism*, Toronto: Insomniac Press : 45.

[71] Walcott dit: « Shadd Cary's act of naturalization can therefore (...) be interpreted as a political stance full of possibility », (2000:41-2).

Canada et l'adoption de la citoyenneté comme nécessité à la survie d'un groupe[72]. Ce choix, sous forme de militance reflète non seulement son agentivité, mais aussi, une conscience politique sensible à la question du *racial uplift.*

La conscience de groupe que j'évoque peut se traduire aussi par le sens de la communauté. Pour Shadd, la communauté rassemble les cercles abolitionnistes noirs et blancs (selon une philosophie anti-raciste) tout en promouvant un sens d'unification communautaire entre Noirs[73]. Kathy L. Glass[74] nomme cette approche *syncre-nationalism*, soit un alter-nationalisme ou nationalisme communautaire qui n'est pas limité à la nation au sens traditionnel. Shadd choisit le Canada comme lieu où les Noirs peuvent s'épanouir et où un mode d'appartenance nationale peut être imaginé, chose impossible aux États-Unis à cause de l'esclavage. Pourtant, le militantisme de Mary Ann Shadd connaît beaucoup de résistance et de critiques surtout à l'endroit du fait qu'elle soit une femme. Elle croit fermement à la création d'écoles intégrées lorsque les écoles du sud-ouest de l'Ontario sont ségrégées vers 1850. Elle se confronte à d'autres communautés noires qui préfèrent établir des institutions civiques séparées, mais aussi, aux instances dominantes qui encouragent des écoles pour Noirs mais évitent de les financer.[75]

Ses différends proviennent aussi de sa conception du fugitif qui s'établit au Canada. Elle critique fortement toute institution qui traite les Noirs de victimes. Parmi ses plaintes, notre militante blâme redoutablement le *Refugee Home Society* de rendre les fugitifs dépendants et d'entreprendre des activités frauduleuses[76]. Mary Ann Shadd utilise une rhétorique de liberté et d'autonomie envers les fugitifs qui reflète de nouvelles circonstances au Canada. Son journal, intitulé *The Provincial Freeman,* dissémine des idées féministes ainsi que des critiques des événements qui se déroulent à son époque. À son tour, elle est beaucoup critiquée pour ses idées et elle peine à garder ses écoles ouvertes et à maintenir son journal[77]. Peu importe les défis

[72] Shadd, Mary A.; Almonte, Richard (1998). *A Plea for Emigration, or, Notes on Canada West,* Toronto: Mercury Press: 27.
[73]Glass, Kathy L., (2006). *Courting Communities: black female nationalism and «syncre-nationalism» in the Nineteenth century North,* New York: Routledge:58;63.
[74] Glass, Kathy L., (2006) :57.
[75] Winks (1997); McLaren (2008).
[76] Glass, K.L. (2006) :66 cité en note de bas de page no.41; Winks (1997).
[77] *Ibidem.*

qui se présentent, cette militante définit son allégeance nationale et sa propre identité. Elle bouleverse les attentes sociales envers les femmes noires en exprimant librement ses idées et ses critiques. Elle remet en question l'identité nationale canadienne en se la réappropriant.

Les idées de Mary Ann Shadd font exemple d'une complexité intellectuelle. D'une part, elle soutient les mythes canadiens et d'autre part, elle représente leur contradiction. Elle reconnait les avantages de la société britannico-canadienne et exagère les relations sociales dans le but surtout de faire entendre sa position par rapport à l'émigration au Canada.

« If a coloured man understands his business, he receives the public patronage the same as a white man. He is not obliged to work a little better, and at a lower rate. There is no degraded class to identify him with, therefore every man's work stands or falls according to merit, not as is his color »[78].

D'un autre côté, elle se plaint des tensions interraciales qui selon elle, sont importées par les Noirs eux-mêmes de l'autre côté de la frontière[79].

« The character of the exclusive church in Canada tends to perpetuate ignorance, (...) of their true position as British subjects, (...). In her bosom are nurtured the long-standing and rankling prejudices, and hatred against whites, without exception, that had their origin in American oppression, and that should have been left in the country in which they originated »[80].

Pourtant, elle est consciente que la situation au Canada n'est pas parfaite et critique les actes des abolitionnistes blancs qui utilisent l'image du fugitif démuni pour clamer leur bienfaisance (Shadd; Almonte, 1998 : 67; Rhodes, 1998:32). Shadd encourage et valorise un investissement communautaire comme une nécessité pour l'avancement des Noirs. La militante féministe donne plus d'importance à la solidification d'une communauté inclusive qui puisse répondre aux besoins des communautés noires à l'aide d'autres communautés comme les abolitionnistes blancs. Cette approche sert aussi de moyen pour Mary Ann Shadd de lutter contre le système esclavagiste aux États-Unis à partir de l'étranger[81].

---

[78] Shadd, Mary A.; Almonte, Richard (1998):36.
[79] Shadd, Mary A.; Almonte, Richard (1998). *A Plea for Emigration, or, Notes on Canada West,* Toronto: Mercury Press.:62.
[80] Shadd, Mary A.; Almonte, Richard (1998):62.
[81] Glass, Kathy (2006):70.

En ce qui concerne les tensions raciales, Mary Ann Shadd évoque le problème social de « *complexion* » ou couleur de la peau plutôt que de parler de l'idée de race qu'elle rejette comme étant une inexactitude biologique[82]. Cette perspective contribue aux idées militantes de Shadd qui remettent en question les arguments qui fondent l'exclusion nationale. Ainsi, Mary Ann Shadd représente l'inimaginable, une agentivité « impossible » qui emprunte des arguments politiques pour imaginer les Noirs comme représentants de la nation canadienne. Mary Ann Shadd s'engage à définir une existence noire au Canada et de re-territorialiser les Noirs dans l'imaginaire géo-historique et historico-politique du Canada. En conséquence, elle crée des lieux qui semblaient ne pas exister auparavant dans la réalité canonique et historique nationale. Elle crée des liens historiques entre la présence des Noirs et l'action politique des femmes noires au Canada, une réalité à laquelle on peut se référer à travers ses documents écrits. Encore, ses écrits servent de preuves et de pièces d'un casse-tête ignorées par les récits populaires et dominants. Sa perception du Canada et son pouvoir de l'imaginer comme terre d'adoption pour les Noirs est contre-intuitif dans un contexte canadien dominant. Sa plume ainsi que l'imagination qu'elle inspire sont des outils politiques qui créent de nouvelles narrations ; d'où sa transgression et son agentivité[83].

De même, en pensant aux actes politiques de Shadd à travers ses écrits, nous ne devons pas oublier de savoir imaginer les femmes noires comme étant politiques. Et cela, que ce soit dans les espaces soi-disant publics, au quotidien, ou que ce soit par la plume ou à travers l'enseignement. En élargissant notre compréhension du politique, nous reconnaissons les contributions d'agents subalternes et marginalisés dans les canons politiques. Cela permet aussi d'éviter de rendre leur agentivité insignifiante dans le contexte même de nos recherches.

---

[82] Winks (1997).

[83] Cette perspective est bien entendue utilisée pour promouvoir le Canada comme pays idéal d'immigration. Par contre, il est important de garder en tête l'urgence que représentait un mouvement vers le Canada pour ces Noirs. Je considère que l'idée du Canada comme refuge divin est un mythe et n'est pas nécessairement représentatif des expériences qui en ont découlées. Je propose que Shadd ne cherche pas à renforcer de tels mythes mais à trouver un lieu sûr et un foyer alternatif aux États-Unis.

Shadd représente la résilience à un mode d'effacement et de dépolitisation de la modernité, mais elle le conteste par ses traces écrites. Ainsi, elle s'affirme dans une modernité et une réalité qui généralement la rendent invisible et impossible. Cette invisibilité et impossibilité (supposée) décrivent la perception dominante de l'identité des femmes noires ou plutôt de l'état de la féminité noire au Canada. Ses expériences et sa spécificité sont considérées comme exemple des efforts et des obstacles à travers les générations face à un imaginaire canadien changeant mais fixe idéologiquement. Son exemple est représentatif d'une expérience de femme noire dans le contexte canadien. Il suppose la possibilité de retracer une épistémologie des expériences des femmes noires face à l'appartenance canadienne, et face au défi de la reconnaissance politique. C'est ainsi que Mary Ann Shadd me permet de retracer et remodeler une subjectivité (ou rôle) symbolique ou des expériences politiques des femmes noires au Canada. Cela serait possible à préciser dans la mesure où une étude auto-ethnographique de mes propres expériences mises en parallèle avec les expériences de femmes racisées au Canada pourraient s'ajouter à l'exemple de Mary Ann Shadd.

Par exemple, des similitudes peuvent être trouvées à travers les propos autobiographiques de Himani Bannerji (2000) dans *The Dark Side of the Nation*. Cela confirme que l'impact des récits dominants et de l'imaginaire canadien semble avoir des effets semblables sur le rôle de notre présence politique par rapport à son imaginaire. Les expériences des femmes noires comme tout autre groupe subalterne dans l'idéal du Canada sont souvent perçues comme particulières, uniques, non-politiques et insignifiantes à la définition du groupe dominant. Cela empêche de voir une plus grande contribution féminine et l'importance des luttes quotidiennes comme étant tout aussi politiques.

CONCLUSION

L'imagination, la conceptualisation, et le fait de donner du sens aux narrations que nous évoquons jouent un rôle important dans la valorisation des perspectives différentes. Selon les perspectives adoptées, il est possible de reconnaître les obstacles à la reconnaissance du leadership féminin dans toute communauté. Mary Ann Shadd parmi bien d'autres femmes engagées et peut-être ignorées et oubliées font preuve des tensions entre le pouvoir, le savoir et la liberté. Shadd nous montre qu'une agentivité politique est possible et toujours présente. Elle démontre aussi que l'agentivité et les résultats théoriques de nos recherches se trouvent dans les expériences. L'imagination et les effets de la conscience politique font de notre performativité quotidienne, une scène politique. Le sens que nous donnons aux choses et les narrations que nous empruntons deviennent vraies aussitôt qu'elles guident notre réalité.

Dans mon article je décris le besoin d'un changement de perspective. D'une part, je parle d'une vision dominante qui rend invisible la féminité noire au Canada et qui réaffirme sa dépolitisation. D'une autre part, je suggère de faire attention au cadre d'analyse du politique pour ainsi reconnaitre le bouleversement et la transgression que représentent en effet des agents ignorés dans ce même contexte. La perception de l'absence dans un contexte précis devient donc preuve d'une présence incompatible avec les constructions de cette réalité. Ainsi la perception d'un manque de leadership féminin pourrait indiquer qu'il y a un manque de reconnaissance et de compréhension des luttes en question. L'environnement est toujours un aspect à regarder, car il se peut qu'il ne soit pas propice au développement d'autres formes de leadership dont le modèle traditionnel de celui-ci. Par conséquent, il est tout aussi important d'être conscient des circonstances et des structures sociales. D'ailleurs, il s'agit toujours d'un atout de faire appel aux expériences vécues pour vérifier et enrichir la véracité de nos propos de recherche.

Finalement, Mary Ann Shadd donne une visibilité à une expression de la féminité noire au Canada. Elle donne un visage, des expériences, des définitions et des pistes de recherche sur les questions touchant la féminité noire au Canada. Elle redéfinit la féminité noire au Canada en la politisant et en l'enracinant au Canada.

Bibliographie

Bannerji, Himani (2000). *The Dark Side of the Nation, Essays on Multiculturalism, Nationalism and Gender*, Toronto: Canadian Scholars' Press.

Elgersman, Maureen G. (1999). *Unyielding Spirits: Black Women and Slavery in Early Canada and Jamaica*, New York: Garland Pub.

Fierlbeck, Katherine (2006). *Political Thought in Canada- An Intellectual History*, Peterborough, ON: Broadview Press.

Glass, Kathy L., (2006). *Courting Communities: black female nationalism and «syncre-nationalism» in the Nineteenth century North*, New York: Routledge.

King, Thomas (2003). *The Truth about Stories: A Native Narrative*, Toronto: Dead Dog Café Productions Inc.

Mackey, Eva (2002). *The House of Difference: Cultural Politics and National Identity in Canada,* Toronto: University of Toronto Press.

Mckittrick, Katherine (2006). *Demonic Grounds: Black Women and the Cartographies of Struggle*, University of Minnesota Press.

Peterson, Carla L. (1995), « "Colored Tourists": Nancy Prince, Mary Ann Shadd Cary, Ethnographic Writing, and the Question of Home" », pp. 88-118, *in* "Doers of the Word": African-American Women Writers and Speakers in the North (1830-1880), Oxford University Press.

Román, Ediberto (2010). *Citizenship and Its Exclusions, A Classical, Constitutional, and Critical Race Critique*, New York: NY, New York University Press.

Rustin, Michael (2000) "Reflections on the Biographical Turn in Social Science", in *The Turn to Biographical Methods in Social Science- Comparative Issues and examples*, eds. Prue Chamberlayne, Joanna Bornat and Tom Wengraf, London and New York: Routledge.

Shadd, Mary A.; Almonte, Richard (1998). *A Plea for Emigration, or, Notes on Canada West,* Toronto: Mercury Press.

Walcott, Rinaldo (2003) *Black Like Who? Writing-Black-Canada*, Toronto: Insomniac Press.

Walcott, Rinaldo (ed.) (2000). *Rude: Contemporary Black Canadian Cultural Criticism*, Toronto: Insomniac Press.

Winks, Robin, (1997). *The Blacks in Canada,* a History, 2nd edition, McGill-Queen's University.

Chap. VII
Les TIC, outils des subalternes ?

Par Joëlle PALMIERI[84]

Imaginez que vous tenez votre téléphone portable – je suis convaincue que vous en possédez au moins un – bien serré entre les mains et que vous le dirigez devant vous, bras tendus ou pas. Imaginez encore à partir de la pointe de ce téléphone un faisceau lumineux qui dessine une ligne, droite, jusqu'à l'infini. De part et d'autre de cette ligne, le monde se divise en deux parties tout à fait inégales. Ceux, minoritaires, qui pensent et disent être missionnés pour aider, soutenir, apporter appui aux autres, majoritaires de l'autre côté de la ligne. Les premiers ont jugé que les seconds en ont besoin sans même que les seconds aient été consultés. Les premiers pensent que les technologies de l'information et de la communication (TIC), dont les réseaux sociaux numériques, ouvrent des portes magiques aux seconds qui souffrent d'inégalités et décident de quelle inégalité il s'agit. Les premiers ont la parole. Les seconds ne l'ont pas. Les premiers ont les espaces pour s'exprimer. Les seconds ne les ont pas.

Les premiers ont du temps. Les seconds n'en ont plus depuis longtemps. Les premiers sont dominants. Les seconds sont subalternes

---

[84] Joëlle Palmieri, 54 ans, auteure d'une thèse intitulée « Genre et Internet : Effets politiques des usages d'Internet par des organisations de femmes et féministes sur deux types de domination (masculine et colonialitaire) : les cas de l'Afrique du Sud et du Sénégal » s'intéresse au contexte contemporain de colonialité numérique et ses impacts sur les savoirs des subalternes. Elle est membre associée du Laboratoire Les Afriques dans le Monde (UMR 5115) et du Codesria. Elle a publié : *« Les femmes non connectées : une identité et des savoirs invisibles », in* Joubert, Lucie (dir.) 2012, *Les voix secrètes de l'humour des femmes,* Québec : Revue Recherches féministes, numéro 25,2 (novembre 2012), pp. 173-190 ; *« Révéler les féminismes sur le Net », in* Femmes et médias-Médias de Femmes, Université des femmes de Bruxelles, éd. Pensées féministes, numéro 2, 2010 (janvier 2011), pp. 93-98 ; *« Crise, genre et TIC : recette pour une dés-union prononcée – l'exemple de l'Afrique du Sud »,* 2010, Revue Triple C, Cognition, Communication, Co-operation Vol 8, No 1, pp 285-309 ; *« Strategic ICT for Empowerment of women - WITT Training Toolkit » - « Utilisations stratégiques des TIC pour l'autonomisation et le renforcement des capacités des femmes – manuel de formation »,* Co-rédaction avec Haralanova, Christina, février 2008, Amsterdam : Women Information Technology Transfer, 76 p.

(Spivak 1988a). Les premiers ont l'arrogance des savoirs et de ce qui fait savoir. Les seconds ont des savoirs invisibles dont personne y compris eux-mêmes ne sait ou ne veut savoir qu'ils sont des savoirs. Les premiers sont globalement des « vieux mâles blancs » et se situent en Occident[85]. Les seconds sont massivement des jeunes femmes noires pauvres vivant dans des quartiers populaires des grandes métropoles ou en milieu rural, notamment en Afrique.

Vous la voyez cette ligne ?

Évidemment, ce n'est pas aussi simple. Les dominants ne sont pas tous regroupés du même côté de la ligne par exemple. Comme les subalternes. De part et d'autre, les éléments se croisent. Il y a au sein de ce que j'ai préalablement identifié comme le « côté des subalternes » des dominants et au sein du « côté des dominants » des subalternes. D'où la complexité des défis qui se sont toujours posés aux femmes en général et aux Africaines en particulier. Les rapports de domination que les femmes vivent sont multiples. Ils sont liés à leur appartenance de sexe – on parle de rapports sociaux de sexe et des inégalités de genre liés aux relations sociales construites par la division sexuelle du travail, domestique et de reproduction pour les femmes, de production pour les hommes (Kergoat 2000) –, mais aussi à leur appartenance de classe – une femme de classe moyenne vivra plus d'inégalités sociales qu'une femme riche et bien moins qu'une femme pauvre –, et de « race »[86] – les multiples histoires coloniales ont forgé des hiérarchies raciales et ethniques. Ces rapports de

[85] Le terme « Occident » désigne les pays d'Europe de l'Ouest, d'Amérique du Nord ainsi que l'Australie et la Nouvelle-Zélande et leurs socialisations. Ces régions du monde se considèrent elles-mêmes et sont considérées par les organisations internationales, et par une partie des organisations de la société civile au niveau global, comme au « Nord ». C'est dans cette région que se décident globalement les politiques de TIC (l'ensemble des politiques relatives à la réglementation des usages des TIC). Ce « Nord » s'oppose à un « Sud » et, selon le théoricien littéraire palestinien Edward Saïd, à l'« Orient » (l'Autre), qui est « une création de l'Occident, son double, son contraire, l'incarnation de ses craintes et de son sentiment de supériorité tout à la fois » (Saïd 1997).

[86] Dans l'ensemble de ce texte, j'utilise le terme « race », entendu comme construction sociale et non donnée biologique entre guillemets. J'entends ainsi rendre compte d'une réalité objective liée à la discrimination de « race » (au sens large, incluant les Noirs, les Blancs, les métis), comme les Afro-américains peuvent y faire référence (Davis 1983). Même si ce terme « race » n'est pas toujours réapproprié par les Africains francophones, qui privilégient le terme « ethnie », je ne souhaite pas intervenir dans le débat qui différencie ce concept à ceux d'« ethnie » et d'« ethnicité » qui décrivent des situations politiques très précises (Cahen 1994).

domination sont cumulés et imbriqués. Lutter pour la justice sociale sous le prisme de la déconstruction d'un seul d'entre eux, ou de deux parmi les trois, c'est prendre le risque à un instant « t » de passer de « l'autre côté ». Aussi parle-t-on de rapports imbriqués de domination de genre, de classe, de « race » (Dorlin 2009).

Les Africaines ajoutent à la liste de ces dominations auxquelles elles sont confrontées celle entre les générations, le continent connaissant à la fois une population majoritairement très jeune et des relations spécifiques entre aînés et jeunes marquées par une série de droits et devoirs qui ajoutent aux facteurs de subalternité : les jeunes, et en particulier les jeunes femmes, n'ont pas la parole. Ils-elles ne disent pas ce qu'ils-elles pensent. Ils-elles ne peuvent pas parler en leur nom. D'ailleurs, les Africaines aînées n'ont-elles pas tendance à reproduire en leur sein un discours sur l'aide, le soutien, l'appui, la libération, l'autonomisation, l'émancipation des jeunes, ce que les Occidentaux font pour les démunis, les marginalisés, les pauvres, les discriminés, les femmes, c'est-à-dire, elles-mêmes ? N'est-ce pas contre-productif ? Ces questions appellent réponses.

Empowerment : miroir déformant de l'autonomie

Revenons tout d'abord sur ces termes d'autonomisation et d'émancipation. Les institutions utilisent « *empowerment* ». Le mot est aujourd'hui tellement galvaudé qu'il a été facilement réapproprié par les organisations de femmes et féministes y compris en Afrique. Or, quand il est utilisé, couplé avec le mot « femmes », il signifie automatiquement « femmes noires économiquement exclues et politiquement marginalisées » (McFadden 2010), si bien que ce terme n'est pas neutre au genre, à la classe, à la « race ». Il est utilisé dans le but d'intégrer les femmes du Sud dans les ordres du jour des institutions internationales, elles-mêmes au service de la mondialisation. Cette mondialisation, pour laquelle les TIC sont désormais consubstantielles, est néolibérale dans le sens où elle est basée sur une économie et une idéologie qui valorisent les libertés économiques (libre-échange, liberté d'entreprendre, libre choix de consommation, de travail, etc.), la libre concurrence entre les entreprises privées au détriment de l'intervention de l'État, et la globalisation des échanges de services, de biens et des facteurs de production correspondants (capital, travail, connaissance...) qui forment des marchés mondiaux. Dans ce contexte, l'autonomisation des femmes du Sud n'est pas décidée par les principales concernées et les politiques qui favorisent cette autonomisation sont dictées par des intérêts qui par définition laissent celles à qui elles s'adressent en position de subalternes. En n'ayant pas décidé ce qui est bon pour elles, en n'ayant pas eu l'occasion d'en débattre, les « autonomisées » restent là où on les a prises au départ, c'est-à-dire marginalisées, au Sud, noires, pauvres, jeunes, etc. Leurs savoirs n'ont pas été pris en compte. L'*empowerment* traduit une vision du haut vers le bas. Hiérarchisée. Elle ne se conjugue pas avec égalité et justice.

La colonialité numérique : version contemporaine des rapports de domination

Cette mise au point accomplie, tachons maintenant de qualifier le système qui régit les relations sociales entre les personnes, entre les populations, entre les populations et les États, entre les États au niveau global. Anibal Quijano réunit l'ensemble des rapports de domination sous le terme générique de « colonialité du pouvoir » et précise que la colonialité est constitutive de la modernité et diffère en cela du colonialisme, qu'elle a précédé, accompagné, dépassé. Le sociologue péruvien précise qu'elle est une forme spécifique et historicisée des rapports de domination entre États et sociétés. Il la définit ainsi : « La colonialité du pouvoir [...] inclut, normalement, les rapports seigneuriaux entre dominants et dominés ; le sexisme et le patriarcat ; le familismo (jeux d'influence fondés sur les réseaux familiaux), le clientélisme, le compadrazgo (copinage) et le patrimonialisme dans les relations entre le public et le privé et surtout entre la société civile et les institutions politiques » (Quijano 1994). Ce qui me semble intéressant de souligner est qu'à l'époque contemporaine la colonialité du pouvoir se traduit par des échanges économiques et financiers accélérés mais aussi par une importante ingérence épistémique des États et entreprises du secteur privé d'Europe de l'Ouest et d'Amérique du Nord sur les États dits du Sud. Cette accélération épistémique est rendue possible par les usages des TIC qui depuis un peu plus de vingt ans tendent à rendre immédiat et à automatiser un hypothétique et nécessaire lien entre les individus qui composent les sociétés et à ce titre nourrissent les fantasmes comme les innovations d'une hypermodernité (et non de postmodernité[87]), qui irait au-delà de

[87] Avec l'option de privilégier le terme « colonialité » à celui de « post-colonialisme » ou encore de « postcolonialisme », le terme « hypermodernité » est choisi pour qualifier une époque marquée par la pénétration accélérée des TIC dans la vie quotidienne. Cette intrusion quotidienne ne remet en rien en cause le *continuum* de la colonialité du pouvoir mais la renforce. Elle ne s'y substitue pas (Chivallon 2007 : 387-402).

la post-modernité. Ignorer cette colonialité du pouvoir simplifierait certes l'argumentaire selon lequel la société dite « de l'information » produit des inégalités de genre (on utilise plus aisément le terme générique de « fracture numérique de genre »), ou des inégalités Nord/Sud, mais amputerait l'analyse de sa contextualisation, à savoir la mondialisation des rapports sociaux, tout autant qu'économiques, politiques et épistémiques.

En effet, cette hypermodernité, tout en s'inscrivant dans le contexte historique de la modernité, conjugue les notions d'excès, de surabondance, de surenchère, d'exagération (Aubert 2004 : 36-41 ; Ascher 2004), dans un contexte de mondialisation d'origine capitaliste. Elle s'étend par l'intermédiaire des usages des TIC et bouleverse alors le rapport des individus sociaux au temps et à l'espace. On constate que la « société de l'information » alimente, renforce tous les rapports de domination et est susceptible d'en créer de nouveaux, multiformes, consubstantiels (Palmieri 2011). Elle peut renforcer les hiérarchies de genre, de classe, de « race », géographiques et les systèmes qui les fondent. La « société de l'information » s'apparente alors davantage à ce que je nomme une *société numérique colonialitaire* (ce qui se rapporte à la colonialité du pouvoir).

Dans cette société, l'utilisation quotidienne des TIC modifie les relations sociales sans pour autant que cela soit représenté par tout un chacun comme tel. Cette intrusion forme alors la violence épistémique de l'Occident sur le reste du monde (Spivak 1988b). Gayatri Chakravorty Spivak précise que la mondialisation, qui mixe accélération du commerce mondial et du capital financier, provoque « une empiricisation du virtuel » (Spivak 2008). Par la mondialisation, le cyberespace remplace ainsi le théorique par l'empirique. La philosophe indienne suggère que dans cet espace, l'information vient remplacer l'argent en tant que monnaie d'échange, ce qui place « le sujet » à la fois en situation de contrôleur et de contrôlé (*ibid.)*. Par exemple, la terminologie « pesanteurs socioculturelles et religieuses » forme la violence épistémique à laquelle les organisations de femmes ou féministes sont amenées à faire front quotidiennement. Beaucoup témoignent du double effort qu'elles doivent fournir afin d'entrer dans le discours des bailleurs de fonds afin de les satisfaire tout en menant des actions au quotidien qui ont des impacts sur la politique de la ville, les politiques de santé, d'éducation… Ce double effort affaiblit leurs ressources et les éloignent le plus souvent des mécanismes accélérés à l'origine de ce double défi. Il fait partie intégrante de la domination colonialitaire en cours.

Par ailleurs, cette course à la surenchère, à l'abondance entretient un *mythe du rattrapage* imposé par l'Occident aux États dits du Sud par TIC interposées. Ce mythe a pour vocation de placer les États et les populations dites du Sud en position de subordination, d'infériorité, de retard, par rapport à une norme, celle d'*être connecté* et bien connecté, selon des critères scientifiques et informationnels et des normes techniques et économiques occidentaux.

À ce titre, les relations sociales régies par la société numérique colonialitaire répondent aux caractéristiques d'une nouvelle colonialité du pouvoir en contexte de mondialisation, que je qualifierais de *colonialité numérique*. Cette forme contemporaine de colonialité du pouvoir a pour caractéristique principale l'accélération, l'excès, la surabondance, la recherche permanente de l'immédiateté, à l'image des TIC qui servent à accélérer les transactions, les échanges... Elle s'articule dans le secteur de la communication selon plusieurs axes : la sous-représentation des femmes dans ce secteur, l'inégalité d'accès aux TIC entre les hommes et les femmes et les impacts différenciés des politiques mises en œuvre en termes de genre. Dans la vie quotidienne, elle a des impacts caractérisés par l'aggravation de tous les sujets graves : pauvreté, violences, chômage…

Des chocs politiques convergents

En tant que système plus large de renforcement, de reproduction et de production de rapports de domination de classe, de « race » et de genre, la colonialité numérique modifie la perception du quotidien réel à tous les niveaux de l'échelle sociale et politique, et, par voie de conséquence, transforme le rapport au politique, à l'action politique, au discours politique, en réclamant davantage de *performance*, dans la surenchère. Sur le terrain du pouvoir, on assiste à la surabondance des rhétoriques populistes, masculinistes, traditionalistes, reflets d'un *désarroi* politique à l'échelle internationale, désarroi lié au sentiment de perte de légitimité institutionnelle tant locale qu'internationale. La quête de légitimité, le rattrapage, s'opèrent alors sur le terrain de l'affirmation d'une forte identité sexuelle masculine (y compris chez les femmes en position de pouvoir), en tant que seule *force* possible, seule expression de puissance possible. Les TIC, notamment les réseaux sociaux numériques, s'avèrent alors autant des instruments de pression politique entre dominants que de propagande des dominés au sein des dominants.

Cette mutation majeure des relations sociales par TIC interposées coïncide par ailleurs avec la signature de la Plateforme de Pékin. Si bien qu'on assiste à une succession de *chocs politiques*, liés à la chronologie des faits, plus ou moins distendue selon les pays, notamment en Afrique, faits marqués par le cumul d'événements nationaux ou internationaux tels que l'accession à la démocratie, l'adoption de la Plateforme de Pékin, l'avènement de la « société de l'information ».

En Afrique du Sud par exemple, la Conférence mondiale des femmes de Pékin en 1995 a provoqué une institutionnalisation du genre. Celle-ci est confirmée par les mécanismes et déclarations de politiques générales sur le genre (Bastian & Luckham 2003 ; Seidman 1999 : 287-307) et est héritée, comme naturellement de la lutte de libération nationale – pendant laquelle des militantes féministes ont œuvré pour inscrire l'égalité de genre et ses mécanismes d'intégration à l'ordre du jour de la construction de la nouvelle démocratie en 1994.

Depuis 1994, l'État sud-africain traite davantage les femmes comme destinataires d'une politique gouvernementale que comme actrices de la construction du nouvel État. Cette tendance est d'autant plus exacerbée que les dirigeants du pays privilégient les questions de classe et de « race » à celles de la division sexuelle (Adam & Moodley 1993 ; Adler & Webster 1995 : 75-106 ; Marx 1992 ; Van Zyl Slabbert 1992).

Au Sénégal également, l'intégration du genre dans les politiques publiques est largement due depuis l'indépendance aux revendications des organisations féminines ou féministes couplées aux effets de la Conférence mondiale des femmes de Pékin. Par exemple, si évolution il y a dans les chiffres de représentation des femmes en politique, elle est fortement liée à cette rencontre internationale pour laquelle le gouvernement avait officiellement produit un « Rapport national sur les femmes, lutte pour l'égalité, le développement et la paix », dans lequel il reconnaissait que « la représentation des femmes, à l'issue des élections de 1990, demeure tout à fait dérisoire : 7,92% de l'ensemble des élus locaux du Sénégal » et que « cette marginalisation des femmes, au sein des partis politiques, accrédite la thèse selon laquelle ces dernières sont utilisées, avant tout, comme masse de manœuvre électorale ».

Cette conjonction de dates et d'événements majeurs a provoqué un précipité global de bonnes intentions nationales en matière d'égalité hommes/femmes, appuyées tant par des organismes comme l'ONU que les institutions financières internationales comme la Banque mondiale, le Fonds monétaire international... Depuis ces conférences et les conventions qui en sont issues, les organisations internationales semblent sensibles aux alertes exprimées par les femmes et utilisent ces alertes pour mieux faire pression sur les pays endettés ou géostratégiques. Les organisations internationales demandent aux États qui ont ratifié des protocoles en faveur de l'égalité hommes/femmes des rapports réguliers sur l'avancée de sa mise en œuvre. Des évaluations sont produites et publiées, notamment par le Comité d'évaluation de la Convention pour l'élimination des discriminations à l'égard des femmes (Cedef - CEDAW en anglais)[88]. De leur côté, les institutions financières internationales conditionnent leur aide financière à la prise en compte du genre dans les politiques publiques des différents pays[89]. D'un côté, les conditions de financements de ces institutions représentent une forme d'ingérence dans les politiques publiques des États et de l'autre côté, sans ces financements, les projets des organisations en faveur de l'intégration du genre ne pourraient voir le jour.

On assiste alors à un paradoxe. En même temps que l'ordre du jour des droits des femmes au niveau global avance, celui la violence épistémique de l'Occident sur les États des autres pays du monde s'élabore, se perfectionne, tout autant que de l'accélération des inégalités de genre dans la réalité. Comme par effet rebond. L'écart entre appareillage législatif et réalité quotidienne s'est en moins de vingt ans extrêmement durci. Cette conjonction des faits confirme mon hypothèse selon laquelle, en contexte de mondialisation, nous assistons à une compétition entre États, entre États et populations, certes économique – ce que d'aucun nommerait néolibérale – mais pas

---

[88] ONU, *Division for the Advancement of Women*, <http://www.un.org/womenwatch /daw/cedaw/ reports.htm>, consulté le 9 avril 2010.

[89] Du 29 novembre au 2 décembre 2008, se tenait à Doha au Qatar la Conférence des Nations Unies sur le financement du développement. À mi-parcours de la réalisation des « Objectifs du Millénaire pour le développement » (OMD), ce sommet avait pour objectif d'évaluer la mise en œuvre des engagements en six volets pris lors du « Consensus de Monterrey » en mars 2002. Dans le financement des OMD, est incluse l'intégration transversale de genre. Peu d'avancement a été constaté.

uniquement. Cette compétition est également épistémique. Elle est critique et connaît, en Afrique notamment, des impacts sociopolitiques.

En effet, certains repères philosophiques, culturels ou religieux tendent à devenir des repères politiques. Le retour aux traditions, et la revendication de valeurs misogynes, sexistes et antiféministes, représentent alors une position politique ayant vocation à se démarquer des idéologies occidentales, « émasculinisantes ». Un des exemples le plus caractéristique se situe en Afrique du Sud où on assiste à la fois à une recrudescence des violences à l'égard des femmes (plus haut taux de viols au monde (Jewkes & *alii* 2009) cumulé au plus haut taux de féminicides intimes au monde (*ibid.*)) – alors que la Constitution est modèle en matière d'égalité hommes/femmes et d'intégration du genre – et à un tournant sexiste ostentatoire dans les discours au plus haut niveau de l'équipe dirigeante du pays. En effet, dans un contexte d'augmentation constante de la pauvreté, de crise politique et économique, une des cordes sensibles exploitées par le pouvoir sud-africain est le statut masculin des hommes, qui auraient « tout » perdu, y compris leur virilité et qui auraient « tout » à gagner à revenir et à réapprendre des valeurs africaines solides, sous-entendues non occidentales. Tous les moyens seraient bons, y compris les affirmations misogynes, les menaces sexistes ou l'affichage de la pratique de la polygamie, tolérée dans la loi coutumière et constitutionnellement illégale[90], qui serait garante de la force sexuelle masculine.

En particulier, la rhétorique développée par le président Jacob Zuma se veut ouvertement sexiste, implicitement antiféministe, c'est-à-dire explicitement dirigée contre l'égalité hommes/femmes et les revendications féministes, et ouvertement « favorable à la femme ». Sa rhétorique populiste entend fédérer les « plus démunis », les « oubliés des politiques postapartheid », sous-entendus les hommes les plus pauvres et non les femmes, dans le but de renforcer un organe politique, l'ANC, en perte de légitimité.

Cette rhétorique s'inscrit volontairement dans une pensée masculiniste, c'est-à-dire qu'elle recouvre la dimension idéologique des masculinités et renvoie à l'hégémonie masculine du pouvoir (Duerst-Lahti & Mae Kelly 1996). Elle se veut également fortement traditionnaliste et revendique des conceptions très traditionnelles

---

[90] « Afrique du Sud : Jacob Zuma sur les traces de Thabo Mbeki ? », *Afrik.com,* 19 décembre 2007, <http://www.afrik.com/article13205.html>, consulté le 13 janvier 2010.

comme le test de virginité. Le recours au traditionalisme[91] par le Président Zuma lui permet en fait de se maintenir au pouvoir car cette idéologie reconstruit en permanence une tradition mythique par définition sans idée de changement.

Aussi, un tel contraste entre l'état de droits et la réalité des droits dans ce pays, et une telle démesure des discours au plus haut niveau qui accompagnent cette situation, résonnent comme une réaction de *défense primaire* d'un État en recherche de légitimité au niveau mondial. Investi par les organisations internationales d'un rôle économique de grande ampleur, missionné comme modèle démocratique africain, engagé dans une position hégémonique continentale, cet État est assailli en permanence de sollicitations contradictoires dont ses dirigeants se défendent. La sexualisation des discours traduit alors l'expression d'une *impuissance*, le dernier rempart vers lequel le pouvoir est aculé. La violence n'est plus uniquement économique, elle est bien épistémique. Elle atteint tous les acteurs de la société et en particulier les femmes, et plus précisément les jeunes femmes, et elle est renforcée par les rapports de colonialité numérique.

Des impacts sur les actions politiques des organisations de femmes

Le cas de l'Afrique du Sud est presque paroxystique mais n'est pas isolé. En Afrique, dans un contexte quotidien d'urgence où les femmes ont la charge sociale de gestion du foyer (éducation, nutrition, santé), où cette charge crée d'ores et déjà des violences multiples (dont la pauvreté, le VIH, les violences sexuelles…), la colonialité numérique les aggrave, les multiplie. Le temps, déjà manquant, est encore plus réduit, les espaces, toujours minces, sont encore plus fins. L'urgence est accélérée. L'immédiateté de la gestion de l'urgence est un défi quotidien.

Cette situation se répercute sur l'action politique des organisations de femmes ou féministes qui sont contraintes de prendre en compte ce défi en priorité et perdent alors en efficacité politique. La colonialité numérique vient renforcer le phénomène déjà observé d'« ongéïsation » des luttes de femmes (Jad 2004) et plus

[91] Le traditionalisme décrit une idéologie conservatrice qui s'attache à transmettre les traditions, les croyances et les valeurs existantes de génération en génération, supposément parce qu'elles sont consacrées par le passé et donc « sûres ». Le traditionalisme bâtit lui-même les traditions comme figées – alors que les traditions peuvent évoluer – mais en interdit la transformation afin de soutenir l'argumentaire du pouvoir de ceux qui s'en servent.

généralement du féminisme – le phénomène est généralisé à l'échelle de la planète et l'est plus particulièrement en Afrique subsaharienne (Onana 2006) –, qui soustrait les organisations de femmes de leurs objectifs initiaux. Elle les engage dans le respect des ordres du jour des bailleurs de fonds occidentaux. Ces derniers s'attachent à une exemplarité du développement porté par les femmes africaines en tant que victimes plutôt qu'actrices et ne remettent pas pour autant en cause le patriarcat, en tant que système de division sexuelle. Les aides passent par de grosses organisations de la société civile statutairement et historiquement reconnues par lesdits organismes, la plupart du temps des ONG, qui sont censées présenter et mettre en place des projets en partenariat avec des organisations locales et validés par les bailleurs.

Cette « ongéïsation » de l'aide constitue en elle-même un paradoxe et a des effets pervers. D'un côté, elle appuie la financiarisation – au sens où les ONG demandent des aides financières dans les domaines où elles pensent avoir plus de chance de les obtenir au détriment des domaines où l'urgence est criante – et l'institutionnalisation des objets des luttes des organisations de femmes ou féministes autant qu'elle constitue une forme d'ingérence des États occidentaux (là où se situent la majorité des bailleurs de fonds). Ces derniers rencontrent par ce biais et au-delà de la sphère économique une nouvelle opportunité de conduire leurs politiques de culturation, à savoir induire par les financements que les bailleurs accordent, une vision du développement, de la citoyenneté, des modes d'expression, de l'autonomie… aussi bien que des méthodologies qui l'accompagnent. De l'autre côté, elle permet aux organisations et mouvements que ces bailleurs financent de mener à bien leurs actions, en subvertissant, consciemment ou pas, ce système.

Concrètement, les bailleurs de fonds soumettent leur aide financière à des conditions qui incluent notamment la recherche de partenaires étrangers, régionaux ou internationaux, selon des axes d'action définis par leurs soins. L'obtention des financements oblige l'organisation bénéficiaire à rédiger des rapports circonstanciés, autant sur les activités mises en œuvre que sur les dépenses affectées. Entre rapports d'activité ou de projet, rapports financiers et interventions sur le terrain, certaines organisations de femmes sont devenues dépendantes d'organisations de très grande ampleur, intermédiaires incontournables tant pour la récupération de subsides que pour la reconnaissance politique auprès de différents partenaires – bailleurs,

État, ONG d'autres pays –, ou encore afin de gagner un passe-droit, une ouverture instituée et reconnue, auprès desdits partenaires.

Cette reconnaissance passe également par l'obligation *formelle* mais non budgétée d'avoir un site Web, ce qui a pour effet immédiat que la communication des organisations est plus subie que pensée.

Les usages des TIC sont en premier lieu vus comme une injonction des bailleurs avant d'être envisagés comme une opportunité de visibilité ou de transmission des savoirs des bénéficiaires des actions des organisations. Ces usages sont plus techniques que politiques, plus fonctionnels qu'éditoriaux. Ils n'ont pas vocation à donner sens aux actions politiques, aux luttes quotidiennes. On peut alors parler de biais des usages de TIC et là encore ce biais n'est pas lié aux accès aux infrastructures comme il est commun de l'entendre ou aux capacités d'utiliser ces infrastructures (ordinateur, logiciels, mobiles – on y revient) mais au contrôle de ces infrastructures et aux contenus qui y sont diffusés par ces organisations et plus généralement par des femmes, notamment en Afrique. Il s'agit donc moins de questions économiques, sociales, éducatives que là encore de questions épistémiques.

Valoriser l'intime et les savoirs des femmes : le vrai défi

Alors comment rompre cette ligne de violence épistémique ? Comment y voir plus clair ? Comment renouveler ses façons d'agir dans un tel contexte ? Dans l'éditorial de l'édition 11 de la Revue *Feminist Africa,* titré *Researching for Life: Paradigms and Power,* Jane Bennett suggère de relever un défi, celui de se confronter à la vie quotidienne : « Aussi brutal que cela puisse paraître (et ouvert à controverses), les réalités du transport, les subtilités de la vie négociées au travers de la violence et de la pauvreté, la pénibilité du travail et les engagements familiaux, les frustrations liées à la lutte pour se frayer un chemin entre les attentes et les propres analyses d'un donneur (superviseur, bailleur, État), les frustrations en termes de ressources, le caractère implacable de la capacité de la vie à surprendre, à brouiller l'esprit, et à tout remuer, perturbent l'espoir de déplacements méthodologiques clairs » (Bennett 2008). La philosophe sud-africaine entend ainsi poser les bases d'un renouvellement de la recherche féministe sud-africaine, confrontée à la réalité de l'horreur quotidienne.

De son côté, Patricia McFadden insiste sur la nécessité de ne pas réduire le concept de genre à la nécessaire mais simple question de l'égalité des droits entre hommes et femmes, souvent brandie comme alibi intellectuel. La directrice du Centre d'études féministes à Harare au Zimbabwe affirme que « l'analyse féministe radicale [...] suppose une capacité critique et profondément transformatrice à révéler de nouveaux sens et signification de l'identité en termes de féminité et masculinité, jeunesse et aînesse, citoyenneté et identité/orientation sexuelle, situation des zones urbaines et rurales et intersections avec les notions d'authenticité et de modernité, race et privilège, contestation dans l'espace et nationalité, et même définition du présent et du futur » (McFadden 2000).

La féministe zimbabwéenne considère le genre comme un outil analytique critique afin de définir une citoyenneté féministe en lieu et place d'un paradigme qu'elle juge conservateur et dépolitisant, celui de genre et développement. Par ailleurs, dans un contexte de mondialisation libérale, elle alerte les militantes pour les droits des femmes ou féministes sur les risques de se faire happer et donc à se mobiliser autour des discours « masculinisés » ou des débats sur les droits et devoirs, qu'elle considère comme définis par des hommes, noirs ou blancs. Elle appelle à une appropriation et à un contrôle de l'État, en tant qu'objet oppressif, afin d'identifier des « valeurs sociales inaliénables » (McFadden 2005: 5), considérées comme bien collectif. Elle insiste sur l'urgence d'intervenir contre « l'hégémonie raciale et de classe » (*ibid.)*, qui oriente les ordres du jour féministes, en les restreignant à une portion réduite de la transformation sociale. Enfin, elle fait le parallèle avec les « questions de militarisation et d'utilisation par les classes dominantes noires de l'État néocolonial afin de faciliter l'accumulation capitaliste rampante et le pillage des ressources par la guerre, la terreur et la brutalisation de la majorité des femmes et des communautés pauvres à travers le continent » (*ibid.)*.

Patricia McFadden m'offre ainsi l'opportunité de confronter le constat du *pillage* organisé désormais par la colonialité numérique avec le discours et les pratiques des organisations de femmes et féministes africaines. Au Sénégal par exemple, selon beaucoup de personnes avec qui j'ai eu l'occasion de m'entretenir, les femmes, dans leur ensemble, « ne s'en sortent pas, subissent la pauvreté »... si bien que la *comptabilité générale* des Sénégalaises, en tant qu'individus, n'est jamais équilibrée, d'autant plus déficitaire que l'économie nationale est délétère. Pour autant, cette affirmation est accompagnée d'un discours optimiste. La qualification de la société sénégalaise par mes interlocuteurs, femmes et hommes, présente en effet quelques nuances. Cette société jugée par toutes inégalitaire serait au choix en changement, normale, bénéfique aux femmes, qui savent tirer profit de cette situation duale. Ce paradoxe interroge les *a priori* d'une analyse simpliste d'un sexisme ordinaire uniforme de la société sénégalaise tout autant que les résultats d'une sociologie bourdieusienne, où les dominées sont les actrices, au même titre que les dominants, de leur domination. Il est peut-être à mettre au débit de l'observatrice, française – moi –, à qui les personnes qui sont interrogées ne souhaitent pas confirmer des stéréotypes qu'elles considèrent comme français, sous-entendu occidentaux, coloniaux, qu'elles connaissent et rejettent.

Cette attitude représente en soi de façon non frontale un moyen d'affirmer une forme d'autonomie. Ou encore mes interlocuteur-trices s'attachent à ignorer ou à détourner les différents systèmes oppressifs et de subordination dont ils-elles vivent les effets. Ils-elles entendent qualifier et valoriser un bénéfice secondaire, implicite, qui incarnerait le pouvoir. Cette qualification s'opère sur un autre terrain que la politique qu'ils-elles assimilent à la politique politicienne. Cet autre terrain investirait davantage la sphère privée, l'intime, globalement invisibles, et les lois et codes qui les régissent.

Ces trois pistes de réflexion pour une autonomie des femmes africaines – 1°) repartir du vécu quotidien, 2°) requalifier le genre à sa juste valeur par l'analyse des inégalités liées aux multiples identités dans un contexte mondialisé qui renforce la hiérarchisation des pouvoirs, et 3°) fouiller des stratégies de contournement de l'expression publique de cette domination masculine via le privé, l'intime, l'invisibilité – permettent d'analyser selon une approche renouvelée les formes de colonialité numérique.

D'un côté, toutes les réflexions critiques relatives au patriarcat se reproduisent au sein de la société numérique colonialitaire. Inversement celle-ci s'en inspire. Le postulat est posé que les individus qui composent les sociétés peuvent tout autant et au même moment décider d'utiliser les TIC à des fins de transgression ou de soumission. Le cyberspace est un lieu de puissance/impuissance sociale.

L'investigation par la révélation publique de l'intime, de la vie quotidienne, en tant que stratégie politique et non en tant que stratégie d'évitement du pouvoir s'impose à mes yeux comme une piste sérieuse. D'autant que cette révélation peut amplement être facilitée par les outils de TIC au titre de canaux publics multimédia de diffusion faciles d'utilisation. Cette contre-perspective basée sur la mise en visibilité de l'intime façonne les piliers d'une nouvelle épistémologie féministe dans laquelle les TIC peuvent être utilisées tout autant comme outils au service des anciens et des nouveaux systèmes d'oppression que comme instruments du changement social, politique, économique et épistémique.

En tant que stratégie, elle vise à laisser la parole à ceux, en l'occurrence celles, jeunes femmes et moins jeunes, dont le rôle social tenterait à les soustraire de cette prise de parole. Stratégie qui a alors pour résultat direct d'inverser les relations de pouvoir mais aussi de faire émerger des épistémologies de la santé ou de la sécurité par exemple, débarrassées de leurs préjugés moraux traditionnels, mais aussi de classe, de « race », de sexe et générationnels. En mettant celles qui prennent la parole[92] – appelons-les les narratrices – au cœur du processus d'élaboration de pensée, les organisatrices des sessions de ces prises de parole placent les récits oraux au centre de la transformation des rapports entre dominés et dominants, objets et sujets. Elles estiment que ces récits peuvent « désuniversaliser » les concepts. Ces récits introduisent une nouvelle logique d'expertise, qui repose moins sur la connaissance académique ou institutionnelle, là où se sacralise le savant, que sur le vécu de la vie quotidienne, ce qui est socialement et culturellement considéré non savant. Les femmes ciblées par ces sessions, confrontées mais surtout actrices de la survie quotidienne, deviennent alors de réelles expertes du développement, de la crise économique mondiale, de la paix sociale, du politique.

Par ailleurs, en ouvrant une brèche dans l'expression publique, ces narratrices interrogent l'exercice moderne du pouvoir qui se veut (abstraitement) universaliste et (réellement) vertical. Elles mettent en péril le fief masculin assumé par les dirigeants au pouvoir. Elles créent un savoir non initié par le haut, en résistance à un pouvoir, issu d'un mouvement de libération, aujourd'hui dirigé par des élites noires (Waylen 2004 : 15), qui revendiquent davantage un savoir de dominants (Stengers 2002), un savoir qui se veut reconnu et valorisé à l'échelle internationale. En cela, ces stratégies de libération de la parole des femmes s'apparentent davantage à une approche libertaire, non-propriétaire. Elles proposent l'exercice d'une démocratie qui valorise de fait la libre expression et l'égalité des expressions, comme deux composantes vertébrantes d'une société à créer. Une pratique

[92] J'ai pu observer en Afrique de l'Ouest et du Sud des expériences de récits oraux libres, de tribunaux populaires, d'écriture et de mise en scène de sketches, etc., par des femmes, jeunes et moins jeunes, modérées par des « facilitatrices » membres d'organisations de femmes.

que l'on pourrait qualifier de *morale de l'invisible* de la construction démocratique. En éliminant des angles morts, des zones d'ombre, cette démarche ouvre des espaces embués, crée le doute, à l'inverse d'une démarche dans un cadre établi. L'invisibilité dévolue aux auteures de ces récits peut alors faire voler en éclats les encadrements, les cloisons, parois et frontières, socialement construits. Elle peut expurger le contrôle (qui barricade, légifère), et donc le pouvoir (qui se sert du contrôle pour se maintenir).

L'exemple des récits de viols, la mise en scène des intimes, des interdits sociaux, des tabous, interroge la légitimité d'un masculinisme et d'une appropriation politique du corps des femmes revendiqués au plus haut niveau des échelles nationales. On peut alors parler d'*intime révélateur*. En effet, cet intime invente de nouveaux modes de communication qui définissent les bases d'un changement social, puisque mettant en œuvre des codes jusqu'alors inconnus socialement. Il déroge aux lois sociale et culturelle et transgresse la frontière implicite entre sphère privée et sphère publique. Ces stratégies s'opposent ainsi à l'institutionnalisation du genre. À ce titre, elles enraillent la mondialisation/concurrence encouragée par les rhétoriques politiciennes notamment par TIC interposées.

Plus généralement, le dispositif de recueil n'a pas vocation à porter assistance, à victimiser la personne qui parle ou écrit, ou à la renvoyer à sa seule introspection. Non seulement il favorise l'expression collective mais surtout il contribue à l'élaboration d'un possible futur commun. En soi, il esquisse des stratégies de démocratie directe, permettant au témoin d'exprimer un point de vue sur l'environnement dans lequel elle vit, voire de l'analyser.

De manière générale, l'histoire parlée/orale ou écrite d'une femme crée sa carte d'identité, qui permet de l'identifier, selon de multiples critères, générationnels, linguistiques, ethniques, culturels, parfois religieux, géographiques, mais aussi emblématiques, parmi son entourage. En Afrique du Sud en particulier, ce n'est pas tant l'appartenance de sexe qui fait identité, particularité ou communauté, mais la combinaison de cette appartenance sexuelle biologique avec de nombreux facteurs comme l'appartenance de classe, de « race », de culture, d'ethnie, de genre, d'âge, d'identité sexuelle… Chaque identité qui se dit, va ainsi à l'inverse de toute démarche allant à la recherche d'un identitarisme, d'un particularisme, d'un traditionalisme, ce vers quoi tend Jacob Zuma. Aussi, cette identité particulière fabrique à elle-seule un savoir par son unicité, son acte de propriété (Nathan 1998/1999) – la femme qui se raconte a un savoir qui lui appartient – sa non-conformité intrinsèque, mais aussi par sa potentielle transmission et donc son pouvoir de donner à penser, de se croiser avec d'autres, semblables ou totalement différentes. À partir de cette identité, se développe une représentation du sujet, par lui-même ou par un autre, qui fait empreinte. Cette représentation, qui est fortement culturalisée ou subjectivée, à son tour crée un savoir, puisqu'elle peut alors s'exprimer, être retransmise et redonner à penser (Despret 1999 : 194). L'ensemble de ces représentations ainsi générées peut créer les bases d'une connaissance qui se partage, se discute, se multiplie, se nomadise, voyage *(ibid.)*. Aussi la connaissance personnelle crée-t-elle un savoir collectif et non l'inverse. On peut alors parler d'*identité collective*.

À ce titre, cette démarche de prise de parole de femmes, de mise en exergue de savoirs de femmes, s'oppose à la logique qui mobilise les sociologues de l'innovation par l'appropriation des usages des TIC qui ont tendance à stigmatiser en un lieu/moyen, les réseaux sociaux électroniques notamment, la puissance créative des individus. Par exemple, l'opportunité couramment associée à l'usage de *Facebook, LinkedIn, MySpace…* de partager des photos, souvenirs, idées, avec ce qu'il est convenu de nommer des « amis », se mesure dans le virtuel et le plus souvent à la quantité desdits amis. Elle peut créer dynamique, de réseau, parfois de contenus, mais c'est en respectant les codes qui régissent ces outils, à savoir l'immédiateté, la surenchère, l'excès, au détriment de la *subjectivisation des auteurs*. Cette démarche ne crée pas à proprement parler de la connaissance et tel n'est pas son objectif. D'ailleurs, les études sur ces usages en attestent : les profils sur les réseaux sociaux numériques ou les blogs révèlent des initiatives très individuelles, qui, mises côte à côte, peuvent éventuellement créer collectif. Il n'est pas vraiment possible d'attester d'un objectif de transfert de connaissances à échelle collective puisque le principe-même du profil, nécessaire pour s'identifier sur les réseaux sociaux, repose sur l'individualité. De plus, les contenus créés sur ces outils n'appartiennent pas à leurs auteurs mais *in fine* à des entreprises privées, pour leur très grande majorité, nord-américaines (*Facebook, LinkedIn, MySpace…)*.

Dans ce souci d'alimenter une identité collective et loin de vouloir compléter les pièces d'un puzzle d'une mémoire nationale, comme celle de la Shoah ou des rescapés du génocide du Rwanda, ces stratégies de prise de parole de femmes (jeunes et moins jeunes) ont vocation à construire une *économie de la transmission*[93]. Elles créent leurs monnaies d'échange spécifiques – une langue, les histoires elles-mêmes – et leurs capitaux propres – ces savoirs – et donc leurs propres modes de répartition des richesses. Elles mettent en commun une mémoire collective féminine, qui plus est noire africaine, en opposition à la « blanche mâle occidentale », esquissée par Gilles Deleuze (Deleuze & Guattari 1972 : 133) et plus récemment renforcée par la société numérique colonialitaire.

Cette innovation se révèle d'autant plus forte en Afrique où les femmes gèrent au quotidien et dans l'immédiateté un socle de survie qui soutient fortement le fonctionnement de l'État. Aussi en se racontant, en prenant la parole, des femmes dérogent à des lois qui leur ont été ou leur sont socialement imposées et investissent une démarche spécifique de transmission de mémoire. Celle-ci s'apparente davantage à une attitude d'appropriation/capitalisation d'une réalité, d'une situation prise sur le vif, de la vie réelle, en opposition à la vie institutionnelle, rationnelle, dispensée par la rhétorique étatique. Cette appropriation du *réel* passe ainsi par des modes, non théorisés qui forment eux aussi un savoir. Issue de la gestion quotidienne de surcroît dans un contexte d'urgence, elle fait expertise et ouvre un champ de connaissance. Faire connaître ce champ de connaissance, c'est rompre avec les évidences d'une connaissance *par le haut*. En outre, les savoirs créés par cette appropriation sortent d'une typologie classique qui consiste à faire des observations et représentations puis des analyses des comportements et environnements sociaux, des données scientifiques, valant savoir. Aussi l'appropriation du *réel* demande à être confrontée à la théorisation de l'appropriation du *virtuel*, comme nouvelle et désormais incontournable source de connaissance, telle que les organisations en charge des politiques de TIC le soutiennent.

Ensuite, la diffusion de ces savoirs par les TIC ne correspond pas simplement à une entreprise de reconnaissance en tant que savoir « local » ou « autochtone », comme il est parfois nommé, notamment par quelques institutions internationales[94] ou chercheurs (Brunois 2005). Ce savoir n'a pas uniquement une utilité périphérique à un moment donné selon une situation donnée, ce qui en soit est déjà

---

[93] … à opposer aux théories de l'« économie du savoir », d'orientation néolibérale.

[94] Voir notamment le programme *Links* de l'Unesco, <http://portal.unesco.org/science/fr/ev.php-URL_ID= 2031&URL_DO=DO_TOPIC&URL_SECTION=201.html>, consulté le 15 novembre 2010.

fondamental. Ce qui importe dans sa diffusion est de considérer que c'est justement le caractère *périphérique, subalterne* et *non savant* de ce savoir qui en fait sa valeur, qui met son auteur en situation d'acteur et non de victime à qui *on* donne la parole. Ce positionnement renverse la place des auteurs comme des sujets de ces savoirs. Il inverse le sens de là où le savoir devient visible. Il s'agit moins d'envisager de donner la parole à ceux qui sont sans voix que de laisser les sans voix la prendre, là où ils entendent le faire. Ce renversement à lui seul remet en cause l'ensemble des systèmes de division, de classe, de « race », de genre, de génération, puisqu'il met la supposée victime en position d'émetteur d'informations, ce qui rompt avec l'évidence qu'elle accepte définitivement sa position de victime de division de classe, « race », genre, de génération.

En particulier pour ce qui concerne les femmes et comme l'argumente l'historienne Michelle Perrot, par l'oralité et la création de leur *Histoire*, les femmes et parmi elles les jeunes femmes qui racontent leur vie en public, en négligeant l'invisibilité qui leur est socialement et historiquement assignée transforment leur statut d'objet en celui de sujet, et se positionnent alors, consciemment ou non, en résistance (Duby & Perrot 1990-1991). Car ce n'est pas tant le contenu de leur message qui importe, mais la dynamique que le récit et sa diffusion créent. Il est alors facile de comprendre que ce n'est pas le processus méthodologique (de recueil ou de narration) qui fait le savoir mais plutôt son non-cadrage académique.

Cette approche va également à contresens d'un savoir mondialisé, qui a tendance à vouloir uniformiser la pensée. Elle s'accroche à chacune des identités personnelles, fortement empreintes de culture et de socialisation locale (langue, urbain/rural, riche/pauvre...). Tobie Nathan écrit : « [...] ces savoirs sans représentants savants, sans congrès, sans revues internationales, sans académies ni institutions [...] viennent questionner une certaine pensée occidentale à visée universalisante, en ouvrant une brèche dans une unité trompeuse et en offrant d'autres visions du monde » (Nathan 2005 : 9). En se calquant implicitement sur les fondements des ethnosciences, la démarche de recueil de récits de ces femmes va plus loin en distordant une unité superficielle, créée par la période postcoloniale et les luttes qui l'ont précédée, puis surtout la période contemporaine très emprunte d'hypermodernité. Elle met en effet davantage l'accent sur les singularités, et en particulier les singularités de genre ou générationnelles, plutôt que sur les ressemblances, entendues comme nécessaires à la fabrication et à la pérennité (y compris économique) de l'unité nationale. Elle ne cherche pas à adapter le savoir dominant à ses modes d'expression, mais travaille plutôt à créer ses propres valeurs.

Comme Jean-François Bayart qui invite à « penser notre temps dans son incomplétude et dans sa fragilité » (Bayart 2004 : 228), elle propose une autre lecture de la mondialisation. Par exemple, il ne s'agit pas de réécrire la lutte contre l'apartheid au travers d'un regard de femmes, mais plutôt de créer un regard de femmes ayant vécu l'apartheid, et ayant donc accumulé un savoir spécifique sur une société en transition. De la même manière, il n'est pas question de relever les témoignages passifs des principales victimes de la crise économique mondiale, mais bien d'interroger celles qui sont les principales actrices de son dépassement, mettant chaque jour en œuvre des solutions économiques, au sens étymologique de *oikos nomos,* « administration d'un foyer », aux situations de pénurie sanitaire et alimentaire, de catastrophe, de conflits, de dégradations écologique, financière…

Au titre de cette incomplétude volontaire et incontournable, cette démarche de collecte de récits oraux de femmes s'oppose à cette forme de monolithisme globalement toléré d'une épistémologie hier importée d'Occident et aujourd'hui couplée à grande vitesse avec des influences idéologiques de l'Extrême et du Moyen-Orient, notamment à travers les TIC. En misant sur la diversité et la multiplicité, en démystifiant les notions d'union, de cohésion, voire de solidarité, ou encore de consultation démocratique et de participation politique, elle oppose un front implicite à la violence épistémique véhiculée par la société numérique colonialitaire.

Même si ces expériences de récits de femmes restent minoritaires, elles préfigurent une démarche innovante et alternative au sein d'un féminisme africain en transition. De plus en plus d'organisations de femmes y recourent afin de refléter leur parti pris de remettre le réel et le quotidien à l'avant-scène des mouvements et des débats qui les traversent dans la perspective de dépasser l'institutionnalisation du genre dont les effets sur leurs actions politiques est chaque jour plus cruelle. Quand ces récits sont diffusés par les TIC, le coup est double puisqu'il rompt avec la subalternité allouée aux Africaines au niveau global. Même si l'impuissance demeure au niveau local elle peut se révéler puissance au niveau global. C'est l'un des principaux défis qui se pose aux Africaines aujourd'hui : utiliser les TIC pour le genre, et pas uniquement s'intéresser au genre dans les TIC, et plus globalement utiliser les TIC pour déconstruire les rapports de domination de genre, de classe, de « race » et générationnels.

Joelle Palmieri
Les Afriques dans le monde, UMR 5115, F-33600 Pessac
18 février 2013

Eléments bibliographiques

Adam, Heribert & Moodley, Kogila 1993, *The negociated revolution: Society and politics in post-apartheid South Africa,* Johannesbourg : Jonathan Ball Publishers/University of California Press, 277 p.

Adler, Glenn, Webster, Eddie 1995, « Challenging transition theory: The labor movement, radical reform and transition to democracy », *South Africa, Politics and Society*, XXIII (1), p. 75-106

Ascher, François 2004, *La Société hypermoderne. Ces événements nous dépassent, feignons d'en être les organisateurs,* La Tour d'Aigues : L'Aube, 300 p.

Aubert, Nicole 2004, « Que sommes nous devenus ? », *Sciences Humaines*, n° 154, *L'individu hypermoderne : vers une mutation anthropologique ?,* p. 36-41.

Bastian, Sunil & Luckham, Robin 2003, *Can democracy be designed ?: the politics of institutional choice in conflict-torn societies*, Londres : Zed Books, 336 p.

Bayart, Jean-François 2004, *Le Gouvernement du monde, une critique politique de la globalisation,* Paris : Fayard, 450 p., p. 228.

Bennett Jane 2008, « Researching for Life: Paradigms and Power Editorial », *Feminist Africa n°* 11, <http://agi.ac.za/sites/agi.ac.za/files/fa_11_3_editorial.pdf>, consulté le 25 juillet 2012.

Brunois, Florence 2005, « Pour une nouvelle approche interactive des savoirs locaux : l'ethno-éthologie », *Journal de la Société des Océanistes,* CXX-CXXI, mis en ligne le 27 novembre 2008, <http://jso.revues.org/pdf/335>, consulté le 15 novembre 2010.

Cahen, Michel 1994, *Ethnicité politique. Pour une lecture réaliste de l'identité,* Paris : L'Harmattan, 176 p.

Chivallon, Christine 2007, « La quête pathétique des études postcoloniales », *in* Smouts, Marie-Claude (dir.), *La situation postcoloniale,* Paris : Presses de la Fondation de Sciences Politiques, 451 p., p. 387-402.

Davis, Angela 1983, *Femmes Race et Classe*, Paris : Des Femmes, 342 p.

Deleuze, Gilles & Guattari, Felix 1972, *Capitalisme et schizophrénie : l'anti-œdipe,* Paris : Minuit, 470 p., p. 133.

Despret, Vinciane 1999, *Ces émotions qui nous fabriquent. Ethnopsychologie des émotions*, Paris : Institut Edition Synthelabo, collection Les Empêcheurs de penser en rond, 359 p., p. 194.

Dorlin, Elsa (dir.), avec la collaboration d'Annie Bidet-Mordrel 2009, *Sexe, race, classe : pour une épistémologie de la domination*, Paris : Puf, coll. Actuel Marx/Confrontations, 320 p.

Duby, Georges & Perrot, Michelle (dir.) 1990-1991, *Histoire des femmes en Occident*, Paris : Plon, 5 volumes.

Duerst-Lahti, Georgia & Mae Kelly, Rita 1996, *Gender Power, Leadership, and Governance,* University of Michigan Press, 352 p.

Jad, Islah 2004, *The NGO-isation of Arab Women's Movements,* Women's Affairs Technical Commitee (WATC), <http://76.163.8.31/english/doc/images/Islah%20Jad%20NGOization.pdf>, consulté le 11 mai 2010.

Jewkes, Rachel & *alii* 2009, *Understanding men's health and use of violence: interface of rape and HIV in South Africa,* Gender & Health Research Unit, Medical Research Council, <http://gender.care2share.wikispaces.net/file/view/MRC+SA+men+and+rape+ex+summary+june2009.pdf>, consulté le 27 mars 2008.

Kergoat, Danièle 2000, « Division sexuelle du travail et rapports sociaux de sexe », *in* Hirata, Helena & *alii* (dir.) 2000, *Dictionnaire critique du féminisme*, Paris : Puf, (2e édition augmentée 2004), 315 p., p. 37.

Marx, Anthony 1992, *Lessons of struggle: South African internal opposition, 1960-1990*, New York : Oxford University Press, 384 p.

McFadden, Patricia 2000, *Issues of Gender and Development from an African Feminist Perspective*, contribution présentée en l'honneur de Dame Nita Barrow, au Centre des Etudes en Genre et développement, University of the West Indies, Bridgetown, Barbados, novembre 2000, <http://www.escueladefeminismo.org/spip.php?article153>, consulté le 30 mars 2010.

McFadden, Patricia 2005, *African Feminism at the intersection with Globalization: critiquing the past, crafting the future,* contribution donnée à l'Université d'Oslo en Norvège en juin 2005, p. 5.

McFadden, Patricia, 2010, « Challenging Empowerment », in *Gender and Empowerment, Development* Vol. 53-2, p. 161-164.

Nathan, Tobie 1998/1999, « Quelques principes d'ethnopsychiatrie », *Parcours* n° 19/20, <http://www.recalcitrance.com/principes.htm>, consulté le 24 décembre 2008.

Nathan, Tobie 2005, « L'ethnopsychiatrie, une morale de l'incertitude », *Revue des littératures du Sud*, n° 157, Littérature et développement (janvier - mars 2005), Notre Librairie, p. 9.

Onana, Janvier 2006, *ONGisation de l'action publique et redéfinition des figures de l'ordre politique en Afrique subsaharienne*, intervention lors du Séminaire du Réseau Acteurs émergents (RAE), MSH Paris, Groupe *« Acteurs émergents. Vers une réinvention du politique ? »*, 15 mai 2006.

Palmieri, Joelle 2011, *Les TIC : terrain des rapports de domination de genre et de leur transgression,* <http://joellepalmieri.wordpress.com/2012/12/26/les-tic-terrain-des-rapports-de-domination-de-genre-et-de-leur-transgression/>, consulté le 18 février 2013.

Quijano, Anibal 1994, « Colonialité du pouvoir et démocratie en Amérique latine *», Multitudes* juin 1994 « *Amérique latine démocratie et exclusion, Quelles transitions à la démocratie ? »*, <http://multitudes.samizdat.net/Colonialite-du-pouvoir-et>, consulté le 23 septembre 2008.

Saïd, Edward W. 1997, *L'Orientalisme. L'Orient créé par l'Occident,* Paris : Le Seuil (Parution originale 1980), 422 p., p. 210.

Seidman, Gay 1999, « Gendered Citizenship: South Africa's Democratic Transition and the Construction of a Gendered State », *Gender and Society*, XIII (3), juin 1999, p. 287-307.

Spivak, Gayatri Chakravorty 1988a, *Can the Subaltern Speak?* (*Les Subalternes peuvent-illes parler ?*, traduction française de Jérôme Vidal, Paris : Amsterdam, 2006), *in* Nelson, Cary & Grossberg, Lawrence (dir.), *Marxism and the Interpretation of Culture*, Chicago : University of Illinois Press, 738 p., p. 271-313.

Spivak, Gayatri Chakravorty 1988b, *In Other Worlds: Essays in Cultural Politics,* New York : Routledge, 336 p., p. 204.

Spivak, Gayatri Chakravorty 2008, *D'autres pensées sur la traduction culturelle,* traduit par Pierre Rusch, Institut européen pour les politiques en devenir, <http://eipcp.net/transversal/0608/spivak/fr>, consulté le 2 mars 2010.

Stengers, Isabelle 2002, *Sciences et pouvoirs. La démocratie face à la technoscience,* Paris : La Découverte, 120 p.

Van Zyl Slabbert, Frederick 1992, *The quest for democracy: South Africa in transition*, Londres : Penguin Books, 107 p.

Waylen, Georgina 2004, *What can the South African transition tell us about gender and democratization?,* Centre for Advancement of Women in Politics School of Politics, Belfast: Queens University Belfast, 21 p., p. 15, <http://www.qub.ac.uk/cawp/research/Waylen.pdf>, consulté le 25 mars 2010.

Chap. VIII
La traduction dans l'expérience du déplacement: identité et migration, éthique et hétérogénéité, savoir et différence

Par Aurelia Klimkiewicz[95]

Cette réflexion n'est qu'un prélude à un projet de recherche qui s'articule autour des trois axes, à savoir : identité, éthique et savoir, tous inscrits dans l'expérience du déplacement qui, par la force des choses, change la donne quant à la constitution de la subjectivité exposée au déracinement ; quant aux enjeux éthiques aux prises avec la fragmentation sociale ; et quant aux questions épistémologiques qui posent le problème de la posture du sujet réfléchissant « délogé » de son cadre habituel de réflexion. Étant donné que la traduction – comprise comme un double processus de réécriture et de réception qui instaure un « trialogue », un échange à trois voix entre auteur, traducteur et récepteur – se donne indéniablement comme expérience du mouvement, que celle-ci se nomme traversée, passage ou transformation, elle permet de suivre et parfois même de comprendre des dynamiques en jeu dans les zones frontalières, dans les espaces tiers et dans les zones de contact au sein des sociétés postcoloniales, multiethniques et globalisées dans lesquelles chacun négocie sans cesse sa place, redéfinit son appartenance et réoriente son positionnement. La traduction figure dans ce contexte comme un

---

[95] Aurelia Klimkiewicz enseigne à l'École de traduction à l'Université York (Collège Glendon) à Toronto. Théoricienne de la traduction, elle s'intéresse particulièrement aux enjeux herméneutiques et à l'éthique de la traduction. Elle interroge plus particulièrement les déplacements théoriques provoqués en traductologie par la mouvance spatiale et le multilinguisme. Les relations asymétriques, l'identité, l'auto-traduction et l'auto-dialogue multilingue sont au cœur de sa réflexion. Parmi ses plus récents travaux figurent le collectif *Multilingual Identities: Translators and Interpreters as Cross-cultural Migrants* (Antares, Toronto, 2013) et l'article dédié à l'auto-traduction "Self-translation as a broken narrativity: towards an understanding of the self's multilingual dialogue". Elle a codirigé quatre autres ouvrages collectifs dont *La traduction verticale ou horizontale ? Entre langues et cultures en 'mode mineur'* ; *Barbares et barbaries aujourd'hui* ; *Anthologie de la littérature canadienne francophone* en polonais, ainsi que *Esquisses du féminin. Les contours d'une dérive.* Entre 2006-2007, elle a participé au projet de recherche « Le Canada francophone minoritaire en Pologne : la traduction et la réception dans la circulation culturelle horizontale.

mode d'être, car, étant *incontournable*, elle motive et oriente l'échange interculturel qui peut prendre différentes formes : dans un face-à-face ou dans une activité professionnelle, ou bien lors d'une activité intellectuelle ou culturelle. Autrement dit, la traduction s'impose la plupart du temps comme une forme de *médiation silencieuse*, *inavouée* pour établir et maintenir la relation avec soi et les autres.

Pourquoi parler encore de l'exil alors que dans nos sociétés dites globales ou mondiales, ce terme a perdu de son aura (comme dirait Walter Benjamin) : Ne serions-nous tous et toutes les êtres migrants, diasporiques ou nomades, les cosmopolites multilingues à l'aise à New York, Berlin, Tokyo ou Shanghai ? Pourquoi en discuter alors que les frontières, nous dit-on, disparaissent ne serait-ce que virtuellement via Skype ou internet ? Être à la fois ici et ailleurs est devenu d'une telle banalité qu'évoquer par exemple les luttes d'indépendance dans les anciennes colonies ou le Rideau de fer semble aujourd'hui sonner comme l'histoire des dinosaures. Pourtant l'exil est une réalité quotidienne pour un bon nombre de personnes qui vivent dans l'illégalité et la clandestinité dans la peur de la déportation ou encore dans le cas où le racisme s'érige comme obstacle à l'insertion sociale. Et même quand l'exil est une véritable *success story*, le sentiment d'isolement, d'aliénation et de solitude peut accabler de temps à autre en guise de rappel de l'autre rive.

S'il faut donc en parler, c'est parce l'histoire de l'exil se greffe à l'être en ce sens qu'elle se manifeste dans le dialogue avec soi (auto-dialogue, auto-traduction) et à travers les rapports avec les autres, ceux-ci n'appartenant plus à une communauté plus au moins homogène et familière, mais à des rencontres variables auxquelles on est exposé sur le chemin de l'exil et qui nous font réaliser qu'il n'est plus si facile de tisser un lien de longue durée. Et même à l'égard de la société d'origine, le fait de s'en être éloigné pose inlassablement le problème d'appartenance. Qui suis-je devenu après des années vécues à l'étranger ? Quel est mon rapport avec le pays d'origine et le passé en général ? Comment ce rapport change-t-il au fil du temps ? Qui sont désormais les miens ? De quelle manière suis-je capable de recréer le lien social dans le pays d'accueil ? Comment résoudre le problème de la nostalgie qui m'accable de temps en temps ? Comment suis-je perçu lors du retour à la source ? Qui sont finalement les interlocuteurs capables d'écouter mon histoire ? Sont-ils ici, là-bas ou restent-ils toujours anticipés ?

D'entrée de jeu, un passage tiré du discours du poète russe Joseph Brodsky, prononcé lors de la réception du Prix Nobel de littérature en 1987, lance l'invitation à la réflexion sur l'exil parce que, selon lui, « [...] l'exil est une condition métaphysique [...]. L'ignorer ou l'esquiver, c'est se duper soi-même sur le sens de ce qui nous est arrivé, c'est se condamner à demeurer à jamais la victime passive de l'exil. C'est se fossiliser en victime qui ne comprend pas. »

Quant à Vladimir Nabokov qui a passé sa vie à mettre en récit l'exil, un des ses protagonistes, Pnine, le petit prof de russe émigré aux États-Unis, dit à propos de sa propre condition d'exilé « qu'à chaque fois qu'on le radiographiait, les médecins tentaient vainement de débrouiller ce qu'ils appelaient 'une ombre derrière le cœur' » (p. 977).

Cette perspective « ombrageuse » nous place donc immédiatement dans la *négativité* de l'exil, sans pour autant exclure des aspects positifs qui en font partie, à savoir la libération et la réinvention de soi. À cet égard, la négativité se résume à des mots clés qui créent tous ensemble un réseau sémantique cohérent: Insignifiance ; Nostalgie ; Isolement ; Perte ; Déchéance ; Aliénation ; Accélération ; Fatigue ; Anonymat, etc.

Isolement : « l'état où nous sommes livrés à nous-mêmes et à notre langue, sans rien ni personne entre les deux. » (Brodsky, p. 95) et plus loin : « On connaît, de l'exil, les souffrances qu'il inflige ; il faudrait reconnaître en lui, également, cette capacité qu'il a d'atténuer les souffrances, cette aptitude qu'il a d'ouvrir des perspectives humaines ou inhumaines, assez terrifiantes, et pour lesquelles nous n'avons pas d'autre repère que nous-mêmes » (*Ibid.*, p. 96).

Accélération : « L'exil nous transporte, du jour au lendemain, là où normalement, vous n'arriveriez qu'au terme de toute une vie » (*Ibid.*, p. 95).

Souffrance : « C'est une déchéance en effet que la destinée d'un réfugié, et je ne la conseillerais à personne à moins qu'on ne possède une santé de cheval, une vitalité d'alligator et des nerfs d'hippopotames » (Miłosz, p. 292)

Aliénation : « Et voici la chambre oblongue, et la valise qui attend patiemment... et à ce point, son humeur insouciante se changea en révulsion : que Dieu épargne à chacun l'horrible et avilissant ennui, le refus périodique d'accepter le joug avilissant de nouveaux quartiers périodiques, l'impossibilité de vivre face à des objets totalement étrangers, l'inévitable insomnie sur ce divan! » (Nabokov, *Le don*, p. 14).

Ces quelques citations tissent en réalité un récit qui repose sur un *chronotope* particulier, chronotope étant une notion proposée par le penseur russe Mikhaïl Bakhtine, qui renvoie à une représentation esthétique, narrative, de la relation temps/espace. Dans le cas de l'expérience exilique, celle-ci est clairement située dans un chronotope de la fragmentation et de la discontinuité qui vacille entre là-bas et ici; entre avant et maintenant; entre le propre et l'étranger; entre le même et le différent; entre le désir de rester et le désir de rentrer chez soi. La rupture et la dé-liaison sont donc au cœur de ce chronotope qui imposera une mobilisation et une hésitation sans relâche tant au niveau existentiel qu'intellectuel, mouvance à laquelle il sera impossible de se soustraire.

Cela mène directement au problème de la traduction. Pourquoi en parler alors qu'elle est profondément ancrée dans la routine quotidienne des millions de personnes à travers le monde, notamment dans la majorité des pays africains ou en Inde par exemple? Sur le plan institutionnel – on le sait très bien – la traduction occupe une place importante dans les relations internationales, diplomatiques ou commerciales, tout autant que dans le domaine littéraire, car l'activité de traduction permet de mettre en circulation des œuvres étrangères au-delà des frontières nationales. La même situation est constatée à notre époque dans le domaine audiovisuel où le sous-titrage, le surtitrage et le doublage sont des techniques de transfert interlinguistique tout à fait efficaces pour comprendre un film, une pièce de théâtre ou un opéra produits dans une autre langue. Et que dire de la traduction qui s'avère omniprésente dans l'espace virtuel ? Dès l'avènement de l'internet en tant que nouveau médium de production, la traduction sera propulsée à l'avant-scène parce qu'elle aura à répondre à un nouveau besoin, celui de la localisation qui n'est rien d'autre que la traduction des outils et des textes numériques dans presque toutes les langues du monde. Au fait, il est impossible de penser à la mondialisation sans considérer l'apport de la traduction/localisation.

Dans ces conditions, la traduction dévoile ses différentes facettes : tantôt canal de communication, tantôt pont entre cultures ou encore passerelle d'un espace culturel à l'autre ; ayant pour fonction l'élargissement de l'horizon, la réalisation d'un échange culturel, intellectuel ou scientifique, l'enrichissement de la culture d'arrivée, ou encore la circulation de l'information de manière rapide et efficace au-delà des barrières linguistiques.

Il suffirait un coup d'œil sur l'histoire européenne pour constater qu'au fil du temps, la traduction avait à s'adapter aux impératifs socioculturels, politiques et idéologiques du jour. Et à son tour, la traduction, au moment de chaque période-charnière, a su jouer un rôle tout à fait actif dans les transformations culturelles par exemple entre le Moyen Âge et la Renaissance, ensuite à l'Âge classique ou encore à l'époque romantique, sans parler du XXe siècle au cours duquel la traduction a connu un essor sans précédent non seulement sur le plan de la production mais aussi sur le plan épistémologique étant donné qu'elle est enfin devenue l'objet légitime d'investigation intellectuelle qui, à son tour, a donné naissance à un nouveau champ disciplinaire au sein des Sciences humaines et sociales qu'on nomme désormais la traductologie (*Translation Studies*).

Au Moyen Âge, on traduit surtout la parole de Dieu, la Bible et différents textes religieux afin de propager le christianisme et de consolider la foi chrétienne autour des dogmes émis par les autorités du Vatican. En réalité, le terme traduction est encore inexistant : ce sont les *translateurs* qui *translatent* en travaillant entre plusieurs langues et en accomplissant différentes tâches, comme attester la validité d'un manuscrit, le copier, commenter, gloser, archiver, etc.

Au début de la Renaissance, avec l'avènement de l'humanisme, l'invention de l'imprimerie et la Réforme, la traduction acquiert un autre statut : elle introduit le rapport à soi au moyen de la prise de conscience de sa propre identité nationale. La langue vernaculaire en devient un enjeu important bien évidemment: c'est elle qui permettra de créer l'esprit national, unique et distinct des autres. La traduction sert à la redécouverte de l'Antiquité grecque, certes, en ce qu'elle apporte un souffle de renouveau à la culture européenne, mais aussi elle est engagée à instaurer et à articuler un rapport à l'*autre synchronique*, contemporain, qui vit dans un autre espace culturel et linguistique.

Si la traduction sert au Moyen Âge à transmettre la parole de Dieu et à propager les dogmes religieux à tous les chrétiens, pendant la Renaissance, qui est un véritable âge de la retraduction, l'activité traduisante réaffirme la continuité culturelle à partir de l'Antiquité. Quant au Classicisme, qui en France coïncide avec le règne de Louis XIV, la traduction est clairement au service du narcissisme culturel en ce qu'elle renforce et valorise la culture et la langue nationales ainsi que ses goûts esthétiques (la pratique des belles infidèles).

À peine un siècle plus tard, le mouvement romantique repense le rôle de la traduction et par conséquent, la manière de traduire : il devient impératif à cette époque que la traduction introduise la *distance historique et culturelle* : l'étranger, qu'il appartienne à la culture locale populaire (l'autre de soi historique) ou qu'il se manifeste en tant que lointain et exotique, doit servir à l'enrichissement de la culture d'arrivée par sa différence. En s'appuyant encore une fois sur Bakhtine, on pourrait formuler aujourd'hui cet apport de l'étranger en termes de contribution au *dialogisme* au sein de la culture nationale sans lequel la culture ne peut pas se connaître ni se renouveler.

Mais pourquoi ce détour historique centré sur l'Europe alors que l'objectif est finalement de montrer que la traduction est plus qu'un échange culturel : elle est une relation ? C'est bien l'étude de l'histoire de la traduction dans le contexte de la colonisation qui a révélé que la traduction peut incarner un rôle tout à fait autre : celui de transformer de manière pernicieuse sa propre identité et l'image de soi. Dans l'ouvrage de Tejaswini Niranjana *Siting Translation*, l'auteure relate la période de la colonisation britannique de l'Inde en scrutant différents projets de traduction qui avaient pour but de faire circuler les textes d'un pays à l'autre pour atteindre trois objectifs : (1) faire connaître l'Inde aux Britanniques ; (2) imposer la culture britannique aux sujets colonisés comme modèle à imiter ; et finalement (3), réinterpréter (lire « déformer ») le bagage culturel et religieux de l'Inde pour en déceler des failles qu'il fallait éradiquer de la culture colonisée. Cette dernière stratégie de traduction s'avère la plus violente parce qu'elle dégrade l'image de soi et de la culture à laquelle on appartient, sans laisser le droit de réplique ou de contestation étant donné les rapports de pouvoir déjà bien établis.

Comme la traduction dans le contexte de la colonisation le montre bien, la traduction est *un véhicule du rapport à l'Autre*. Dans ce cas spécifique, ce rapport est inscrit dans l'asymétrie et par conséquent, il est régi par une relation de pouvoir qui peut s'avérer tout à fait ravageuse et profondément nocive à long terme. C'est Bakhtine qui à souligné à propos du travail herméneutique l'importance du *rapport au texte*. Dans le cas de la traduction, ce rapport est primordial car il s'inscrit profondément dans la relation que le traducteur entretient avec l'étranger et qui peut aller de *l'admiration à la haine ; du respect au mépris ; de l'acceptation au refus*, etc. Lors d'un processus de traduction, une telle relation aura un impact tangible sur le texte cible au niveau global, en affectant l'ensemble du texte ou de manière ponctuelle qui permettra stratégiquement tantôt de gommer les différences culturelles, tantôt de les amplifier par omission, amélioration, transformation ou recours aux stéréotypes et clichés.

C'est pourquoi la traduction comme relation doit être scrutée à la loupe pour comprendre les lois qui la régissent et les forces qui y sont en jeu. La traduction n'est jamais un exercice neutre ni transparent. C'est pourquoi il faut en même temps questionner la prétendue *invisibilité* du traducteur : comme l'a bien remarqué Lawrence Venuti, l'invisibilité signale que la position traductive, qu'elle soit réfléchie ou inavouée par le traducteur, se fond avec l'ordre du discours, le savoir doxique ou les normes en vigueur dans le contexte d'arrivée que le traducteur endosse sans jamais les questionner. Au fond, le traducteur ne fait que reproduire ce que l'ordre du discours lui impose comme si les deux – traducteur et société – parlaient d'une seule voix.

Rendre le traducteur *visible*, c'est le rendre du même coup *responsable* de ce qu'il fait, produit et propage. Après tout, le traducteur est un agent social qui introduit l'étranger chez soi, et la manière avec laquelle il l'exécute en dit long sur lui, son appartenance et surtout le rapport qu'il cultive à l'égard de l'Autre.

La relation éthique en traduction a été bien sûr introduite par Martin Buber dans son magnifique essai *Ich und Du* (en fr. *Je et Tu*; en angl. *I and Thou*), réflexion inspirée de la traduction biblique elle-même. Dans cette lignée, on retrouve des penseurs comme Mikhaïl Bakhtine, Emmanuel Lévinas ou Paul Ricoeur qui, chacun à sa manière, posaient le problème de la relation lors d'une rencontre ou bien dans le travail d'interprétation textuel qui devient dialogue, événement, ouverture, réciprocité et écoute de l'Autre. Le déplacement du *Je* à *Tu* ; du regard à l'écoute ; du monologue à au dialogue, crée en effet un espace de réflexion situé dans un entre-deux ; l'interaction ; la co-production du sens ; ou *grosso modo*, la recherche de nouvelles formes d'intersubjectivité qui représentent toutes, sans exception, le *locus* énonciatif de la traduction et de son mouvement.

Cette reconnaissance de l'Autre est un véritable moyen d'incorporation du point de vue de l'Autre par le *mouvement du déracinement* – ne serait-ce qu'un peu, ne serait-ce que pour un seul instant – de sa propre subjectivité. Comme on le sait, se déraciner soi-même exige un immense effort qui doit être puisé dans l'*empathie* (accompagner l'autre dans sa souffrance), la *créativité* (chercher des solutions là où il n'y en a pas encore) et l'*anticipation* (se rendre disponible à l'Autre, être capable de pressentir ses besoins bien avant qu'elles se présentent réellement) ; sans l'empathie, sans la créativité, sans l'anticipation qui instaurent un véritable souci de l'Autre, il n'y a pas d'éthique parce qu'elle se réduit à la pure déontologie qui régularise les relations strictement du point de vue social ou professionnel.

Mais dans le contexte contemporain qu'on a pris l'habitude de définir en termes de « mondialisation », la situation est un peu différente. Grâce aux avancées technologiques en particulier dans le domaine de la télécommunication et du transport aérien qui ont réduit la distance, accéléré les déplacements et introduit la simultanéité dans nos expériences quotidiennes les plus banales, la mobilité réelle ou virtuelle est devenue une monnaie courante alors que le multilinguisme vit son moment de gloire après quelques siècles dominés en Occident par la fétichisation de la langue nationale et de la langue maternelle. Ces réalités ont véritablement changé la donne dans toutes les sphères de notre existence. Pour revenir à la traduction, dans quel paysage s'inscrit-elle désormais ? Quel serait son rôle dans ce monde où tout un chacun communique au-delà des différences linguistiques et culturelles ? Comment définir aussi sa fonction dans les sociétés multilingues et multiethniques ? Pour répondre à ces questions, on pourrait souligner le fait que la traduction est un *réel baromètre du climat interethnique et interculturel* : elle révèle la nature des relations qui existent entre la société d'accueil et les arrivants. Pourquoi ? Simplement parce que tant et aussi longtemps que la traduction est à l'œuvre, elle devient *synonyme de la non-assimilation* (car du moment où on cesse de traduire, on devient autre, on devient assimilé). D'un autre côté, la pratique de la traduction signale le refus de s'isoler, de se replier sur soi-même : en tant que relation, elle se pratique au moins à deux, et au cours de cet échange, elle permet de réinventer ou de négocier la relation avec l'autre parce qu'il s'agit d'un processus qui déplace sans cesse ce qu'on sait sur soi, sur son identité et son origine.

Dans la même logique, la traduction au sein des sociétés multiethniques contemporaines, bien qu'elle se pratique dans la proximité spatiale avec l'autre, signale sans cesse la *disjonction*[96] : ce qu'on nomme le lien social et la cohésion sociale dans une société qui se définit homogène devient une *mise en contact* qui a besoin d'un mécanisme de transfert pour que le sens produit par un migrant puisse circuler dans toute sa différence et pour que le récit de son expérience de migration puisse être reconnue. Outre la traduction, le migrant pratique également l'*auto-traduction*, une sorte d'auto-dialogue impliquant minimum deux langues et deux cultures et qui permet de repositionner le soi vis-à-vis de soi-même, vis-à-vis de l'Autre d'ici et de l'Autre d'avant, laissé derrière.

Si, comme le dit Jacques Derrida, « la disjonction […] implique mon adresse à l'autre » (p. 57), comment définir la condition épistémologique qui est, dans le cas de l'exil, d'emblée inscrite dans l'*hétérogène* (langue, culture, héritage), dans la *trace* (ce qui reste du passé, de l'origine lors du passage vers le nouveau pays) et dans le *discontinu* puisque le savoir déjà acquis subira une réorganisation et un repositionnement à l'étranger ?

À cet égard, il faudrait questionner le mimétisme intellectuel, épistémologique et méthodologique qui est imposé aux arrivants n'appartenant pas nécessairement à la même tradition intellectuelle ou expérience existentielle ? Bien que nombreux travaux aient été écrits depuis au moins une vingtaine d'années sur ce qu'on nomme exil, migration, multilinguisme, mondialisation et sur d'autres phénomènes qui en découlent, comme littérature migrante, communication multilingue, identité métisse, gestion interculturelle, peu d'ouvrages ont été consacrés aux questions purement épistémologiques et méthodologiques en rapport avec l'exil et ce qui en découle sur le plan du travail intellectuel.

Sous l'étendard de la mondialisation et de l'anglais, notre *lingua franca* moderne, nous sommes tous invités à prendre le même chemin et aboutir à la même destination alors que comme le souligne Derrida, « L'héritage n'est jamais un *donné*, c'est toujours une tâche. » (p. 94) : « Si la lisibilité d'un legs était donnée, naturelle, transparente, univoque, si elle n'appelait et ne défiait en même temps l'interprétation, on n'aurait jamais à en hériter » (p. 40). L'héritage est donc un « appel depuis une parole qui résonne avant nous » (p. 41).

---

[96] Jacques Derrida problématise le phénomène de disjonction à partir de la citation tirée de Shakespeare '*time is out of joint*'.

Par conséquent, la dimension testamentaire qu'il ouvre « est d'abord pour les autres, et au-delà de soi » (p. 64).

C'est toute une tâche qui nous incombe pour préserver et transmettre les rêves (même les plus utopiques) et les combats de nos mères et de nos pères non seulement contre l'oubli et la cruauté du temps qui balaie tout sur son passage, mais aussi contre le miroitement de nouveaux idoles qui peuplent l'horizon de nos sociétés modernes.

Cette dimension testamentaire confère en effet à la traduction – et particulièrement dans le contexte de migration – une fonction particulière : participer activement au déchiffrement du legs et à sa transmission. Une tâche dont l'objectif serait de relier ce qui est dé-lié ou incompatible entre différents régimes d'historicité, dans les rapports intergénérationnels et au-delà de notre propre absence dans le paysage d'origine.

Cet effort herméneutique intense – parce qu'il doit à tout moment confronter la distance, l'oubli et l'absence – accorde à la traduction un rôle de plus en plus actif : non seulement viser le destinataire proche, immédiat, mais surtout, un destinataire lointain à l'horizon. C'est Bakhtine encore une fois qui a introduit l'idée des deux interlocuteurs : un *tu* et un *un tiers* lointain. À cet égard, la traduction aurait aussi une tâche d'inscrire différents sens à long terme dans le souci de transmettre (de la mémoire), de préserver (l'héritage) et de valider les sens, les connaissances qui nous permettent de nous projeter dans l'avenir. La condition d'exil fait appel aussi à une nouvelle éthique qui pourrait s'inspirer de la pratique de la traduction ou de l'interprétation (p. ex. communautaire) et de la réflexion menée en traductologie pour la simple raison que toutes les deux – autant la pratique que la réflexion dans le domaine de la traduction et de l'interprétation – sont centrées sur le *traitement* qu'on réserve à l'Autre qui est nécessairement et par définition l'Étranger, c'est-à-dire l'Autre parlant une autre langue et appartenant à un autre espace culturel.

Références bibliographiques

Bakhtine, Mikhaïl (1978) : « Formes du temps et du chronotope dans le roman », in *Esthétique* et théorie du *roman*, Paris, Gallimard.

Brodsky, Joseph (1989) : « Cette condition que nous appelons l'exil », dans *Le genre humain. Émigrer. Immigrer*, tr. Marie-Claire Pasquier, Paris, Seuil, pp. 87-97.

Derrida, Jacques (1993) : *Les spectres de Marx*, Paris, Galilée.

Miłosz, Czesław (1980) : *Une Autre Europe*, tr. Georges Sedir, Paris, Gallimard.

Nabokov, Vladimir (1991) : « Pnine », tr. Michel Chrestien; « Le Don », tr. Raymond Girard, Paris, Gallimard.

Niranjana, Tejaswini (1992): *Siting Translation: History, Post-structuralism and the Colonial Context*, Berkeley, University of California Press.

Venuti, Lawrence (2008) : *The Translator's Invisibility: A History of Translation*, London; New York, Routledge.

Chap IX
Compte rendu du colloque annuel du Cerclecad du 17 décembre 2011 : « Les communautés africaines et l'engagement politique au Canada : Défis, Enjeux et Stratégies concrètes pour plus de visibilité sociale »

Par Myriam Matondo Nkenda[97]

Lieu : Salle du Sénat de l'Université d'Ottawa, le samedi 17 décembre 2011.

Après un bref mot de bienvenue et de présentation des commanditaires, le Président du Cerclecad Benoît AWAZI MBAMBI KUNGUA, ouvre le colloque en rappelant les objectifs de celui-ci. En effet, ce colloque se voulait un moment de réflexion axé sur :

- La recherche des causes de l'absence criante des Noirs dans la vie politique du Canada ;
- L'examen des causes sociales structurelles et internes aux politiques de l'immigration du Canada qui seraient responsables de cette situation ;
- La proposition de stratégies concrètes nécessaires pour une implication des Noirs canadiens dans les espaces canadiens de décision et de pouvoir.

C'est donc sous l'angle du politique (dans son acception d'action citoyenne) et de la visibilité des Afro-Canadiens que les interventions du colloque ont été apportées. Ceci par le biais d'études et d'expériences de terrain, d'études comparatives ponctuées d'exemples bibliques d'immigrants ayant « réussi » leur intégration en situation d'exil, ainsi que d'individus issus de la communauté noire qui se distinguent dans différents domaines à travers le monde. Le colloque s'est structuré en deux grandes parties constituées de trois interventions en matinée et de deux interventions en après-midi. Il s'est achevé par une synthèse et une récapitulation orales de la journée, prémices du présent texte.

[97] Myriam Matondo est déjà présenté au premier chapitre de cette revue.

I. L'accession de Joseph (Genèse 39-41) et de Daniel (Daniel 1-5) au pouvoir : Enjeux (Prolégomènes?) pour l'intégration de la diaspora à la vie politique d'ici. Par François Kibwenge

La Bible, bien que considérée comme un vieux livre historique, est en fait, un livre qui traite aussi de la question politique. Plus de 20.000 Africains immigrent chaque année. Pourtant, la question de l'intégration des Noirs se pose toujours, malgré l'ancienneté de leur immigration au Canada. Le comportement des membres des communautés africaines est influencé par leurs valeurs culturelles, mais aussi, par des valeurs issues de la Bible. C'est donc, presque naturellement, que cette intervention propose « une approche biblique de la politique (au sens étymologique du terme, c'est-à-dire l'organisation de la cité) » en puisant dans ce qui peut être considéré comme une référence familière à bon nombre de ces immigrants. C'est aussi une proposition d'« une compréhension originale de l'ordre politique et de l'intégration des étrangers dans le pays d'accueil ».

La principale question que se pose l'auteur est la suivante : comment transformer cette double absence (absence d'intégration et absence dans l'espace politique) en une double présence ? En fait, l'existence d'une diaspora bien intégrée dans l'espace politique d'ici et celui du pays d'origine, semble être le moyen pour y accéder. Pour ce faire, des éléments ayant contribué à l'ascension de Joseph et Daniel sont relevés, ainsi que la manière dont ils se sont acquittés de leurs responsabilités politiques entant qu'immigrants.

Quatre points sont proposés pour analyser et trouver des pistes de solution au problème de la non-intégration des Afro-Canadiens dans le paysage politique : *l'angle d'analyse politique* ; *la description des attitudes et traits de caractère des deux personnages*; *les clés de l'intégration d'après l'histoire de ces deux personnages* ; *les leçons pour la diaspora d'ici.*

1. Un angle d'analyse politique de la situation africaine.

Les crises politiques ivoirienne et libyenne ont montré que le continent Africain avait encore un maître (la France), en dépit de l'existence de l'institution de l'Union Africaine. Cette situation de dépendance démontre une absence d'instances de décision fiables dans la gestion des États et des conflits en Afrique. Cet état d'inertie ou d'inaction a été illustré dans le contexte d'immigration, par le comportement de ces paroissiens qui se contentent d'être présents et de participer bénévolement et de temps à autre aux activités paroissiales, au lieu de s'engager dans les instances de décision de l'Église. Si ces immigrants sont incapables de s'engager au sein de l'Église, comment serait-ce possible à l'extérieur?

Le manque d'implication sérieuse dans ce milieu associatif et une certaine méfiance de la chose publique, refléteraient donc l'absence d'implication sérieuse ainsi qu'une frilosité de la part des communautés africaines d'investir l'espace politique et public. Ceci nous fait penser aux propos du professeur Théophile Obenga[98] qui encourage la jeunesse africaine à être présente là où les décisions se prennent, et donc, d'aspirer à des professions au sein des grandes institutions qui font tourner ce monde. Il est donc nécessaire pour la diaspora africaine de mettre son expertise au service de la communauté canadienne, en vue de souligner et de faire remarquer son désir d'intégration.

2. Joseph et Daniel : deux parcours similaires

Les récits de vie de Joseph et Daniel, illustrent le traitement de la question politique dans la Bible. Longtemps et souvent réduite à un aspect strictement spirituel, la Bible nous livre à travers ces deux récits des éléments dans la « gestion de la cité » par des personnages qui étaient eux-mêmes des immigrants dans les pays où ils se sont distingués par leurs valeurs et leurs talents.

a) Joseph : une attitude positive l'ayant distingué (distinction par l'optimisme)

Ayant été vendu comme esclave en Égypte, Joseph avait tout pour déchanter et perdre espoir. Mais sa qualité d'homme déterminé, décidé, sans concession face aux difficultés et au mal, l'amenèrent à un poste de pouvoir. Bien que l'ascension n'ait pas été sans heurts, Joseph a tenu bon face aux difficultés de son pays d'accueil. C'est dire que bien que regardé négativement face aux accusations qui l'accablaient, la confiance en soi, la persévérance et la foi en ses valeurs (crainte de Dieu, sa culture juive), lui permirent progressivement de prendre sa place et de participer à l'avenir de son pays d'accueil.

---

[98]Théophile Obenga (est un philosophe, égyptologue, linguiste et historien africain du Congo-Brazzaville.), *Appel à la jeunesse africaine. Contrat social africain*, Éditions Ccinia communication, coll. Sambela, 2007.

b) Daniel : un trait de caractère rigoureux (de la rigueur à la reconnaissance par les autres)

Bien que conduit en esclavage (en Babylonie sous Nabuchodonosor), Daniel est issu d'un milieu noble. Mais cette position sociale antérieure à sa captivité, ne fait pas de lui, un homme avide de faveurs et d'honneurs. Cependant, cette position sociale forge sans doute en lui un caractère d'intransigeance et de rigueur dans ce qu'il entreprend. Daniel refuse les faveurs du roi, il préfère mériter son ascension. La reconnaissance de ses talents par les autres viendra de son refus du favoritisme. Dans les deux cas, les situations-tests survenus au cours de leur parcours migratoire, les ont conduits à l'émergence dans les postes-clés de la société. La résilience, la foi, la rigueur et le professionnalisme, quelles que soient les difficultés de l'immigration, sont favorables à une meilleure intégration.

3. Les clés de l'intégration

L'intégration nécessite de s'inventer et se réinventer continuellement. L'acquisition d'un nouveau statut incluant un changement de nom dans le cas de Joseph et Daniel, démontre la volonté d'intégration de ces personnages, tout en gardant leurs valeurs culturelles. L'intégration de l'immigrant n'est donc pas une perte de ses valeurs, mais un gain qui vient s'ajouter aux valeurs du pays d'accueil.

4. Des leçons pour la diaspora d'ici

Les leçons que l'on peut tirer des parcours de ces deux personnages sont d'un ordre moral et de l'ordre de l'action; d'une part, envers la société d'accueil et, d'autre part, entre membres de la diaspora.

Le statut d'immigrant ne devrait pas être un prétexte à une implication inexistante ou timide aux « affaires » canadiennes. Les valeurs culturelles, lorsqu'elles sont conservées en lien avec le respect de la loi du pays d'accueil ne sont pas non plus un obstacle à l'émergence d'une communauté immigrante active dans l'espace public. L'égoïsme, la dispersion, l'individualisme, le non-respect de la parole donnée, une soif de pouvoir démesurée, minent la diaspora d'ici. Celle-ci, propose l'auteur, doit se décloisonner, se discipliner, mériter son émergence sociale, politique, en ayant un ancrage social solide.

II. Les immigrants francophones de l'Alberta. Entre ici et là-bas. Par Marlyse Anakeu, Baccalauréat Ès Arts, Sciences politiques et sociologie. Intervenante jeunesse dans le domaine de l'entrepreneuriat.

Les réalités africaines sont toujours présentes même si nous vivons au Canada. Les problèmes de l'Afrique contemporaine, partant du colonialisme au pillage des ressources du continent, en passant par les crises politiques et sociales, habitent les esprits et les vies des Africains des diasporas occidentales. Face à ces situations, d'autres choix s'offrent aux Africains, que de sortir du continent. Les Africains se tournaient avant vers la France. Depuis quelques temps, la situation tend à changer. Le Canada met en place une immigration ciblée. La plupart des immigrants (50%) font partie de la catégorie économique.

Les immigrants francophones en Alberta :

Comment sont-ils accueillis ? 45% sont accueillis par la famille. Un tiers de ces personnes disent être satisfaites de leur accueil. Plusieurs éprouvent des difficultés de divers ordres, notamment celle de se loger. Cette situation invite à réfléchir sur la nécessité de créer des ponts entre la société d'accueil et les immigrants, à travers l'éducation des familles dans différentes organisations pour les sensibiliser et les former face aux difficultés liées à la scolarisation des enfants, l'importance de leur implication dans l'éducation de leurs enfants, etc.

L'on peut aussi souligner le problème de la non reconnaissance des acquis scolaires et professionnels des nouveaux immigrants. Ce qui est un fait contradictoire alors que plusieurs immigrants sont sélectionnés à partir de ce critère, et donc, font partie de la catégorie socio-économique de l'immigration. À ces difficultés, l'on peut ajouter le manque d'expérience, les difficultés culturelles (discontinuité culturelle),… tous ces problèmes font de l'intégration des nouveaux arrivants, un parcours du combattant.

Les conséquences :

En effet, les faits présentés ci-dessus conduisent entre autres au constat suivant : le manque de modèles (figures, personnes à qui s'identifier) pour les jeunes des communautés noires.

Aussi, le taux de chômage est sensiblement le même pour les immigrants qui ont été formés au Canada que ceux qui arrivent diplômés. Cette situation conduit les immigrants à occuper des postes de subsistance pour nourrir leurs familles, ce qui fait écho au manque d'implication dans l'éducation de leurs enfants (implication aux réunions des parents, etc.) par manque de temps, auquel s'ajoutent des horaires de travail atypiques et non fixes. Cette situation de surcharge professionnelle et de manque de temps conduit à un faible investissement dans l'éducation des enfants et de ce fait, à la vie de la cité, à la vie de leur communauté d'accueil.

Alors, une hypothèse se dégage : l'absence d'implication d'un groupe social a un lien avec la situation socio-économique de ce groupe, en plus du fait que la précarité nuit à l'éducation des enfants. Ainsi, nous retenons que, bien que plus formés que la moyenne canadienne, les immigrants rencontrent des difficultés qui n'encouragent pas leur engagement social et politique.

Autres facteurs : les immigrants s'enferment au sein de leur communauté (communauté du pays d'origine) ; l'activisme politique est souvent remplacé par l'engagement religieux dans des églises afro-chrétiennes de réveil, les aveuglant face à l'action dans la cité, dans les affaires publiques ; une mauvaise foi des employeurs, un manque de moyens économiques pour créer des milieux de réflexion, et de discussion comme des centres culturels des communautés africaines et noires.

De ce fait, le milieu communautaire, à travers les organismes communautaires, culturels et de loisirs, tient une place fondamentale. Ces organismes tiennent la place de lieux d'accueil, de référence et d'orientation des immigrants à leur arrivée et partant, des lieux l'intégration. Le besoin de modèles, de « porte-parole » pour notre communauté. L'école étant aussi un lieu d'intégration, d'où l'importance de l'implication des enseignants et des responsables d'école, mais en premier lieu, celle des ministères de l'éducation, donc des gouvernements.

IV. Relecture de ma participation aux élections municipales de Montréal en 2009. Quelles leçons pour les jeunes Noirs ? Par Judith Houedjissin-Cardin. Politologue, écrivaine et ancienne candidate aux élections municipales de Montréal (2009). Membre du CERCLECAD.

Les raisons de son engagement

Judith Houedjissin-Cardin est née au Bénin, d'un père politicien. Mais c'est aussi sa rencontre avec d'autres personnes engagées (homme politique) au Canada, qui lui redonne le goût de se lancer en politique. L'auteure nous enseigne par le témoignage de son parcours personnel que tout part des convictions. Ce sont donc ses convictions qui la poussent à se questionner sur ce que l'on fait pour les immigrants qui arrivent en grand nombre à Montréal.

Son intervention prend la forme d'un témoignage autobiographique de son parcours personnel. L'auteure nous partage ses convictions, son expérience, ses illusions passées face à la réalité des efforts d'une candidate issue de la communauté noire sur le terrain. Elle part donc de ces constats pour tirer des leçons et suggérer des conseils à tous ceux qui souhaitent se lancer en politique, mais son message est surtout un message d'espoir, de persévérance et un appel à l'investissement de la sphère politique par les Noirs(es) du Canada. C'est dans ce sens qu'elle suggère qu'une fois le choix du parti fait, il faut choisir un comté. Aussi, faut-il faire attention de choisir un comté dans lequel le parti peut remporter des voix, mais pas seulement un endroit qui nous tient à cœur. La stratégie et les convictions ne font donc pas mauvais ménage. Soucieuse de la situation qui promeut dans ce secteur de Montréal, ainsi qu'aux conditions de vie de la population, Judith Houedjissin choisi Montréal-nord comme terrain de campagne.

La réalité sur le terrain

Montréal-Nord est un arrondissement constitué d'une communauté noire importante, vivant dans la pauvreté, la précarité, et qui fait souvent l'objet de l'actualité, du fait de sa supposée (selon l'auteure) violence, criminalité, etc. C'est donc un lieu souvent fréquenté par les représentants des forces de l'ordre. Ce qui laisse aisément deviner la relation difficile entre la population (surtout les jeunes) et la police, donc de toute figure d'autorité de l'État. C'est certainement cette situation difficile qui rend cette population sceptique et qui explique le désintéressement total constaté, de la part de la communauté, un désespoir face à la politique, aux politiciens. Cette confiance brisée en l'État (et ses représentants) a donc rendu les choses plus compliquées que l'auteure ne le pensait. Se disant qu'étant elle-même Noire, immigrante, la population lui ferait confiance ou du moins s'intéresserait un peu plus non seulement à sa candidature, mais au fait de s'impliquer dans l'avenir de leur arrondissement.

La réalité sociale

Cet arrondissement de Montréal étant un secteur défavorisé, les jeunes noirs ou immigrants surtout sont souvent identifiés comme faisant partie de gangs de rue. Cet qui ne serait pas tout à fait la réalité. En fait, ces jeunes ont pour habitude de rester dans les rues en groupe. C'étaient des jeunes qui vivaient des difficultés, et qui trouvaient des modèles en des rappeurs américains. D'où leur désamour de la politique et de la police.

Comment expliquer la non implication des Noirs en politique?

a) Le facteur économique (bien que qualifiés, la situation économique des immigrants reste précaire, difficile) ;

b) Les politiques d'immigration véhiculent des valeurs contraires (donne-t-on les moyens aux immigrants d'évoluer?) ;

c) Au sein des partis, bien que certains soient sensibles à la situation des Noirs, ces partis ne positionnent pas toujours les candidats noirs là où il faut. L'auteure évoque ici le « marketing politique» qui va au-delà de l'hypocrisie, ne positionnant pas les candidats noirs, pour récupérer des voix là où ils peuvent gagner. Une sorte de stratégie bien pensée, qui consisterait à mettre en avant ou moins en vue des candidats des communautés noires, lorsque la situation leur est propice.

Face à cette attitude, une question se pose alors : les Canadiens sont-ils prêts à accepter des élus noirs en majorité à la chambre des communes, au parlement, etc.? La réponse est oui, selon l'auteure. Pas tous, mais certains sont prêts, car curieux de voir de quoi sommes-nous capables. Une occasion pour eux, de confronter ainsi le savoir-faire de candidats issus des communautés noires aux images véhiculées par les médias, par exemple. Donc lançons-nous!

Car s'il n'y a personne qui s'implique, qui portera nos voix ? Il faudrait aussi, faire changer les choses auprès des employeurs pour montrer l'immigrant comme un atout et non un obstacle à la vie citoyenne.

Conseils et leçons à tirer

Ne pas se laisser aller à la fatalité. Il est à noter aussi que la solidarité communautaire est manquante. La division est présente et l'on se questionne sur ce que la communauté africaine est prête à faire pour s'imposer, dans la mesure où les partis politiques ne sont pas toujours ouverts. Que manque-t-il aux Africains immigrants : l'audace d'exister, de prendre leur destin en mains (dans le domaine politique et dans la vie active), en laissant de côté les considérations tribalistes de nos pays. Être conscients que les autres nous observent. L'éducation aussi bien académique que familiale est primordiale et les parents doivent relayer cet amour pour l'éducation. Ainsi les Afro-Canadiens doivent agir pour voir changer les choses!

Les 4 interventions ont donc ceci en commun : la redéfinition de notre identité ; la valorisation de notre identité et de nos valeurs ; l'intégrité ; l'éducation au cœur du processus d'intégration ; la solidarité communautaire au-delà des considérations nationales ou tribales ; le dépassement (passer d'une situation pénible en la transformant en quelque chose de positif) et l'espoir.

V. Les politiques américaines d'inclusion des minorités : leçons et pistes d'action pour la communauté afro-canadienne. Par Papa Samba Ndiaye. PhD en Études politiques, Université d'Ottawa, chercheur.

Papa Samba Ndiaye, débute son intervention en demandant à l'assistance, si elle connaissait le nombre d'immigrants africains ou noirs au Canada. La réponse est sans équivoque face au silence de la salle. Un premier constat est donc établi : nous ne connaissons pas, ou plutôt, nous nous intéressons peu aux écrits et aux données qui concernent notre communauté. Ensuite, pour introduire son sujet (il se penchera surtout sur la communauté afro-canadienne de la région d'Ottawa-Gatineau), M. Ndiaye évoque le Guide d'intégration des immigrants publié par la ville de Gatineau, qui fait polémique lors de sa sortie à l'automne 2011.

Pourquoi ce sujet ? Considérant que (et les faits le montrent bien) derrière une révolution ou du moins un changement il y a des personnes qui ont arrêté de se taire pour agir. Il donne l'exemple de l'élection du premier chef d'État noir des États-Unis : Barack Obama. La mobilisation des personnes de la communauté a participé à son accession au pouvoir suprême. Refléter la diversité du pays, c'est non seulement être présent physiquement, mais occuper des postes de décisions. C'est donc à partir de l'évolution des mentalités, de l'activité, voire l'activisme des Afro-Américains et des décisions politiques américaines qui en découlent, que part Papa Samba Ndiaye pour essayer de proposer des leçons et pistes d'action pour la communauté afro-canadienne. Cette intervention est inspirée de la thèse doctorale de l'auteur.

Portrait de l'immigration afro-canadienne dans Gatineau

Définition de « Noirs », définition tirée de la colonisation, de la volonté de hiérarchisation, qui s'est imposé et que nous utilisons quelques fois sans trop y penser. Nous sommes Africains, et non pas Noirs. 800.000 africains au Canada. À Gatineau, cela représente un peu plus de 5000 personnes.

Théories d'inspiration de son travail

L'auteur revendique un ancrage dans les théories postcoloniales, c'est-à-dire les théories nées en réactions aux politiques coloniales ; le moment de la grande herméneutique : réaction, réveil des intellectuels.

Politiques américaines d'inclusion

Ces politiques sont le résultat des *mouvements des droits civiques*, nés dans les années 1960. De nos jours, l'on dénombrerait plus de 10.000 élus afro-américains aux USA (prendre en compte la population totale des USA). *La politique « d'affirmation action »* aussi traduit par « discrimination positive » s'appliquant à l'éducation. En permettant aux personnes des quartiers pauvres de choisir d'aller dans les écoles hors de leur secteur géographique. Ce qui a permis une nouvelle visibilité_physique, mais aussi politique.

Les leçons à tirer

Le combat pour l'égalité est un combat long et pénible. Le Cerclecad doit aller au-delà des conférences, pour aller vers des recherches en montrant des modèles de réussite des personnes de la communauté africaine. Travailler sur notre visibilité et notre réputation. Peser sur les choix politiques… comment ? En s'impliquant politiquement au sens large : commissions scolaires, conseils d'administration, élections municipales, etc.; coopter les personnes qui portent l'Afrique dans leur cœur (anciens ambassadeurs, députés, maires, etc.), des gens qui sont disponibles et disposés pour apporter leur pierre (exemple des fonctionnaires qui gèrent des subventions pour le développement en Afrique) afin de bâtir des partenariats solides.

Participer au discours public en prenant position face aux grands enjeux qui interpellent la société d'accueil… comment ? En pesant sur le discours public. L'exemple de la communauté juive aux États-Unis est aussi parlant qu'encourageant. En définitive, l'immigration est une tendance de fond dans les sociétés industrialisées. Cependant, les immigrants africains au Canada sont encore aux marges de la société d'accueil. Nous pouvons nous inspirer de l'exemple des politiques d'inclusion américaines. Cette conclusion invite alors la communauté afro-canadienne, notamment intellectuelle, mais pas seulement (la participation sociale ne devrait pas être élitiste) à prendre le temps d'observer ce qui se fait dans d'autres sociétés, d'analyser et de construire des stratégies applicables dans le contexte canadien. Il n'y a donc nul doute que l'action ou la participation sociale (au sens de Touraine) est primordiale pour voir les situations et les conditions changées.

VI. La politique est-elle interdite aux Noirs ? La revendication des Afro-Français pour une investiture aux élections en France. Par Abdoulaye Gueye, Professeur au département de Sociologie, Université d'Ottawa.

L'auteur procède par un rappel historique de la situation des Noirs dans un domaine précis, en analyse les causes, le cheminement et discute son évolution.

1989 : un homme d'origine africaine, Koffi Amnian, étudiant en France métropolitaine a été élu premier maire noir d'une ville de 300 personnes. Son élection coïncide avec le bicentenaire de la révolution française. En 1997, il est élu député PS. Il est de ce fait considéré comme étant un exemple de l'intégration française réussie. En 2007, c'est au tour d'une noire Guadeloupéenne d'être élue députée.

Sociologie des Noirs de France

Convaincus que la visibilité des Noirs, passent par une présence dans les médias, des organisations comme le CRAN et Collectif égalité, décident, à la fin des années 1990, de mener des actions afin de remédier au problème de la faible visibilité des personnes issues des communautés noires. Pourquoi ont-ils cru à la revendication de quelque chose ? Parce que l'histoire des Noirs est jalonnée de luttes ; que la formation (d'une communauté respectée et prise en compte) repose sur l'existence d'une élite ; que la réalité méritocratique (ils ont été formés en France, plus diplômés que les nationaux, etc.) leur permet de se reconnaître le droit d'agir. Avant (dans les années 50-60), l'immigration des Noirs était une immigration temporaire. Mais dans les années 90, les immigrants se sédentarisent en France. Beaucoup d'enfants naissent en France (à qui on ne peut dire « rentre chez toi »).

Ce sont là des éléments qui ont préparé l'émergence de ce mouvement. Les acteurs de ce mouvement vont commencer par une visibilité à la télévision (journalistes). À ce propos, Jacques Martial expliquera dans une *interview* accordée en 2000 au magazine *Africultures* : « Le Collectif est né à l'initiative de la romancière Calixthe Beyala qui, l'an dernier, devant le silence et face au vide auquel nous étions confrontés, a intenté une procédure contre le gouvernement français pour racisme, arguant que les minorités visibles, et notamment, les Noirs (car plus on est Noir, plus on est invisible), n'étaient pas assez représentées à la télévision[99] ». C'est le premier champ de bataille.

Comment vont-ils procéder?

Par une compagne de boycott des téléphones Bouygues initié par Calixte Beyala avec Collectif égalité. Bouygues étant un grand distributeur de téléphonie et entrepreneur immobilier, aussi présent dans les pays africains. Cette mobilisation a abouti à une convocation pour discussion. Un long cheminement jusqu'à l'arrivée des journalistes, comme Audrey Pulvar, Patrick Fondjo, Harry Roselmack, etc. sur les chaines de télévision françaises.

Mais pourquoi avoir choisi le média télévisuel?

La réponse se trouve dans ce que représente la télévision en tant qu'institution, mais aussi, en tant que véhicule de la réalité sociale. La première fonction de la télévision est d'informer, selon Bourdieu. Informer, c'est donner forme à un matériau chaotique. Si on ne voit pas les Noirs à la télévision, dans l'imaginaire de la population cela signifie qu'un Noir ne peut pas être français, qu'il n'est pas visible, donc certainement pas admissible à occuper un emploi de journaliste à

---

[99] Autour du «Collectif Égalité». Entretien de Sylvie Chalaye avec Jacques Martial., Paris, février 2000. http://www.africultures.com/php/index.php?nav=article&no=1321.

la télévision. Le deuxième champ de bataille ciblé est le milieu politique. Une lutte portée et engagée par *Afrique agora*. La démarche : pour que les Noirs soient pris en considération, il faut qu'ils soient vus, votent, s'engagent en politique. Avec le slogan « Voter, c'est compter », les initiateurs encouragent des jeunes « ambassadeurs » mobilisateurs issus de la communauté noire pour sensibiliser les Noirs. Le CRAN ira aussi dans le même sens. Pourquoi la politique compte ? Car c'est l'espace par excellence de l'expression de la nation. Le but sera donc d'habituer les gens à la présence des Noirs. Des Noirs présents c'est normal.

Quels obstacles ces Noirs doivent faire tomber pour accéder aux postes de décision?

En France, la politique est une activité professionnelle. Ce qui lui donne un côté prestigieux et élitiste. L'ENA, après Science Po, est le lieu sélectif d'apprentissage de la « politique ». Une fois la formation acquise, pour se lancer, il faut aussi prendre en compte l'adoubement du parti en politique : à qui accorde-t-on le soutien politique. Cependant la situation socioéconomique fait en sorte que ces Noirs n'ont pas de temps à donner au parti : après de longues heures de travail, dont ils ont extrêmement besoin pour vivre, ils ne peuvent pas se permettre ce loisir. En définitive, compte tenu de la situation socioéconomique et de la structure des institutions, on peut affirmer que les Noirs sont interdits à l'engagement politique. À la fin du colloque, des suggestions ont été proposées par les participants, parmi lesquelles :

- Créer un groupe de réflexion sur des actions politiques concrètes adaptées au contexte canadien ;
- Impliquer les autorités des pays africains d'origine, en invitant des ambassadeurs (diplomates) aux rencontres du Cerclecad;
- Créer une liste de références théoriques, empiriques, d'ouvrages d'auteurs Africains.

Chap X
Les immigrants francophones de l'Alberta, à cheval entre deux continents: de la difficulté de se faire voir et une intégration pénible

Par Marlyse Anakeu-Ekassi[100]

Alors que Pierre Elliot-Trudeau déclarait haut et fort que le Canada avait pris près de 75 ans d'avance sur le reste du monde en matière de multiculturalisme, à l'heure actuelle, nous ne pouvons nous empêcher de nous poser la question de savoir si l'histoire n'a pas fini par nous rattraper ? Le multiculturalisme, ça sonne bien, mais après ? L'égalité peut- être ? … Faut bien rêver !

Dans ce Canada d'aujourd'hui, qui veut vraiment parler de multiculturalisme, quand les textes clament, mais les portes se ferment ? En tout cas, pas la communauté immigrante. *Qui a le temps* ? Vous dira t-on. *À quoi cela sert- il* ? Ajoutera quelqu'un d'autre.

Le temps, c'est que la plupart des Canadiens n'en ont point. Encore moins les immigrants. Mais c'est qu'il y a tant à discuter. On pourrait, si l'on ne veut pas parler de multiculturalisme et laisser les morts où ils sont (RIP Pierre Elliot-Trudeau), évoquer par exemple quelques uns de nos problèmes sociaux actuels. Des problèmes, c'est qu'il n'en

---

[100] Marlyse Anakeu Ekassi possède un Baccalauréat en sciences politiques de l'Université de l'Alberta et une expérience en assistanat de recherche. Elle a occupé un poste d'intervenante jeunesse et anime un blog sur le site d'un cours de Géopolitique de l'Université à distance de l'Université du Québec à Montréal (Téluq). Elle est présentement la coordonnatrice du programme pilote de mentorat Grand -frère Grande -Sœur de Outaouais (GFGSO) et YouthCan (Gatineau). Marlyse Anakeu s'est impliquée auprès du Comité de Justice sociale de la Paroisse St Thomas à Edmonton, Grands frères, Grandes sœurs du Canada, Paix et Développement et bien d'autres. La liste exhaustive des travaux publiés ou en cours avec l'équipe de recherche pour le compte de l'Université de l'Alberta, Métropolis, ou d'organismes communautaires albertains (ACFA, Centre d'accueil et d'Établissement d'Edmonton, Alliance jeunesse famille of Alberta Society, Edmonton Immigrant Society Association etc.) est disponible sur le site de l'Université de l'Alberta. Les principaux sujets traités dans les dits travaux sont entre autres : les communautés noires francophones de l'Alberta, la santé mentale des ressortissants de l'Afrique noire en Alberta, l'intégration du marché du travail, les églises africaines d'Edmonton etc.

manque pas ! On pourrait, pourquoi ne pas se pencher sur les déboires des communautés noires vivant sous les cieux canadiens. On évoquerait certainement la précarité des conditions de vie des dites communautés, sinon la pauvreté chronique devenue le manteau de la population noire- canadienne. Oui, voilà un problème grave : dont on peut définitivement en discuter, ou du moins en prendre conscience.

Parler de leurs préoccupations, mais, encore faut t-il qu'on puisse les voir ! Minorités visibles pourtant, mais où sont-elles ? En réalité, sur la place publique canadienne, mais hélas, les Africains répondent aux abonnés absents. Ils ne sont point là, ne s'impliquent point, ne s'engagent point, ne s'en mêlent point. Voilà des gens qui ont un urgent besoin de représentation, et ne s'en encombrent pas ! Et aux autres les places dans les conseils municipaux ! Aux autres les sièges au Senat ! Aux autres la colline parlementaire ! Aux autres le service dans les corps policiers, dans la Gendarmerie Royale et dans les Forces Canadiennes !

Mais où est le problème ? Car il y a bien un problème. Les Noirs vivent –ils dans des conditions socio- économiques honteuses parce qu'ils ne sont pas représentés, ou ne se donnent-ils pas la peine de courir après une représentation parce qu'englués dans un quotidien gris, ils auraient attrapé le virus de la résignation ? Mais comment expliquer cette absence totale des immigrants d'origine africaine sur la place publique canadienne ? Et, comment rompre le silence de cette communauté qui ne sait pas faire foule ?

Comment s'attaquer à un problème si l'on ne cherche pas à comprendre quelles sont ses causes ? Pourquoi parler d'implication à une communauté qui se bat encore contre les ombres du pays natal ? Comment chercher le fruit si l'arbre n'a jamais fleuri ? De cette quasi absence des nôtres, il ne suffit pas seulement d'en parler, de constater, mais il faut surtout chercher les causes profondes d'une pénible intégration. Qu'y a-t-il à voir ici qui empêche l'éclosion de l'amour de la chose publique ? Ici, la principale hypothèse (on tourne toujours en rond!), est la situation de pauvreté chronique de la population noire du Canada.

Pour nous, n'en déplaise aux tenants de cette dernière hypothèse, nous affirmons que l'explication est plus loin. Tout commence depuis le pays d'origine. Les provinces, entre autres, impriment de belles brochures, et accoutrent leur coin de pays de parures mensongères. Oui, c'est à ce moment que, avant même de fouler le sol de ce pays, le Canada est présenté aux malheureux candidats à l'immigration comme la terre promise. Mais sur place, de « promesse », elle devient « calvaire ». La réalité rattrape très vite le nouvel arrivant. Voilà un constat initial, sommaire, et les questionnements qui en jailliront serviront de base à notre argumentation. Et sans surprise, les principales questions de la dite réflexion seront : si les Noirs ne sont ni dans les législatures, ni au Parlement, encore moins n'ont jamais compté un des leurs logé au 24 Sussex Drive à Ottawa, où sont-ils ? Et pourquoi ?

Notre argumentation sera articulé sur trois axes : les informations reçues sur le Canada depuis le pays d'origine, les raisons qui amènent à privilégier le Canada comme pays d'immigration, les conditions socio- économiques des immigrants noirs au Canada (cas des communautés noires francophones en Alberta). Ici, seront abordés des éléments tels que l'accueil, les relations avec la communauté d'accueil, les conditions de vie, le religieux, et l'implication politique. Enfin, l'intervenante avancera une hypothèse sur des raisons pratiques qui pourraient expliquer l'absence de cette tranche de la population albertaine sur les devants de la scène publique de cette province des Prairies canadiennes.

I- Sur les routes de l'exil

A. La crise postcoloniale négro- africaine

Dans quel contexte les Africains quittent-ils leur continent pour se retrouver en Europe, aux États-Unis, ou encore, au Canada ? Pour ausculter la situation de l'Afrique contemporaine, oublions un tant soit peu les siècles d'esclavage, les luttes anticoloniales, la colonisation, la décolonisation, le néocolonialisme, l'exploitation scandaleuse des richesses de ce magasin- continent (dans lequel tout le monde prend mais personne ne paie), la pauvreté, les problèmes d'insalubrité, les ravages du SIDA et du virus VIH, la sécheresse, l'invasion chinoise dans les marchés africains etc. et parlons plutôt en général de la crise postcoloniale contemporaine des sociétés africaines. Dans son dernier ouvrage paru chez L'Harmattan, Benoît Awazi Kungua parle de celle-ci comme d'une crise qui : « se manifeste par le télescopage de deux dynamiques historiques que sont la période postcoloniale et la mondialisation néolibérale. La première phase de cette mondialisation peut remonter au XVIème siècle avec l'insertion instrumentaliste de l'Afrique dans le commerce triangulaire...la gestion calamiteuse des États postcoloniaux par des régimes prédateurs et tyranniques débouche logiquement sur l'évanouissement des structures productives...et la mise en hibernation des économies africaines insignifiantes face aux logiques compétitives, véloces et spéculatives de la nouvelle économie numérique »[101].

La crise africaine on le voit est historique. Et nous n'avons nullement pour ambition ici de trouver les voies de sortie de cette crise. Que le lecteur comprenne que l'ouvrage de Benoît Awazi Mbambi Kungua nous permet de localiser les origines de celle-ci, mais aussi, de voir les travers (post-colonisation, mondialisation néolibérale) par lesquels cette crise s'est aggravée et pourquoi on parle aujourd'hui non pas d'une Afrique noire qui serait mal partie[102], mais qui va carrément mal. En effet, de l'Est à l'Ouest, du Nord au Sud, les populations du berceau de l'humanité quittent leurs pays respectifs pour des aventures migratoires incertaines dans le prétendu « eldorado » européen ou nord-américain qui subit de plein fouet des conséquences économiques et sociales nocives de l'effondrement du capitalisme spéculatif néolibéral. Ces Africains et Africaines fuient les crises économiques (taux de chômage élevé, pauvreté et précarité économique etc.), sociales (tribalisme, favoritisme, corruption, manque de services sociaux, problème de la sorcellerie etc.) ou politiques (tensions entre États-voisins dues au tracé colonial des frontières n'ayant pas pris en compte les réalités historiques, conflits armés, violation des droits de l'Homme, problème de l'alternance politique, ''dictatures'', rivalités tribales en relation avec l'exercice du pouvoir etc.).

La Commission Économique des Nations Unies pour l'Afrique et l'Organisation Internationale pour les Migrations (OIM) estiment à 20 000 le nombre de professionnels qui chaque année quittent le continent noir[103].

B. Le Canada pays d'accueil

1. Un *Eldorado* pour les aventuriers du XXIème siècle

Ayant pendant longtemps occupé la première place comme terre d'exil des immigrants de l'Afrique noire, la France d'aujourd'hui est devenue (l'a-t-elle jamais été ?) bien peu accueillante pour les « cerveaux africains », et autres chasseurs de mirages en provenance de l'Afrique qui, au péril de leurs propres vies, sont prêts à braver vents

---

[101] B., Awazi Mbambi Kungua, *De la Postcolonie à la mondialisation néolibérale. Radioscopie éthique de la crise négro-africaine,* L'Harmattan, Paris, 2011, p.54.
[102] R. Dumont, *L'Afrique noire est mal partie*, Éditions du Seuil, Paris, 1962.
[103] *Idem.*

et marées, dans l'unique but d'échouer sur une quelconque côte européenne. Bien que cela s'applique à la plupart des pays d'Europe, l'intellectuel Camerounais Achille Mbembé a, il n'y a pas si longtemps, déclaré que : « La France n'est plus notre soleil[104] ». Et le professeur d'Histoire et de Sciences politiques d'ajouter lors de son entrevue au magasine *Le Monde* que : « La France n'est plus le pôle privilégié de l'immigration africaine en direction de l'Occident. Le nombre d'Africains qui ont pour objectif d'aller en France est très petit et va décroissant. Les discours français sur l'immigration africaine relèvent du fantasme… liés à la période que nous vivons, marquée par une rebalkanisation du monde, une redistribution planétaire très inégale des possibilités de mouvement… mais la France s'exprime en mettant la peur de l'immigré au service d'une politique raciste… »[105].

Contrairement à la France, la politique d'immigration canadienne n'est ni axée sur la peur de l'immigré, ni sur la limitation du mouvement que ce soit depuis le pays d'origine en direction du Canada, ni dans le territoire canadien. Le Canada est présenté aux candidats à l'immigration comme l'un des trois meilleurs pays pour la qualité de vie, une terre dont les habitants ont une espérance de vie élevée et un pouvoir d'achat enviant, un coût de vie abordable, des services publics développés et accessibles, un milieu de vie sécuritaire, une société multiculturelle et multilingue, un pays démocratique et stable, en plus doté d'une économie vigoureuse synonyme de création d'emplois[106].

En clair, en choisissant le Canada, le professionnel qui quitte son pays s'apprête à aller vivre le rêve canadien, soit : « L'un des meilleurs pays pour vivre … 9e rang des pays pour le niveau d'achat… revenu par habitant $ US 333375… soins médicaux universels et gratuits… programmes d'aide aux familles, soutien à la retraite… programmes de soutien au revenu qui protège les citoyens… »[107].

2. Une politique d'immigration ciblée

Le Canada s'est tourné vers l'immigration comme réponse aux besoins de la main d'œuvre. Les immigrants que le Canada attire se

---

[104] P. Bernard, « *Achille Mbembé : La France n'est plus notre soleil* », Le Monde du 17 octobre 2011.

[105] *Idem.*

[106] *Qualité de vie*, consulté sur www.seminca.com.

[107] *Idem.*

retrouvent pour la plupart dans la catégorie économique (majoritairement des travailleurs qualifiés et des gens d'affaires). En s'appuyant sur les données de Citoyenneté et Immigration Canada (CIC), la Société d'Immigration et d'Investissement au Canada (SIMINCA), révèle que : « Le Canada accueille près de 250000 immigrants par an…en 2006… a accueilli prés de 25000 nouveaux immigrants dont : 55% de la catégorie Économique… 28% de la catégorie de la catégorie Famille[108] » »

La politique de l'immigration sélective du Canada demeure d'actualité. Les données de Citoyenneté et Immigration Canada (CIC) révèlent qu'en 2010 par exemple, prés de 25% de résidents permanents d'origine africaine sont des immigrants économiques[109]. Dans le tableau intitulé *''Canada – Résidents permanents selon la catégorie et la région d'origine, 2010 (répartition en pourcentage) ''*, les autres catégories d'immigration prises en compte sont : Regroupement Familial, Réfugiés, et autres Immigrants.

De plus, dans ce même rapport, le CIC définit la catégorie « immigrants économiques » en ces termes: « Résidents permanents sélectionnés en raison de leurs compétences et de leur capacité à contribuer à l'économie canadienne. La catégorie des immigrants économiques comprend les travailleurs qualifiés, les gens d'affaires, les candidats des provinces ou des territoires, les aides familiaux résidants et la catégorie de l'expérience canadienne »[110].

Au vu de tous les arguments recensés plus haut, il n'est pas étonnant que le Canada soit devenu une promesse d'avenir meilleur pour les Africains francophones. Le pays de Pierre Elliot Trudeau, quelle lueur d'espoir pour ceux-là, diplômes, expérience, et langue française dans leurs bagages, décident de les déposer dans ce lieu que les Autochtones appelaient Kanata ! Très loin derrière eux, les immigrants reçus au Canada espèrent laisser leurs incertitudes sur des lendemains qui dorénavant (selon les promesses faites par les autorités canadiennes) devraient se faire plus rassurants.

---

[108] *Terre d'immigration*, www.siminca.com.

[109] *Faits et Chiffres*, Citoyenneté et Immigration Canada 2010, p.21.
[110] *Faits et chiffres 2010*, Citoyenneté et Immigration Canada, p.119.

C. Les immigrants francophones d'origine africaine en Alberta

1. Les structures d'accueil et les relations avec la communauté franco-albertaine

Dans notre article, notre définition de la communauté d'accueil franco-albertaine inclut les individus et les institutions franco-albertaines. Ceci tel que précisé dans *L'enquête sur l'immigration franco-albertaine*[111]. Les immigrants francophones quant à eux sont : «... les Francophones qui arrivent directement de l'étranger et à qui les autorités de l'immigration ont accordé le droit de résider au Canada en permanence ».[112]

Selon Franco-Voyageur cité dans une étude à la demande de l'Association Canadienne Française de l'Alberta (ACFA), 24% de l'ensemble des Francophones arrivés en Alberta depuis 1996 sont d'origine africaine[113]. En 2006, c'est un total de 12 530 immigrants francophones résidant en Alberta qui était originaire du magasin-continent[114]. Bien qu'on en dénombre une pléthore, les principaux besoins des nouveaux arrivants francophones en Alberta sont les services vitaux, l'information, l'intégration socioprofessionnelle, les écoles et les églises.

Sur 74 immigrants francophones ayant répondu à un questionnaire (portant sur les services d'accueil, d'aide à la recherche d'emploi, les services d'orientation ou de santé), plus de 54% sont satisfaits de l'accueil des nouveaux arrivants[115]. À préciser que près de 47% des répondants ont cependant été accueillis par les réseaux amicaux, ou la famille. Une faible proportion (un tiers) des immigrants francophones aurait reçu un service efficace une fois arrivée dans la prospère province qui célébrait son centenaire en 2005. C'est le soutien reçu pour la recherche du logement qui semble être plus problématique puisque : « Un total de 40,3 % des répondants ont indiqué que les services d'aide à la recherche d'un logement ne répondent « pas du tout » à leurs besoins »[116].

Parmi les suggestions des nouveaux arrivants pour améliorer les relations avec les franco- albertains, l'on peut parler de la mise sur

[111] *ACFA : Enquête sur l'immigration francophone en Alberta*, 2009, p.3.
[112] *Ibidem.*
[113] *ACFA : Enquête sur l'immigration francophone en Alberta*, 2009.
[114] *ACFA : Enquête sur l'immigration francophone en Alberta*, 2009, p.28.
[115] ACFA : Enquête sur l'immigration francophone en Alberta, 209, p.42.
[116] *Ibidem.*

pied de ponts entre les deux communautés (facilitation des échanges et rencontres entre les deux communautés), ou encore via l'école (poste de conseillers francophones), une orientation directe et personnalisée et un service à guichet unique (ou un centre multiservices).

2. Les ressources pour les immigrants francophones en Alberta

En plus des associations immigrantes par pays d'origine, l'on décompte en Alberta des organisations albertaines francophones (ou bilingues) qui interviennent auprès des immigrants. Leur principal domaine d'intervention est l'intégration (marché du travail, informations ou l'orientation vers les services disponibles). Quelques unes de ces organisations albertaines sont : Le Centre d'Accueil et d'Établissement d'Edmonton, Accès- Emploi (Edmonton), Alliance Jeunesse Famille de l'Alberta Society (AJFAS), L'Alliance Multiculturelle de l'Alberta (AMFA), L'Association francophone de Brooks, Mennonite center (Edmonton) etc. À cette liste non exhaustive, s'ajoutent des mosquées, temples et églises de réveil qui accueillent et participent à l'intégration des immigrants francophones en Alberta[117].

Quant aux associations communautaires immigrantes par pays d'origine, l'on recense plusieurs qui réunissent les ressortissants de la République démocratique du Congo (RDC), du Maroc, du Cameroun, du Rwanda, de la Guinée (non précisée), de la Côte d'Ivoire etc.

3. Les raisons de l'indifférence aux affaires politiques

A. La Non reconnaissance des acquis

Les immigrants de l'Afrique noire francophone, puisqu'ils font partie de la catégorie « immigrants économiques », arrivent au Canada en ayant préalablement une formation et /ou une expérience de travail. La non- reconnaissance des diplômes a abondamment été citée comme l'un des freins à l'intégration des personnes de diverses origines qui sont acceptées au Canada comme résidents permanents. C'est une situation à l'échelle canadienne, et hélas, les immigrants d'origine africaine établis en Alberta ne sont pas en reste. Même si d'autres éléments sont énumérés par les nouveaux arrivants francophones en Alberta comme barrières à l'intégration (le manque d'emplois en français ou le manque d'expérience au Canada), la non-reconnaissance des acquis est qualifiée de facteur « très déterminant » par 61,1% des nouveaux arrivants ayant rempli le questionnaire de

[117] *Ibidem.*

l'enquête de l'ACFA[118]. Dans la même enquête, 79,2 % des répondants de la communauté d'accueil francophone estiment également qu'à elle seule, la non-reconnaissance des acquis freine grandement l'intégration des immigrants[119].

Le savoir–faire ne serait pas universel, à en croire les barrières mises en place par les autorités canadiennes, puisque le savoir faire des immigrants de la catégorie économique est une non-valeur une fois au Canada. Guo et Guo (2007) se sont risqué à cette hypothèse : la dévaluation des acquis et de l'expérience des immigrants est imputable à la pratique consistant à supposer comme inférieur le savoir-faire en provenance des pays du tiers- monde. Piquemal et Bolivar (2009) ont noté que l'intégration professionnelle des immigrants francophones est rendue pénible en raison de facteurs tels que : la discontinuité culturelle ou le racisme, la non reconnaissance des diplômes ou dans certains cas le français comme langue minoritaire.

B. Une pénible intégration

Les organismes communautaires albertains ayant répondu au questionnaire de l'ACFA ont indiqué que d'autre part, le manque d'expérience de travail au Canada est problématique pour les immigrants francophones. L'on s'en doute, ce manque d'expérience intervient lorsque le nouveau résident albertain s'engage dans le processus de recherche d'un emploi. De plus, les différences culturelles, le manque de compréhension des nouveaux arrivants par la communauté d'accueil sont autant d'éléments à prendre en compte, puisqu'ils peuvent rendre caduc le processus d'insertion dans la société canadienne. Toujours selon la même étude, sont également à prendre en compte le manque d'ouverture à la communauté d'accueil, ou l'identité culturelle des immigrants.

Dans le cas d'une province abritant une communauté minoritaire francophone, en plus du problème de la non-reconnaissance des acquis scolaires et socioprofessionnels, s'ajoute forcément celui de la langue pour le nouvel arrivant francophone. L'anglais étant la langue de la majorité, son apprentissage devient un autre défi pour tout francophone, peu importe sa provenance, qui décide d'élire domicile à Morinville ou Spruce Grove (Alberta). Ne pas maîtriser l'anglais constitue un handicap majeur, que ce soit en termes de recherche

[118] ACFA : Enquête sur l'immigration francophone en Alberta, 2009, p.48.
[119] ACFA : Enquête sur l'immigration francophone en Alberta, 2009, p.72.

d'emploi ou de vécu quotidien. En effet, les emplois francophones, on s'en doute, sont rares, et convoités à la fois par la communauté franco- albertaine de souche, les migrants francophones, et les immigrants francophones.

Pour une famille originaire du Burkina Faso, s'installer à Calgary est loin d'être une partie gagnée d'avance. La bataille pour l'insertion dans la société canadienne est jalonnée d'épreuves (problème d'équivalence, difficultés à trouver un logement), de constats (distance entre la communauté d'accueil et la communauté immigrante) et d'équations difficiles (abandonner le rêve de poursuivre sa carrière ici au Canada ? Comment s'intégrer et intégrer les enfants dans cette nouvelle société ? Retourner aux études ou faire vivre sa famille ? Apprendre l'anglais avant de chercher un emploi ou occuper des positions subalternes le temps d'apprendre l'anglais ou de retourner aux études ?)

C. Les conséquences d'un potentiel mal utilisé

Hong (2006) constatait déjà que l'on retrouve une faible proportion de ressortissants des groupes de minorités visibles occupant des postes de responsabilité dans les grandes corporations canadiennes. Ce constat (qui s'applique à l'ensemble de la situation des immigrants au niveau professionnel) selon Hong empêcherait la société canadienne de profiter du potentiel productif des immigrants, conduisant immanquablement à la perte d'un capital humain considérable.

Les minorités visibles au Canada, (et cela n'est pas l'exception des Francophones d'origine africaine établis en Alberta), qu'elles aient été formées au /ou hors du Canada, sont logées à la même enseigne dès que vient pour elles le moment d'intégrer le marché du travail canadien. S'appuyant sur un rapport de Statistiques Canada, un article de *CyberPresse* rapporte que : «... même les immigrants diplômés des universités canadiennes ont un taux d'emploi inférieur à celui des Canadiens de naissance. Entre 2002 et 2007, quelque 28 000 immigrants … ont obtenu un diplôme au Canada. Malgré une formation canadienne, le taux d'emploi de ces immigrants en 2007 était de 75,3 pour cent - comparativement à 90,7 pour cent pour les Canadiens de naissance »[120]. En 2006, le taux de chômage chez les

[120] Les immigrants diplômés trouvent moins d'emplois, *www.cyberpresse.ca.*

immigrants nés en Afrique s'élevait à 20,8%, tandis qu'il tournait autour du 5% chez les personnes nées au Canada[121].

Dans l'impossibilité de trouver un emploi dans leur domaine de formation, ou après un retour aux études pouvant s'avérer peu bénéfique (en rapport à la difficulté à intégrer le marché du travail), la plupart des immigrants n'ont d'autre choix que de se tourner vers des emplois de subsistance.

Revenant sur les constats d'autres auteurs Boulet et Boudarbat (2010) expliquent qu' : « En plus d'entraîner une détérioration de leur situation économique, le problème de la reconnaissance des acquis professionnels étrangers mène les immigrants très qualifiés vers des emplois exigeant peu de qualifications[122] ».

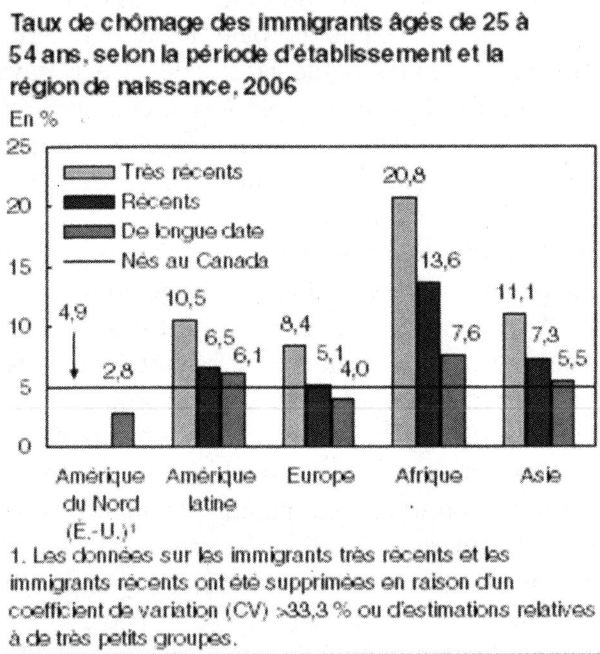

Tableau 1 : Source : Statistiques Canada[123]

Les « cerveaux africains » au Canada, ce sont des intellectuels, des PhD, des cadres, des infirmiers, des ingénieurs, des physiciens qui

[121] *Étude : Les immigrants sur le marché canadien du travail en 2006 : analyse selon la région ou le pays de naissance,* Statistiques Canada (2008).

[122] - M. Boulet et B. Boudarbat, *Un diplôme postsecondaire canadien : Un tremplin. vers des emplois de qualité pour les immigrants ?*

[123] - *Étude : Les immigrants sur le marché canadien du travail en 2006 : analyse selon la région ou le pays de naissance,* Statistiques Canada (2008).

vous servent des *Happy Meals,* la mine crispée chez MacDo, surveillent la cuisson des galettes de viande chez Dairy Queen ou du poulet frit chez KFC. Des docteurs deviennent des boutiquiers, des chauffeurs de taxi qui vous parlent d'inflation et d'indexation ou de chimie moléculaire. Ils nettoient les banques la nuit tombée, langent, soignent, soulèvent et dorment chez les « autres ». Chez Videotron, Bell, ou Telus, c'est eux à l'autre bout du fil. Ils rendent visite à leurs enfants ou à ceux des autres dans les prisons, chantent à l'église africaine le dimanche matin pour un moment se retrouver là –bas. Pour un instant se donner l'illusion que même si tout va mal, si l'on chante, tout ira mieux demain. Qu'à un moment ou un autre, le cauchemar canadien deviendra féérique. À nouveau.

Les immigrants économiques au Canada sont partout où leur force de travail est sollicitée, mais la paie reste dérisoire. Pas où ils devraient être si les gouvernements faisaient leur travail ou si les employeurs ne discriminaient pas sournoisement. Sous les roues de ce système capitaliste, (bien que les non-immigrants occupant les mêmes emplois le soient aussi), les immigrants brillent par leur absence dans les écoles de leurs enfants. Dans certains cas, les deux parents travaillent des quarts. En raison des contraintes temporelles, de la méconnaissance du système éducatif canadien, ou des difficultés linguistiques, les parents immigrants ne sont pas beaucoup impliqués dans les écoles, ce qui, comme le soulignent plusieurs études scientifiques, est néfaste pour la scolarité des enfants.

Selon Farmer (2008) la participation des parents immigrants à l'école est conditionnée par des obstacles d'ordre matériel (temps ou ressources) ou symbolique (les parents connaissent-ils le système scolaire, les normes et pratiques ?). Ce serait aussi le point de vue de l'école qui déterminerait le type de relation école- famille (immigrante) qui sera entretenu avec l'école[124]. Les familles immigrées sont celles qui seraient le plus « éloignées » de l'école.

La place de l'enfant immigrant, toujours selon Farmer (2008) au sein de l'école ou l'accès de ses parents à celle-ci, est entre autre déterminée par des facteurs tels que la langue, le statut d'immigrant, la situation socio-économique/ professionnelle, et le degré d'intégration dans la société d'adoption. En raison des arguments avancés plus haut, les familles immigrées sont celles qui, logiquement, se

---

[124] D. Farmer, « *Ma mère est de Russie, mon père est du Rwanda'' : Les familles immigrantes dans leurs rapports ave l'école en contexte de francophonie minoritaire* », p.8.

retrouvent le plus « éloignées » de l'école. C'est en fin de compte ces facteurs qui sont à prendre en compte au moment d'examiner les chances de réussite scolaire des enfants immigrants.

D. Hypothèse sur la faible participation des immigrants francophones d'origine africaine aux affaires politiques

Selon l'Encyclopédie Canadienne, la participation politique serait un acte volontaire visant à influencer des élections ou des prises de décisions politiques. Comme exemples de la participation politique, on peut citer : « se prévaloir de son droit de vote, se présenter comme candidat, tenter d'influencer les grandes lignes d'une politique ou chercher à obtenir des avantages pour quelqu'un dans un but précis[125] ».

René Rémond de l'Académie Française estime que la relation entre le citoyen et la politique est à double face. L'une de ces faces est subjective et est liée à l'idée que le citoyen se fait de la participation à la chose politique. Il est ici question de ce que la politique lui inspire, pour retranscrire tel quels les mots de l'Académicien. Dans le cas des immigrants établis au Canada, sans grand risque de se tromper, l'on peut avancer que les affaires publiques ne sont pas inspirantes, aucun espoir n'est porté sur la participation (elle-même rendue irréaliste par des conditions matérielles peu enviables).

La participation à la chose publique d'un groupe social est directement en rapport avec sa situation socio-économique. Pour comprendre l'absence ou le peu d'intérêt des immigrants, l'on ne peut fermer les yeux sur leurs conditions existentielles. Que ce soit dans les Prairies ou dans l'Est, le son de cloche est le même : des personnes se retrouvent à occuper des postes pour lesquels ils sont surqualifiés. La frustration qui découle de cette situation économique mal aisée peut être un frein à la contribution à la société d'accueil.

Au Canada, une grande proportion de la population immigrante est concernée par le problème de la pauvreté. Statistiques Canada rapportait par exemple que depuis 2009, de plus en plus de personnes nées en dehors du Canada vivaient avec un revenu sous le seuil du faible revenu. Ceci ne serait pas nouveau, puisqu'en : « … 2000, 39 % de la population africaine au Canada avaient des revenus sous le seuil de faible revenu, comparativement à 16 % dans l'ensemble de la population canadienne[126]…».

---

[125] L'Encyclopédie Canadienne.

[126] *La communauté africaine au Canada 2007 - Numéro 10 : Points saillants*, StatCan.

Harell, Panagos et Matthews (2009) se sont intéressés au faible taux de participation des populations autochtones aux élections fédérales. Ces chercheurs parlent du désavantage économique de ces populations par rapport au reste des autres communautés canadiennes. Le désavantage sur le plan des ressources socioéconomiques ne serait pas seulement économique ou social. Il s'étendrait jusque sur l'arène politique. Plus une communauté est moins avantagée sur le plan socio-économique, plus elle est éloignée du centre de décisions. L'absence de représentation favorise inexorablement les clivages socio-économiques. Harell, Panagos et Matthews (2009) ressortent bien le lien entre l'indisponibilité des ressources socio-économiques et la participation aux affaires de la Cité.

Bien qu'ils occupent des emplois de subsistance, que leurs enfants fréquentent les écoles dans la langue de la majorité ou de la minorité, les immigrants demeurent parfois mal intégrés dans la société d'accueil. Cette non-intégration, va-t-elle de pair avec le non-intérêt pour la chose politique ? L'enquête commanditée par l'ACFA sur l'immigration francophone en Alberta a révélé qu'il existe peu de modèles immigrants. Les répondants de la communauté franco-albertaine ont avoué ne pas connaître beaucoup d'immigrants francophones occupant des postes – clé. Qui sera donc le porteur de voix de cette communauté quand sera venu le moment de discuter dans l'arène politique l'accès aux ressources ?

Dans certains cas, tel que l'ont observé certains organismes communautaires offrant des services aux immigrants en Alberta, les nouveaux arrivants se limitent à leur communauté ethnoculturelle. Les églises entrent beaucoup en compte quand il s'agit d'examiner les mécanismes d'intégration du nouvel arrivant dans sa communauté d'origine. Le temps qui aurait pu être occupé à l'activisme politique est consacré à la religion. Dans certaines communautés noires au Canada, les immigrés deviennent des proies pour des pseudo-pasteurs dont le fonds de commerce est la détresse émotionnelle de leurs compatriotes.

Sur les terres canadiennes, bien que d'autres facteurs soient à prendre en compte, le désintérêt des immigrants de l'Afrique noire pour les affaires politiques est principalement la résultante de l'abandon des autorités politiques, de la mauvaise foi des employeurs, d'une intégration chaotique, et de l'indisponibilité des ressources socioéconomiques. Au sujet de la participation aux affaires de la cité des immigrants au Canada, dans les prochaines années, les données pourraient changer à en croire Gallant (2008). Cet auteur met à jour le fait qu'au Québec par exemple, les immigrants de seconde génération participent plus à la vie politique québécoise que leurs parents.

II. Les solutions pour relever la participation des immigrants à la vie politique canadienne

A. Informations et Accueil

1-Mieux informer les candidats à l'immigration

Il ressort de l'étude sur l'immigration francophone en Alberta en 2009 que les nouveaux arrivants auraient souhaité recevoir plus d'informations avant leur arrivée. Ils auraient par exemple souhaité en savoir davantage sur les services en français, les prestations familiales, le soutien financier avant l'obtention d'un premier emploi[127]. L'information préalable permettrait de contrecarrer la déception du nouvel arrivant qui constate la distance entre le contenu des brochures et la réalité sur place.

Mieux informer serait mieux outiller, mieux préparer à la réalité canadienne depuis le pays d'accueil de l'immigrant noir francophone

2-Structures d'accueil et intégration du marché de l'emploi

Bien que la sonnette d'alarme ait été tirée, beaucoup reste à faire, notamment en ce qui a trait à l'intégration du marché du travail canadien. Bien que le maire de Gatineau Monsieur Bureau reconnaisse que l'immigration constituera dans les années avenir un défi majeur pour sa ville, il admet que bien que les immigrants arrivent au Canada déjà scolarisés, il demeure peu évident pour eux de trouver du travail. « Actuellement, la grande différence est que ça leur prend du temps à se placer »[128], affirme Mr Bureau. Un observateur averti comprendra ici que les structures en place demeurent problématiques. Mieux structurées, et mieux adaptées aux besoins du nouvel arrivant, les structures d'accueil permettraient non seulement de diriger l'immigrant vers les services compétents, construiront des ponts entre les personnes nés au Canada et ceux qui s'y établissent. Tout ceci pourrait mener à l'éclosion d'un sentiment d'appartenance qui va souvent de pair avec la participation aux affaires publiques. Guo et Y. Guo assignent d'ailleurs une mission de grande importance aux organismes d'accueil, puisque leur ultime mission serait d'amener leur clientèle à prendre activement part à la société canadienne.

---

[127] ACFA : enquête sur l'immigration francophone 2009, p.44.

[128] *Ibidem.*

L'école est une institution incontournable lorsqu'on aborde le problème de la participation politique des immigrants. Piquemal et Bolivar (2009) estiment que c'est en son sein que se profile la cohésion multiculturelle de la société canadienne. Pour eux, un vrai dialogue multiculturel au Canada est irréalisable sans l'implication des enseignant(e)s et des responsables d'école. Ceci sous-entend une « autre forme » d'accueil réservée aux parents immigrants. Il ne sera plus accueilli comme dépositaire de son bagage ethnoculturel, ou relativement à son statut socio-économique, mais bien, et avant tout, parce qu'il est un parent d'élève. Ceci ne ferait plus dire à cette dame, immigrante francophone d'origine africaine prenant la parole lors d'un « focus- group » pendant le colloque sur l'immigration francophone dans l'Ouest canadien (Edmonton, mars 2009) qu': « Ils veulent de nos enfants dans les écoles, mais pas de nous ! »

3. La Reconnaissance des acquis des immigrants est du potentiel récupéré

La reconnaissance des acquis des immigrants n'est pas exclusivement le problème de la communauté immigrante. Il concerne la société canadienne dans son ensemble. Que des professionnels formés, immigrants ou non- immigrants, ne soient pas reconnus à leur juste valeur est une perte énorme, car ils constituent un grand potentiel pour le Canada. Lorne Waldman, avocat spécialiste de l'immigration aborde un point dont personne ne veut parler. Soit le fait que le : «... racisme des employeurs pouvait être partiellement responsable de la situation mais … le facteur le plus important demeure la faillite des politiques gouvernementales dans la reconnaissance des acquis à l'étranger »[129].

Reconnaître les acquis des immigrants c'est juste. N'est ce pas cela la démocratie ? Ou l'égalité des chances ? Dire non au dénuement des communautés ethno- culturelles, c'est dire oui à l'égalité des chances. C'est donner le temps, l'audace, la chance à ce groupe social de participer à la vie publique canadienne.

[129] *Idem.*

Conclusion

Au Canada, nous n'en sommes pas encore à un dialogue réel entre la communauté d'accueil et la communauté immigrante. Le constat actuel laisse entrevoir qu'il y a mieux à faire qu'à leurrer, qu'à octroyer des visas, qu'à ouvrir la porte, ou qu'à afficher une certaine tolérance envers l'immigré. Inverser les tendances, ayant en tête le bien commun, nécessite l'intensification et la diversification des échanges entre la communauté canadienne de souche et les communautés immigrantes. Ce dialogue franc prendrait racine jusque dans le quartier, la communauté, la circonscription, la ville et pourquoi pas la province, offrant l'opportunité à tous (et aux immigrants) de faire entendre leur voix dans l'espace public canadien. Pour sa part, la communauté immigrante gagnerait à miser ses efforts sur la représentation, au détriment des considérations pratiques, qui, bien que difficiles, sont loin d'être incontournables. Une communauté africaine plus forte sur le sol canadien passe par le reniement des clivages ethniques, ou d'appartenance politique dans le but de construire une communauté africaine plus forte, mieux représentée, mais surtout une communauté qui contribue au projet de faire de son pays d'accueil un endroit où il fait mieux vivre pour tous. Ce serait bien le comble d'être sous les cieux canadiens, et d'accepter que parce que l'État n'a rien à faire dans les chambres des citoyens, certains citoyens Canadiens n'auraient eux aussi rien à faire dans les Chambres de l'État !

Bibliographie :

Livres

B. Awazi Mbambi Kungua, *De la Postcolonie à la mondialisation néolibérale, Radioscopie éthique de la crise négro-africaine*, L'Harmattan, Paris, 2011.

Études

Faits et chiffres 2006 : Aperçu de l'immigration -Résidents permanents et temporaires, Citoyenneté et Immigration Canada, disponible sur www.cic.gc.ca, consulté le 30 octobre 2011.

Faits et chiffres 2010, Citoyenneté et Immigration Canada, disponible sur www.cic.gc.ca, consulté le 30 octobre 2011.

Les immigrants sur le marché canadien du travail en 2006 : analyse selon la région ou le pays de naissance, Le Quotidien, Statistiques Canada, 2008.

La communauté africaine au Canada 2007 - Numéro 10 : Points saillants, Consulté sur www.statcan.gc.ca, le 16 Novembre 2011.

Les immigrants diplômés trouvent moins d'emplois, http://www.cyberpresse.ca, Publié le 18 juillet 2008.

M. Boulet et B. Boudarbat, *Un diplôme postsecondaire canadien : Un tremplin vers des emplois de qualité pour les immigrants*? Étude IRPP, vol.8, 2010.

ACFA : Enquête sur l'immigration francophone en Alberta, 2009.

D. Farmer, *''Ma mère est de Russie, mon père est du Rwanda'' : Les familles immigrantes dans leurs rapports ave l'école en contexte de francophonie minoritaire*, paru dans Canadian Issues/Thèmes canadiens, ss dir. C. Belkhodja, Centre Métropolis Atlantique, 2008.

N. Gallant, *Identité et participation des jeunes immigrants de deuxième généra*tion, Cahiers Métropolis, Diversité canadienne, Canada, 2008.

T. K Hong, *An Exploratory Case Study of Visible Minority Leader in Major Canadian Corporations,* University of Phoenix, 2009.

N. Piquemal et B. Bolivar, *Discontinuités culturelles et linguistiques: Portraits d'immigrants francophones en milieu minoritaire, Journal of International Migration and Intégration*, Vol. 10, No. 3., pp. 245-264, 2009.

S. Guo et Y. Guo, 2007, *Exploring the Educational Role of Immigrant Service Organizations,* Prairie Metropolis Centre, 2007.

Articles de journaux

G. St- Pierre, *Le métissage gatinois célébré*, Le droit, Lundi 22 Août 2011.

P. Bernard, « *Achille Mbembé Professeur d'Histoire : La France n'est plus notre soleil* », Le Monde, 17 octobre 2011.

Articles

L'hémorragie de la ''fuite des cerveaux'' africains : L'Occident gagnant, Afrique Relance &ONU, 2003.

5- Rapports

M. Siemiatycki, Rapport de l'animateur, *Le Monde en marche*, 2007.

Chap. XI

L'accession de Joseph (Gn 39-41) et Daniel (Dn 1-5). Enjeux pour l'intégration et l'engagement politique de la diaspora d'ici

Par François Kibwenge[130]

« *À l'instant où l'esclave décide qu'il ne sera plus esclave, ses chaînes tombent* » (*Gandhi*).

L'importance de la diaspora africaine, tant sur le plan démographique qu'économique n'est plus à démontrer de nos jours. Un tiers des Africains hautement qualifiés vit à l'extérieur du continent noir. Pourtant, la quasi-totalité de cette diaspora vit parfois dans une double absence. Coupés de leurs pays d'origine, certains Africains ne sont pas pour autant intégrés et citoyens à part entière dans les pays d'accueil. Ce constat, qui date depuis cinq siècles de présence de premiers esclaves noirs dans le cas du Canada, a créé de leur part un réel déficit aux lourdes conséquences, notamment, en ce qui concerne l'engagement politique aux sphères décisionnelles de ce pays. Leur difficulté à générer des visions révolutionnaires par rapport à leur passé, et ambitieuses par rapport à leur avenir, les a longtemps maintenus dans une position d'éternel vassal vis-à-vis de leur nouveau maître. Comment donc transformer cette double absence en double présence. Bien entendu, il ne s'agit pas seulement de s'organiser en une diaspora active dans le pays hôte mais le défi consiste à devenir une diaspora bien intégrée, ayant une certaine capacité d'influencer positivement autant sur le sort des ressortissants des communautés africaines que sur les politiques de leurs pays d'origine.

Si le problème de l'intégration des étrangers a été de tout temps une préoccupation mondiale et complexe, c'est parce qu'elle touche à la question de la reconnaissance identitaire. S'intègre, celui qui

---

[130] François Kibwenge El-Esu est prêtre travaillant depuis une dizaine d'années dans l'Archidiocèse d'Ottawa. Il est titulaire d'une maîtrise en Missiologie et Dialogue interreligieux et d'un PhD en théologie systématique de l'Université Saint Paul d'Ottawa où il ***a enseigné jusqu'à dernièrement***. Il est membre fondateur du Cerclecad et a publié des articles dans des revues théologiques, ***quelques livres spirituels et autres dont*** *Les enfants-sorciers en Afrique. Perspectives théologiques*, L'Harmattan, Paris, 2008. ***En plus d'être aussi Conférencier et animateur des retraites dans plusieurs pays, il anime des émissions télévisées avec Foi et Télévision Chrétienne***.

s'assimile en participant aux divers aspects de la vie dans la société d'accueil. Seule une intégration réussie permet de s'inventer et de se réinventer continuellement. Les deux récits de Joseph et de Daniel au cœur de ma réflexion ne donnent pas de recettes toutes faites mais peuvent suggérer, orienter, éclairer et enrichir la diaspora d'aujourd'hui des expériences faites sous d'autres cieux : en montrant comment dans un contexte étranger, des immigrants ont refusé la fatalité tout en mettant toutes les chances de leur côté en vue de bâtir un avenir radieux et de tailler leur place dans leur pays d'accueil.

Pour mener à bon port cette étude, ma réflexion s'articulera sur quatre points essentiels : Tout d'abord, je situerai l'angle à partir duquel j'interviens (constat). Ensuite, je présenterai le texte et le contexte de Joseph et Daniel. En troisième lieu, je mettrai en exergue les différents éléments qui ont permis l'intégration de nos deux personnages bibliques. Enfin, je tirerai des leçons pour la diaspora d'ici et d'ailleurs.

1. La diaspora africaine dans mon expérience personnelle

Lorsqu'on considère le cours des événements sur l'échiquier international, d'aucuns ne cachent leur consternation face au rôle auquel sont souvent relégués les acteurs ou pays africains en particulier, surtout dans les conflits et problèmes qui les concernent au premier chef. En témoignent la crise ivoirienne qui a mis à nu le rôle macabre et le double jeu de la France ; ou encore celle de la Lybie où c'est encore la France qui a été le premier à exiger le départ de Kadhafi, jetant ainsi le ridicule sur l'instance officielle qui est l'Union africaine. Tout semble fonctionner comme si l'Afrique n'existait pas ou si elle existe, elle est une mineure et, donc, réduit au rang d'un esclave, dont le droit de parole reste le monopole de son maître. Même si tel est le cas, toutefois l'Afrique et ses enfants sont-ils condamnés à le subir comme un fatalisme ? Pour y répondre, je partirai de deux constats personnels.

Le premier constat se rapporte à mon environnement de travail. En plus d'enseigner à temps partiel à l'université saint Paul d'Ottawa, j'exerce un ministère pastoral dans l'archidiocèse d'Ottawa. Il y a quelques mois déjà, j'étais responsable (curé) de la communauté paroissiale saint Louis-Marie de Montfort, à Ottawa ; une communauté dont la caractéristique principale était le multiculturalisme. Pourtant, en dépit d'une présence imposante de ressortissants de communautés africaines – pour ne citer que ce cas qui intéresse ma réflexion – il n'y avait qu'une seule Africaine qui siégeait dans un comité paroissial de seconde importance. Les autres brillaient par leur attitude démissionnaire et leur absence dans les Conseils-clés, et ce, en dépit de mes multiples encouragements. La plupart d'entre eux se contentaient de faire partie de la chorale, de participer comme intervenants aux différents services relatifs au culte. Même si cela n'a rien de mal en soi, ce que je voudrais montrer ici, est le fait que, en étant absents des instances décisionnelles de la paroisse, ils ne pouvaient ni être informés de ce qui se tramait, ni exercer un impact dans les orientations majeures, de la vie de celle-ci.

Ce constat quasi général m'amène à me demander s'il s'agit d'un problème d'indifférence à outrance ou d'un manque d'audace ? Quoi qu'il en soit, une chose me paraît évidente : si les immigrants issus des communautés noires ne sont pas capables d'oser s'affirmer dans des petites entités communautaires telle que la paroisse, comment pourront-ils le faire à une échelle plus grande ? Et comme le remarquait le professeur J. Bédard dans le contexte nord-américain : « Nous pouvons quitter un par un, par groupes ou par peuples, le *Titanic* infernal des dévoreurs de planète, nous ne sommes pas tenus à l'esclavage, nous pouvons construire un autre monde… Encore faut-il à ce nouveau monde une éthique différente fondée sur des bases différentes. Sinon, nous assisterons simplement à une nouvelle Amérique, une déplorable amnésie qui amplifie le pire du passé »[131]. Ceci ne concerne-t-il pas de plus près notre diaspora ?

Le deuxième constat se situe presque aux antipodes du premier. Il concerne ma propre participation aux instances décisionnelles du diocèse d'Ottawa. Je siège en effet depuis quatre ans au Conseil épiscopal de l'archidiocèse d'Ottawa, en ma qualité de vicaire forain. Le Conseil épiscopal est une instance décisionnelle qui a pour mission de conseiller l'archevêque dans les orientations et les décisions majeures du diocèse, et de gérer l'administration du personnel pastoral dans son ensemble.

Ma participation à cette haute instance du diocèse a été pour moi le point de mire. Elle m'a fait prendre conscience des conséquences de l'absence de la diaspora dans ces sphères décisionnelles. En d'autres mots, j'ai pris conscience de ce dont une diaspora peut se priver

[131] Bédard, J., *Le pouvoir ou la vie. Repenser les enjeux de notre temps*, Paris, Fides, 2008, p. 214.

lorsqu'elle n'est pas bien représentée dans des lieux où s'exerce le pouvoir. Dans le cas de mon expérience, il y a souvent eu beaucoup d'enjeux que je passe sous silence et auxquels ma contribution a donné une meilleure compréhension et changé la donne, notamment, vis-à-vis de dossiers touchant directement aux communautés issues de la diaspora. Concrètement, en me servant de mon droit d'intervention et de conseil, j'ai changé certains préjugés que les autres avaient sur les immigrants, notamment en matière de gestion et de pouvoir. J'ai donc conscience que je porte sur moi le poids de tous les étrangers que je représente.

Lorsque j'ai voulu savoir pourquoi j'ai été choisi dans ce conseil, on m'a répondu que je m'étais fait remarquer, notamment, lorsque j'ai créé mon école d'évangélisation – une première – pour tout le secteur francophone du diocèse. J'ai donc mis mes connaissances et mon expertise au service de l'Église locale d'ici. J'ai dès lors compris qu'il faut se démarquer pour se faire remarquer.

En choisissant de vous partager mon expérience personnelle, je le fais en toute humilité dans le seul but de nous convaincre tous de l'impact de notre engagement ou des conséquences de notre apathie face à notre intégration dans notre pays d'accueil. Car « dans nos sociétés, les hommes se comportent comme les autres sociétés animales, les uns servent les meilleurs ; des hiérarchies se confrontent, se confortent, se remplacent ; des individus moins adaptés se retrouvent en bas de l'échelle »[132]. À l'opposé, ceux qui s'intègrent bien ont beaucoup de chance de franchir le haut de l'échelle. C'est le cas de Joseph et Daniel que j'ai choisi d'examiner dans le point suivant.

2. L'horizon herméneutique des récits de Joseph et de Daniel

« Tout ceci a été mis par écrit pour nous servir d'exemple » (1Co 10, 11).

À la lumière de ce qui précède, je compte maintenant mener une réflexion à partir du récit de Joseph dans le livre Genèse et celui de Daniel dans le livre portant son nom. Pourquoi ce choix ? Parce qu'il me semble que la situation minoritaire de la diaspora dans les pays d'accueil autorise le rapprochement avec ces deux récits, toutes proportions étant sauves. D'une part, il y a une similitude entre les

[132] Bédard, *Ibidem*, p. 308.

deux récits relatifs à deux juifs, tous deux promus à des postes politiques de grande importance dans des pays étrangers. D'autre part, il semble avoir un parallèle entre les situations respectives des communautés de ces deux personnages, situations liées à l'ordre social et politique (l'intégration sociale, culturelle et politique) et celles de toute diaspora d'ici et d'ailleurs.

Relier l'engagement citoyen et l'organisation de la vie de la société avec l'eschatologie, c'est s'inscrire en faux contre ceux qui opposent l'engagement politique à la vie de foi. À l'origine de cette attitude se situe le fait qu'on a souvent réduit la Bible à sa seule dimension spirituelle, oubliant par ce fait qu'elle est avant tout un livre politique au sens fort du terme. Elle traite d'un peuple avec lequel Dieu a fait alliance et qu'il a constitué en peuple élu, en lui dotant des structures de gestion pour sa bonne marche : un roi, des juges, des prophètes et des prêtres. Ce sont des « intendants de Dieu ». D'autre part, elle concerne l'établissement d'un royaume à venir dont les citoyens doivent suivre et se référer à un code éthique : la Loi de l'amour.

En situant cette étude, portant sur la diaspora, dans une perspective biblique, mon intention est d'examiner comment certains récits, tels que rapportés dans la Bible, peuvent éclairer la diaspora d'aujourd'hui dans sa quête d'identité et d'intégration, et sur une certaine manière d'être au monde (*Dasein*) de façon significative et pertinente sur le plan politique.

2.1. *La destinée de Joseph et sa réalisation en Égypte : Trois moments-clés*

L'exégète Da Silva qui a approfondi l'histoire de Joseph, assigne à ce récit un double but. Tout d'abord, un but didactique qui « servirait à montrer aux futurs administrateurs comment un jeune intelligent, avisé et plein de l'esprit de Dieu (41, 39) est capable de se hisser au plus haut rang des fonctionnaires égyptiens » ; ensuite, « montrer à ces Juifs qu'ils auraient, comme Joseph, toutes les chances de réussir dans le *pays d'accueil* »[133].

Il sied de constater d'entrée de jeu que le récit de Joseph se joue entre Canaan et Égypte. La complexité du récit et ses conséquences multiples rend l'itinéraire de Joseph on ne peut plus riche d'enseignements pour la diaspora. Comme on le verra dans la suite, d'une part, l'ascension de Joseph au pouvoir ne se fera pas sans

---

[133] Silva (Da), A., *Joseph face à ses frères. Un appel à mieux dialoguer aujourd'hui*, Montréal, Médiaspaul, 1996, p. 10.

heurts. D'autre part, son parcours est parsemé de paradoxes et d'ambivalences. Par exemple, le récit souligne le fait que Joseph descend en Égypte ; pourtant c'est là qu'il va être élevé au haut rang. En outre, il va comme un esclave et il en sort comme un homme de confiance doté des pleins pouvoirs (39, 1-6). Par ailleurs, là où un des courtisans le décrit avec mépris par une triple exclusion à caractère raciste : jeune, hébreu et esclave, le pharaon reconnaît plutôt en lui une triple qualité : un homme *sage*, *intelligent* et sur qui était l'*esprit de Dieu* (41, 38-39). Ce sont ces qualités qui convainquent le pharaon à faire de Joseph son premier ministre.[134]

Afin d'apprécier à leur juste valeur les enseignements de l'ascension de Joseph, je vais souligner trois moments importants qui ont servi de tremplin à la réalisation de la destinée de Joseph, et ce, à l'étranger.

2.1.1. Joseph chez Putiphar

Joseph a approximativement 17 ans quand il se retrouve malgré lui en Égypte, séparé de son père chéri, trahi par ses frères. On est en face d'un déracinement socioculturel et religieux aux conséquences graves pour un jeune de son âge. Le premier moment-clé de l'histoire de Joseph en Égypte commence chez Putiphar, un officier du Pharaon, qui l'a acheté aux Ismaélites et que Joseph va servir comme esclave. L'intérêt de cette première étape est à souligner ici, dans la mesure où elle révèle comment Joseph, l'esclave, met toutes les chances de son côté en dépit des obstacles successifs qui chevauchent sont itinéraire. Depuis sa mésaventure avec ses frères, Joseph apparaît non seulement comme un homme décidé, mais aussi, comme « un homme qui transmet la vie : homme de réussite, source de bénédictions pour ceux qui l'entourent, Joseph joue un rôle important dans la maison de son seigneur »[135]. Toutes ces qualités vont lui mériter l'attention et la sympathie de son maître. Et comme le résume si bien le professeur André Wenin, « l'élévation de Joseph chez Putiphar se passe en trois temps. Assisté par Adonaï, Joseph se montre un serviteur efficace et est pris comme domestique d'intérieur (39, 2). Voyant alors qu'Adonaï fait réussir ses entreprises, le maître lui accorde sa faveur et fait de lui le gérant de ses biens (v. 3-4). C'est ainsi que la bénédiction descend sur la maison et les biens de Putiphar qui élève

[134] Cf. *Ibidem*, p. 56.
[135] Silva (Da), *Ibidem*, p. 56.

Joseph au rang de majordome plénipotentiaire, en qui il a une confiance aveugle (v. 5-6a). La carrière de l'esclave touche ici à un sommet qu'il n'aurait jamais pu imaginer à son arrivée en Égypte »[136].

2.1.2. *Joseph en prison*

En dépit de l'estime que Putiphar a pour Joseph, ce dernier est toujours aux prises avec des déboires, mais d'un autre ordre, celui de la conscience et donc de l'ordre éthique. Il est en proie de tentation avec la femme de son maître qui lui fait des avances. Céder à cette tentation, c'est trahir la confiance de son maître, mais aussi sa fidélité au Dieu de ses pères. Il choisit donc de s'y opposer. Ce refus va lui valoir les accusations calomnieuses de la femme de son maître, qui l'a dépouillé de son vêtement et le brandit comme une preuve irréfutable de sa culpabilité. Ce qui, naturellement, conduit Joseph tout droit en prison. « Il va se retrouver ainsi dans ce qu'il appellera un *trou* (*bôr*, voir 41, 15)… Esclave, étranger, prisonnier : sa situation empire, d'autant qu'il a connu auparavant une étonnante ascension (39, 7-20a) »[137].

Dans des conditions normalement décourageantes, il met aussi sa sagesse à profit, sachant que cela pourra lui être utile. Bien qu'innocent et en dépit de ces fausses accusations, Joseph demeure serein et fidèle au Dieu qui l'a secouru de la méchanceté de ses frères et qui l'a mis en confiance avec son maître Putiphar. La conjugaison de sa bonne conduite avec le soutien de Dieu va créer une fois de plus un climat propice dans cette deuxième phase de l'ascension de Joseph. A Wénin écrit à ce sujet : « À nouveau assisté par Adonaï, Joseph gagne les faveurs du chef de la prison royale où il est enfermé. Tous les prisonniers lui sont confiés, le chef n'ayant aucun souci à se faire grâce à lui, puisqu'en tout, Joseph réussit (39, 20b-23) »[138]. Outre ces attitudes positives qui caractérisent Joseph et le distinguent des autres prisonniers, c'est surtout son art herméneutique, c'est-à-dire sa capacité d'interpréter et de donner sens à l'angoisse existentielle, qui jouera en faveur de la dernière phase de son élévation. En prison, Joseph interprète les rêves de deux hauts fonctionnaires du Pharaon, annonçant notamment la réhabilitation de l'échanson royal, au bon

---

[136] *Ibidem*, p. 19.
[137] Wénin, A., « L'histoire de Joseph (Genèse 37-50). Quelques clés pour lire le récit », *Cahiers Évangile*, 130, décembre 2004, pp. 17-18.
[138] *Ibidem*, p. 18.

souvenir de qui il se recommande (40, 1-15). On peut le qualifier ici de bon stratège. La suite des événements lui donnent raison.

2.1.3. Joseph à la cour du Pharaon

Joseph, ce jeune frère trahi par ses aînés, cet esclave qui a résisté aux avances de la femme de son maître, s'est retrouvé injustement en prison et est condamné à y passer deux autres années supplémentaires. Pendant ce temps, le Pharaon fait un rêve qui le traumatise. Il sollicite en vain l'aide de ses experts, conseillers, magiciens et autres spécialistes ; personne n'est à mesure de la lui procurer. C'est là qu'une brèche s'ouvre définitivement pour Joseph. « Lorsque l'échanson voit le Pharaon angoissé par des rêves inexplicables, c'est-à-dire dans la même situation que lui-même deux ans auparavant, la mémoire lui revient. Il parle de Joseph, qui est enfin tiré de son trou et rhabillé – renversement de ses deux mises en trou et de ses dépouillements successifs. Grâce à sa science des rêves, dont il attribue l'origine à Dieu, il est catapulté au deuxième rang du royaume, second du Pharaon et dépositaire de son pouvoir, en vue de préparer le pays à la grave crise alimentaire qu'il a annoncée ».[139]

En examinant de près la façon dont Joseph s'y prend pour résoudre l'angoisse du Pharaon, on ne peut que réaliser la finesse de son esprit : non seulement il interprète convenablement (herméneutique) le rêve de ce dernier, en attribuant cette grâce à son Dieu, mais aussi, il s'empresse de donner de conseils sur la manière de s'attaquer au problème. Cette attitude de sagesse l'a démarqué de nouveau des autres spécialistes de la cour royale. Ce faisant, le Pharaon reconnait en lui un homme intelligent et sage tout à la fois, et lui dote du plus haut pouvoir qui puisse exister après lui. Donnons de nouveau la parole au professeur André Wénin dont le commentaire sur l'attitude de Joseph semble de plus éclairant : « On perçoit ici, chez Joseph, cet opportunisme de bon aloi… Ne lui suggère-t-il pas de trouver un homme sage et intelligent pour lui confier l'avenir du pays, espérant sans doute, mais sans le dire, que la brillante démonstration à laquelle il se livre lui vaudra d'être retenu pour ce poste? » (41, 38-39)[140].

Joseph incarne l'homme de parole, d'honneur et d'une rare intégrité. Il met sa compétence et sa sagesse au service de son pays d'accueil, l'Égypte, en assumant ses responsabilités avec dextérité,

---

[139] *Ibidem*, p. 18.
[140] *Ibidem*, p. 20.

comme si c'était son propre pays, de sorte que tout le peuple d'Égypte viendra lui dire : « nous voulons que tu règnes sur nous » (Gn 47, 25). Partout où il est passé et quelle que fut sa position sociale, il a fait le bien et il a mérité la confiance. La reconnaissance par tout le peuple après celle du pharaon n'est que le résultat d'une bonne intégration de sa part.

2.2. L'itinéraire de Daniel et son accession au pouvoir

Il me semble opportun de compléter l'étude de Joseph par celle de Daniel, dans l'espoir de proposer leurs exemples comme catalyseurs aux problèmes que rencontrent nos contemporains de la diaspora face à leur intégration politique au Canada.

2.2.1. Mise en contexte

L'univers conceptuel de Daniel est différent du nôtre aujourd'hui. Néanmoins, j'espère ressortir l'intérêt que cela représente pour la diaspora dans le contexte contemporain et voir comment celle-ci peut orienter son avenir. Selon les auteurs de la fosse aux lions, « en situant le début de l'histoire de Daniel au moment de la ruine de Jérusalem (v.2), les rédacteurs font mémoire d'un événement devenu symbole de la destruction radicale de tout espoir. Dans ce contexte, la réussite de Daniel et de ses compagnons s'adresse aux Juifs qui viennent de vivre le drame de la crise macabéenne. Lorsque tout semble perdu, tout ne bascule pas du côté du pouvoir dominant »[141]. Par conséquent, « les Juifs de la diaspora peuvent trouver leur place et réussir sans pour autant perdre leur identité »[142].

Le but du livre de Daniel est donc de montrer comment le comportement des Juifs en étranger (en société grecque) - notamment leur vigilante soumission, leur sagesse[143] et leur fidélité à leur culture et religion - a été le secret de l'excellence, de leur promotion sociale et de leur intégration partout à l'étranger. En ce sens, ils devenaient un modèle pour les autres Juifs en captivité.

2.2.2. L'intrigue à la cour royale

---

[141] Becquet, G. et alii, *La fosse aux lions. Lecture du livre de Daniel*, Paris, Les éditions ouvrières, 1993, p. 42.

[142] *Ibidem*, p. 41.

[143] La sagesse est un art de vivre en période de trouble. Il consiste à savoir négocier, s'adapter, s'humaniser, s'intégrer, mais aussi à ne pas compromettre les valeurs qui remettraient en cause son identité. Voir *La fosse aux lions*, p. 42.

Lors de la prise de Jérusalem, le roi Nabuchodonosor prit sur le chemin de l'exil des objets consacrés au culte ainsi que les personnes de qualité dont certaines de la noblesse ou de familles royales. Après la déportation des Juifs, le roi choisit parmi eux quatre jeunes de famille noble, qui se distinguaient par leur intelligence, leur beauté et leur vigueur. Et comme explique Melchior, « le roi cherche à faire entrer à son service des jeunes gens distingués, choisis parmi les exilés de Juda. Pour qu'ils puissent se tenir devant lui, expression qui signifie se tenir au service du roi (cf. 1R1, 2; 10, 8; etc.), il fallait qu'on leur apprît la langue des Chaldéens, c'est-à-dire le cunéiforme dont l'étude demandait des délais assez longs. Sans exclure ces jeunes gens de sang royal ou de race noble… des tâches administratives du palais, on attend d'eux qu'ils aient une compétence de mages, c'est-à-dire de lettrés versés dans les sciences occultes : magie, divination, astrologie »[144].

Pourquoi fallait-il initier ces jeunes aux sciences occultes ? C'est parce que l'entourage du roi était composé des magiciens et des devins chargés de prévoir et d'interpréter les événements à venir ainsi que les différents songes. Pour intégrer les jeunes gens à ces pratiques, le roi les soumet à un régime de faveur. Cependant, Daniel et ses amis refusent ces faveurs qui les placeraient spirituellement en situation de conflit. Leur mérite, ils le doivent à l'art herméneutique de Daniel.

Comme dans le cas de Joseph, l'intrigue commence lorsque le roi Nabuchodonosor eut un songe dont il ne se rappelait pas. Il exige de ses conseillers de le lui révéler tout d'abord, ensuite de pouvoir l'interpréter. « Le récit de Daniel 2 est caractéristique des récits de cour en forme de concours. À la base, il s'agit de résoudre une énigme. Non seulement le roi a fait un songe qui l'a troublé mais il l'a probablement oublié ». Or, « la consultation des professionnels n'aboutit donc à rien : faute de matériaux sur lesquels travailler, ils ne peuvent soulager le roi de son trouble et se retrouvent dès lors en péril de mort »[145].

C'est face à cet énigme que Daniel se démarque des autres conseillers et sages de la cour royale. Il ne suit pas les chemins battus et « n'agit pas comme les professionnels de l'interprétation. Au

---

[144] Selon Delcor, M., *Le livre de Daniel*, Paris, Gabalda et Cie, 1971, pp. 61-62. Voir aussi DHORME, *Les religions de Babylone et d'Assyrie*, Paris, Galimard, 1945, pp. 258-298.

[145] Viviés, P.M., « Daniel à la cour des rois de Babylone », *Biblia* 74, décembre 2008, p. 9.

contraire, il se comporte en juif pieux qui place sa confiance dans le Seigneur (Dn 2, 17-18). Et c'est au moyen d'une révélation divine et non d'un exercice divinatoire qu'il va résoudre l'énigme. Après avoir consulté et associé ses amis à la prière, Daniel dévoile au roi le contenu de son propre songe (Dn 2, 31-32) »[146], avant de l'interpréter. Ce faisant, Daniel confirme son intelligence et sa sagesse auprès du roi et se fait attirer la confiance de ce dernier.

Remarquons que Daniel et ses amis n'accèdent pas au pouvoir par la voie des faveurs mais plutôt par celle de la compétence dans la compétitivité. Ni la déportation, ni la situation de minorité visible, ni la coalition des spécialistes de la cour royale ont pu empêcher ni intimider Daniel et ses amis à atteindre leur destinée. En ce sens, Daniel nous intéresse dans la mesure où il est le modèle d'étranger capable de vivre *intelligemment* dans un pays étranger.

3. Éléments d'intégration dans le contexte de Joseph et Daniel

Les deux récits de Joseph et Daniel me permettent à présent d'établir une grille d'éléments susceptibles à une intégration positive et intelligente. Voici quelques éléments qui ressortent de deux récits.

3.1. Chez Joseph

Dans le contexte de Joseph, l'intégration se fait grâce à trois éléments connexes : tout d'abord les nombreuses qualités de Joseph qui le font remarquer et distinguer des autres, ensuite, la confiance quasi totale de Putiphar, du gardien et de Pharaon qui, à tour de rôle, lui confie de grandes responsabilités, enfin, son accueil par le peuple du fait qu'il s'acquitte bien de ses devoirs. André Wénin explique : « En effet, Pharaon sort Joseph du pétrin où il se trouve (la prison) et lui donne la possibilité d'une vie plus digne (41, 37-45). Joseph, pour sa part, accepte l'offre du Pharaon en mettant à son service le meilleur de ses capacités (41, 46-49). Le peuple, lui, reçoit l'étranger comme son dirigeant et suit ses ordres. Et lorsque Joseph arrivera à maîtriser la crise économique qui ravageait tout le pays, le peuple s'exclamera : Tu nous as sauvé la vie! (47, 25) »[147].

Considérons un peu plus près les qualités distinctives de Joseph. Tout d'abord, il convient de souligner la sagesse remarquable de Joseph : « sa façon de chercher à s'en sortir, mais pas à n'importe quel prix, comme le montre son comportement face à la femme de

[146] *Ibidem*, p. 10.
[147] Wénin, *Ibidem*, p. 58.

Putiphar. Pour s'extraire de son malheur, Joseph fait preuve d'intelligence et d'à-propos. Non seulement il se montre un serviteur empressé et efficace. Mais surtout, il saisit les bonnes occasions. Ayant annoncé à l'échanson sa réhabilitation prochaine, il ne manque pas de lui présenter sa supplique pour qu'il intervienne en sa faveur et le tire du trou où on l'a mis par erreur (40, 14-15) »[148]. De même, il se déploie avec la même sagesse lorsqu'il est sommé d'interpréter les rêves du Pharaon : « il n'en reste pas au déchiffrement des rêves : il poursuit sur sa lancée et il donne des conseils au roi pour aborder au mieux la crise à venir qui, en menaçant la fécondité du pays et la vie de ses habitants, risque de déstabiliser gravement son pouvoir (41, 16.25-36) »[149]. Cette souplesse de sa part a impressionné le Pharaon qui a reconnu aussitôt devant tout le conseil son intelligence et sa sagesse. (Gn 41, 42-45)

Ensuite, en plus d'être élevé au poste de premier ministre du pays, le Pharaon a donné un nom égyptien à Joseph ainsi que la fille d'un prêtre en mariage (Gn 41, 42-45). Ce changement de nom et ce mariage avec une Égyptienne constituent un autre aspect de l'intégration de Joseph. Bien qu'il soit d'origine juive, « Joseph épouse non seulement une fille du pays, une Égyptienne qui en plus est fille d'un prêtre local, mais aussi l'Égypte. Il y devient le premier ministre sous le nom de Saphat-Panéah, porte la robe de sa dignité et le sceau de son maître. Selon les idées de l'époque, c'étaient là des signes extérieurs d'une parfaite intégration au pays d'accueil »[150].

Enfin, il convient de mentionner à ce qui précède sa compétence et son habilité. Le don qu'il reçoit de son Dieu est mis à profit pour prendre soin de son pays d'accueil. Ce qui entraîne de sa part un sentiment de reconnaissance et de fidélité vis-à-vis de ce Dieu. Il demeure culturellement et religieusement lui-même tout en adoptant la culture du peuple qui lui est confié, de sorte que, même le Pharaon va reconnaître son Dieu et respecter sa culture. En ce sens, Joseph incarne donc « le réfugié qui, tout en conservant son identité culturelle profonde, s'intègre harmonieusement à la culture et à la mentalité de son peuple d'adoption. Un bel exemple d'intégration qui servir d'inspiration »[151].

---

[148] *Ibidem*, p. 20.
[149] *Ibidem*, p. 20.
[150] *Ibidem*, p. 57.
[151] *Ibidem*, p. 58.

Pour résumer, le schéma de son intégration se présente comme suit : Joseph se démarque par son intelligence et sa sagesse ; les responsables lui font confiance et lui confient la gestion totale des affaires ; Joseph s'intègre en épousant l'Égypte (nom, femme) ; À cause de la qualité de son mode de gestion, le peuple lui fait confiance et accepte qu'il règne sur lui. Pendant la période de crise, Joseph mérita la confiance de Pharaon car il déploya sa sagesse pour la juguler avec habilité et justesse. Eu égard à tout ceci, Joseph se présente comme un modèle d'une parfaite intégration à l'étranger. Il nous rappelle qu'une intégration harmonieuse et respectueuse enrichit toujours les individus et leurs communautés.

3.2. Chez Daniel

Le choix, dans le cas de Daniel, est dicté par trois critères, à savoir : l'intelligence, la beauté et la vigueur. Comme pour Joseph, Daniel est soumis à une épreuve qui l'oppose à des spécialistes de la cour royale. Le test est toujours là pour attester la valeur de quelqu'un et dans ce cas, le test aboutira à attester la nouvelle position ou le nouveau statut social de Daniel. Même s'ils sont des exilés, Daniel et ses amis accèdent à « de hautes responsabilités administratives et les rois trouvent en eux des collaborateurs d'une sagesse et d'une efficacité incomparables. Si des difficultés surgissent, elles ne sont qu'occasionnelles, provoqués par la jalousie des courtisans ou par l'orgueil des rois »[152].

Avant d'accéder aux honneurs du pouvoir, Daniel s'avère d'abord un homme intègre. Il refuse de *se souiller* (v.8) avec la nourriture du roi.

Il faut percevoir à travers ce geste un simple refus de se compromettre. Quand on sait que lors de la persécution d'Antiochus IV, certains furent mis à mort parce qu'ils refusaient de manger des aliments impurs, notamment de la viande de porc (1M1, 62-64; 2M6, 18-31), alors on mesure la gravité du geste de Daniel mais aussi ses convictions profondes. Ainsi, « en sauvegardant les exigences essentielles des lois de pureté, Daniel et ses amis acceptent de vivre et de prospérer sous occupation étrangère. Cette soumission relative leur réussit, puisqu'ils accèdent aux postes les plus élevés »[153].

[152] *Ibidem*, p. 13.
[153] *La fosse aux lions*, p. 39.

L'intégrité de Daniel et de ses compagnons se fait aussi remarquer lors des épreuves, notamment lors de refus face à l'invitation du roi Antiochus leur demandant de se prosterner et d'adorer son dieu (statue). Enfin, comme pour Joseph, l'intégration de Daniel à la société babylonienne passe par un changement de nom : il devient Baltassar (Dn 2, 26)[154].

On peut donc retenir du récit de Daniel les qualités suivantes qui lui ont permis une intégration positive : la solidarité avec son peuple, l'attachement à ses origines, l'intégrité, la fidélité à Yahvé, la sagesse, le refus de compromission. Ainsi donc, en étant intégré au pays d'accueil ainsi qu'au conseil royal, Daniel avait la capacité d'infléchir la politique de l'empire[155].

3.3. Tableau comparatif

Joseph en Égypte	Daniel à Babylone
→Esclave (vendu par ses frères) →Diaspora en Égypte →Situation minoritaire (seul, jeune) →Qualités naturelles distinctives →Intrigue : énigme d'un rêve du roi. Aucun professionnel ne peut interpréter →Seul Joseph interprète le rêve grâce à sa sagesse, don de Dieu →Cela lui vaut la confiance du Pharaon et son accession au	→étranger (déportation du peuple juif) →diaspora en Babylone →situation minoritaire (familles nobles) →qualités humaines distinctives →intrigue : rêve que le roi a oublié. Les professionnels sont incapables de le révéler. →Seul Daniel est capable de révéler et d'interpréter le rêve grâce à Dieu. →Cela lui vaut l'estime du roi et les honneurs du pouvoir

[154] Viviés, *Ibidem*, p. 9.
[155] Voir *Ibidem*, p. 9.

pouvoir royal →Il accuse aussi une parfaite intégration : il change de nom (Saphat-paneah), épouse une égyptienne, tout en sauvegardant sa foi au Dieu de ses pères. →Conséquence : grâce à son pouvoir, il pouvait infléchir la politique du pays, entre autres par rapport à son peuple.	→Parfaite intégration au pays d'accueil, au Conseil royal, changement de nom (Balthasar), langue, tout en sauvegardant sa foi au Dieu de ses pères. →Conséquence : il pouvait influencer la politique du royaume.

4. Des leçons pour la diaspora d'ici et d'ailleurs

Plusieurs membres de la diaspora issus des communautés noires optent passivement pour des solutions de facilité, espérant ainsi résoudre à long terme leur déficit sociopolitique par le principe de la majorité numérique et démographique. Une telle attitude est l'apanage des lâches, dans la mesure où elle compromet la logique de l'éveil, de l'herméneutique ou de la responsabilité face au défi d'une bonne intégration. Il nous faut rompre avec une attitude qui semble devenir une fatalité pour les communautés noires. Face à l'histoire, chaque génération est soumise à un choix décisif : trahir ou accomplir sa mission.

Au-delà des préjugés, des places et rôles qui sont souvent assignés à nos communautés, il nous faut inventer un mode de présence plus militante[156], plus remarquée, plus qualitative et plus distinctive, et

[156] Je me réfère ici à l'exemple de la diaspora marocaine en Belgique qui, à cause de son militantisme, se retrouve parmi les rares diasporas à avoir un nombre imposant de ressortissants naturalisés belges à des postes politiques, gouvernementales et législatives. Jusqu'à récemment, ils avaient un ministre dans le parti socialiste et 85 élus (fédéral, régional et au Sénat). Les Marocains belges sont actuellement à leur quatrième génération et sont devenus incontournables pour toutes les formations politiques belges. Le pouvoir décisionnel que détiennent ces ressortissants marocains, en tant qu'élus belges, est très important pour la visibilité et la crédibilité de leur diaspora. Leur exemple révèle donc que, lorsqu'il y a une volonté assidue et que les forces sont unies autour d'une même cause et un même combat, tout devient possible, quelle que soit la résistance de ceux qui accueillent. Dans un climat où il n'était pas facile pour les étrangers, non seulement d'être membres d'un parti politique belge, mais aussi de voter, la diaspora marocaine a continué son combat jusqu'à ce que les Belges soient convaincus de leur intérêt à cette cause. Voir l'interview accordée à M. Mohamed Boukentar, Conseiller communal de la ville de Bruxelles, administrateur régional de logement social, vice-président de la Foire

nous légitimer mentalement dans les sphères politiques, là même où nous avons démissionné en adoptant des postures victimaires. Car, comme le stipule le professeur Bédard, dans le cadre du leadership en Amérique du nord : « savoir que nous avons les moyens d'inverser la partie humaine de nos malheurs intensifie la conscience. La seule chose qui manque, l'unique et infime ingrédient, c'est justement le pouvoir d'utiliser avec intelligence nos pouvoirs. Nous ne nous sommes pas encore donné le pouvoir de réguler et de canaliser nos pouvoirs. »[157] Le travail herméneutique consiste justement à interpréter pour donner un sens et un cadre à nos pouvoirs, de peur que nous demeurions politiquement débiles et malades, parce que démissionnaires.

La démission est de l'apanage de ceux qui se contentent de leurs besoins premiers et qui vivent sous le mode de l'acceptation, de la résignation et non du choix. C'est malheureusement sous cet échiquier que se sont modelées les communautés noires depuis cinq siècles de présence ici en Amérique. L'exemple de Joseph et Daniel que j'ai évoqué dans cette étude s'avère un motif d'encouragement, une invitation à prendre en mains notre destinée collective. Ils ne se sont pas contentés du rôle qu'on leur assignait, ils n'ont pas cédé au mépris et coups bas des ayant droit ni rechercher les faveurs, ce qu'ils sont devenus ils l'ont mérité par une série d'attitudes, de qualités et par un mode de présence d'une qualité sans égale. Il va donc sans dire que l'engagement pour la citoyenneté et la politique exige le sens de responsabilité et de crédibilité. Étant donné que l'engagement politique vise à apporter des solutions aux problèmes du pays en général et de la diaspora en particulier, présenter des candidats responsables, compétents, dignes, intègres et intégrés à tout point de vue – comme ce fut le cas pour Daniel et ses amis – s'avère un impératif.

Le choix de la diaspora à une intégration politiquement engagée présente un double avantage : celui d'affirmer, d'une part, son sentiment d'appartenance et, d'autre part, de reconnaître et d'exercer légalement son devoir citoyen, en prenant sa place dans le pays d'accueil. Une diaspora qui vit en demi-citoyen se rend inévitablement vulnérable en tous points de vue. Son intégration est une exigence

---

Internationale, commissaire au compte de la société Sibergaz et administrateur du marché de gros. Cette entrevue a été réalisée par Hassan Zaatit dans *La Nouvelle Tribune*.

[157] Bédard, *Ibidem*, p. 213.

pour revaloriser son image. Cela suppose et nécessite tout à la fois un éveil et une volonté de changer les choses c'est-à-dire une déconstruction mentale pour une reconstruction idéologique et politique.

4.1. *Des facteurs qui fragilisent la diaspora* :

Prendre conscience de ses faiblesses permet de mieux rechercher des éléments de force pour assumer son avenir. Pourquoi, en dépit d'un grand nombre d'associations africaines, la diaspora demeure toujours politiquement une force négligeable ? Joseph aussi bien que Daniel avaient la conscience de représenter l'ensemble de leur peuple en exil. Sans une solidarité avec les membres de la diaspora, il est difficile de se faire imposer et de se tailler une bonne place pour exercer son droit. Les Asiatiques, les Arabes et autres peuples ont compris cette vérité. Pourtant, chez les Africains, on a l'impression que partout où ils passent, ils sont comme des chiens de chasse qui s'entredéchirent devant un os. De telles attitudes peuvent, non seulement rendre difficile toute fédération de la diaspora, mais aussi la fragiliser. Relevons quelques-unes de ces attitudes[158] : Le combat mené de façon isolée, l'égoïsme, la dispersion des forces, le refus d'adhésion aux groupes de la diaspora (ghettoïsation), le transfert des conflits inhérents aux pays d'origine dans les pays d'accueil, l'éclosion d'associations à caractère ethnique, le manque de transparence dans la gestion publique, la soif très prononcée du pouvoir chez certains, la recherche du pouvoir pour soi c'est-à-dire se servir au lieu de servir, le non-respect à la parole donnée.

4.2. Nécessité d'une conversion mentale et culturelle

Afin de valoriser son image et devenir indispensable sur le plan politique, il faut un changement de comportement en profondeur, notamment dans sa manière de se positionner politiquement. À cause de son apport considérable et des compétences de ses membres, la diaspora africaine doit se considérer plus comme un partenaire plutôt qu'un vassal. Elle devra considérer comme un droit sa participation aux différents postes de décision dans la mesure où elle apporte déjà

---

[158] Je propose aux lecteurs le commentaire détaillé de Vitraulle Mboungou dans *Forum Africa*, 5ème édition 2011. Elle a stigmatisé deux points essentiels concernant la diaspora africaine. Tout d'abord, « Diaspora africaine : les rivalités au sein d'une même communauté » et, ensuite, « Les ressortissants africains en Occident : des opportunistes en quête de pouvoir? » ||www.africatimeforpeace.comfr||.

sa quote-part au développement de ce pays. Bien que l'intégration économique soit souhaitable pour son épanouissement, il faut cependant que celle-ci soit accompagnée ou mieux précédée de l'intégration politique.

C'est le prix à payer pour sa reconnaissance et sa crédibilité, c'est-à-dire pour la valorisation de son image tant à l'interne qu'à l'externe. Cela ne s'improvise pas, il est le résultat d'un long processus dont voici quelques éléments constitutifs (déterminants) :

- L'ancrage social : c'est-à-dire, une présence qualitative dans un milieu donné et qui permet d'impacter son environnement en se faisant remarquer par des bonnes actions, une bonne conduite et dans des bonnes causes.
- Le décloisonnement culturel : adhésion aux valeurs qui ont bâti et soutenu le développement du pays d'accueil.
- La discipline : le progrès dans ce pays d'accueil est le fruit du travail et non de la prière désincarnée. Devenir politicien est un métier, et comme tout métier il faut l'aimer et le connaître. Cela exige de sortir de la mentalité de m'as-tu-vu ?
- L'épreuve : Joseph a éprouvé ses frères quand il les reconnaît en Égypte. Il s'avère parfois nécessaire d'éprouver son entourage en vue de collaborer avec des gens sincères versus le tribalisme. S'abstenir de faire alliance avec n'importe qui ou quelqu'un qui ne partage pas la même vision.
- Une bonne conscience de son identité : ceci permet de vaincre tout esprit de complexe.
- L'excellence : se distinguer par la qualité, sortir des chemins battus et de l'anonymat.
- La solidarité entre membres de la même diaspora, car l'union fait la force.
- La confiance et l'intégrité versus demeurer victime des préjugés.

CONCLUSION

Le présent porte en latence la mémoire du passé. Si celle-ci, comme source d'angoisse, est bien ravivée et guérie, elle permet de susciter une conscience de vie responsable pour un avenir mieux assumé. Notre siècle est affronté à une crise dont les paramètres sont loin d'être maîtrisés. Pour dénoncer ses causes profondes et ses effets cachés sur les plus démunis et par là réclamer leur droit à l'existence, ceux-ci se sont constitués en conscience globale. Par-ci par-là de groupes des indignés ont pris d'assaut certains lieux emblématiques et symboliques dans plusieurs capitales du monde. Une fois de plus, la conscience noire a été quasiment absente, alors qu'elle figure parmi les victimes les plus vulnérables.

La question de l'intégration de la diaspora ne pourra être résolue avec des consciences amorphes et prisonnières des idéologies colonialistes. « Il nous faut un autre type de conscience éveillée au pouvoir que l'homme et (dans une Afrique qui fait une large place aux valeurs chrétiennes, il convient de rappeler que) le chrétien détient pour justement changer le monde »[159]. Le temps de se contenter des incantations, aussi pieuses soient-elles, pour changer le monde est révolu. Il faut une attitude mentale renouvelée qui fasse sortir la diaspora de son apathie léthargique pour l'introduire dans le mode de l'engagement de la créativité et de la production[160]dans le pays d'accueil. Car, comme l'a si bien remarqué Becquet, « dans notre monde désenchanté, des individus, des groupes humains affirment pourtant que les hommes sont capables de refuser la fatalité, de bâtir un avenir, de s'ouvrir aux perspectives peut-être un peu folles d'un idéal »[161]. Et comme le remarque pertinemment bien Garey, « le problème fondamental des peuples noirs est beaucoup moins celui de leur race que celui de leur faiblesse. C'est la faiblesse qui suscite le mépris dont le Négro-africain est couvert… Que le Nègre (Sic) soit entreprenant et il finira avec des préjugés et le racisme dont il souffre »[162]. Il nous faut donc sortir de la mentalité non seulement des aliénés économiques mais aussi des aliénés politiques, ainsi que celle des assistés permanents, et nous battre ensemble, car personne ne le fera à notre place, pour oser assumer notre place dans toutes les sphères aux enjeux déterminants pour notre avenir en ce pays. L'exemple de Joseph et de Daniel s'avère en ce sens une source d'inspiration dans ce noble combat.

---

[159] Banon, P., *La révolution théoculturelle. Comprendre et gérer la diversité religieuse dans notre société*, Paris, Presse de la Renaissance, 2008, p. 9.
[160] Mba Abassole, P., La coutume : source de changement, fascicule, inédit, 2011, p. 74.
[161] Becquet, *Ibidem*, p. 48.
[162] Cité par Mbele, C.R. « Pour une critique de l'afro-pessimisme et de l'afro-dénigrement dans le discours dit postcolonial », *L'image de L'Afrique dans les littératures coloniales et postcoloniales*, Paris, L'Harmattan, 2007, p. 312. Voir aussi Ramazani Bishwende, A., « Le Noir et le savoir scientifique en contexte de mondialisation », *Afroscopie*, 1(2010), p. 23.

Bibliographie

BECQUET, G., F. DUMORTIER, M. JACOB, *La fosse aux lions. Lecture du livre de Daniel*, Paris, les éditions ouvrières, 1993. (175p).

BÉDARD, J., *Le pouvoir ou la vie. Repenser les enjeux de notre temps,* Paris, Fides, *2008.*

DELCOR, M., *Le livre de Daniel*, Paris, Gabalda et Cie, 1971.

DHORME, *Les religions de Babylone et d'Assyrie*, Paris, Galimard, 1945.

MBA ABASSOLE, La coutume, inédit, Gabon, 2007.

MBELE, « Pour une critique de l'afro-pessimisme et de l'afro-dénigrement dans le discours dit postcolonial », *L'image de L'Afrique dans les littératures coloniales et postcoloniales*, Paris, L'Harmattan, 2007

PAIEMENT' G., *Pour le changement. Guide d'analyse*, Ottawa, Novalis, 1990.

SILVA (Da), A., *Joseph face à ses frères. Un appel à mieux dialoguer aujourd'hui*, Montréal, Médiaspaul, 1996.

RAMAZANI BISHWENDE, A., « Le Noir et le savoir scientifique en contexte de mondialisation », *Afroscopie*, 1(2010), p. 23.

VIVIÉS (de), P.-M., « Daniel à la cour des rois de Babylone », dans *Biblia* 74 (décembre 2008), pp. 8-15.

WENIN, A., « L'histoire de Joseph (Genèses 37-50). Quelques clés pour lire le récit », *Cahiers Évangile* 130, décembre 2004.

www.africatimeforpeace.comfr

Chap X
Les politiques américaines d'inclusion des minorités : leçons et pistes d'action pour la communauté afro canadienne

Par Papa Samba Ndiaye[163]

« Les haines de races ne sont jamais au fond, que des haines de places ».
Edmond ROSTAND

Introduction

Pourquoi c'est important de porter le regard sur un tel sujet ?

Pour deux raisons au moins : d'abord, parce que derrière l'élection de Barack Obama en novembre 2008 comme premier président noir des États-Unis d'Amérique, il y a plus de dix mille élus afro-américains à tous les paliers du gouvernement ; ensuite, pour gagner des contrats publics aux États-Unis, les compagnies privées doivent démontrer que leurs personnels reflètent la diversité du pays. Même si le modèle américain est loin d'être parfait et le mythe d'une Amérique post-raciale quotidiennement remis en cause, ces quelques mesures adoptées au Sud de notre frontière ont fait leurs preuves. Et ce sont ces politiques que nous comptons explorer pour voir jusqu'à quel point, elles peuvent nous aider à élargir nos horizons et nos pistes d'action pour la communauté afro canadienne. Car le taux de chômage dans les communautés immigrantes au Canada qui atteint parfois le double de la moyenne nationale pose avec acuité la question de l'intégration par le travail des minorités en général, des minorités ethnoculturelles en particulier.

Comment je vais aborder la question?

Mon travail sera axé autour de quatre points : dans un premier temps, je ferai un portrait de l'immigration afro canadienne en me limitant à la ville de Gatineau au Québec pour des raisons de

[163] Papa Samba NDIAYE a poursuivi ses études en droit et en sciences politiques entre le Sénégal, la France, la Suisse et le Canada. Docteur en relations internationales (Université d'Ottawa), il est chercheur à la chaire Raoul Dandurand en études diplomatiques et stratégiques de l'Université du Québec à Montréal (UQAM) et Maître-assistant associé à l'Université Gaston Berger de Saint-Louis au Sénégal. Il est membre actif du CERCLECAD.

faisabilité de mon étude ; dans un deuxième temps, je déclinerai les approches théoriques qui inspirent ma réflexion ; dans un troisième temps, je parcourrai les politiques américaines d'inclusion des minorités ; et enfin, dans un quatrième temps, je dégagerai quelques leçons de l'expérience américaine et quelques pistes d'actions pour la communauté afro canadienne.

I. Portrait de l'immigration afro canadienne (région de Gatineau, Québec)

D'après le recensement de 2006, la population du Canada était estimée à 31.241.030. Dans ce total, les minorités visibles représentaient 5.068.090 personnes dont 783.795 personnes d'origine ou d'ascendance africaine. Leur dispersion sur le territoire canadien reflète le peuplement du pays ou plus de 50% de la population vit entre deux provinces à savoir le Québec et l'Ontario. Le tableau suivant donne une idée du phénomène :

DONNÉES DÉMOGRAPHIQUES SUR LES AFRO-CANADIENS

Population du Canada	31 241 030
Total des minorités visibles	5 068 090
Total des Noirs au Canada	783 795
Ontario	473 765
Québec	188 070
Alberta	47 075
Colombie Britannique	28 315
Nouvelle Écosse	19 230
Manitoba	15 660
Toronto	208555
Montréal	169 065
Ottawa	39 280
Hamilton	16 480
Gatineau	5 780

Source. Statistique Canada, recensement de 2006

Concernant maintenant la région de l'Outaouais, en 2006, la population totale était estimée à 239.980 personnes dont 21.500 personnes non immigrantes et 20.780 immigrants, soit 8,7% de la population totale. De ce nombre 5175 personnes sont d'origine ou d'ascendance africaine. Quand on regarde le niveau d'éducation et le taux d'employabilité, la courbe est renversée, c'est-à-dire que le taux des immigrants ayant un diplôme universitaire est le double de la population d'accueil, mais le taux de chômage chez les immigrants est deux fois plus élevé que la moyenne nationale. Les deux graphiques suivants donnent une idée de ces disparités :

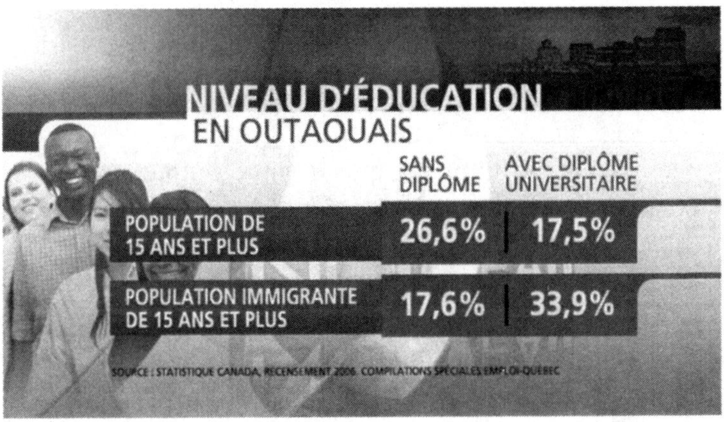

Source. Statistique Canada, recensement de 2006

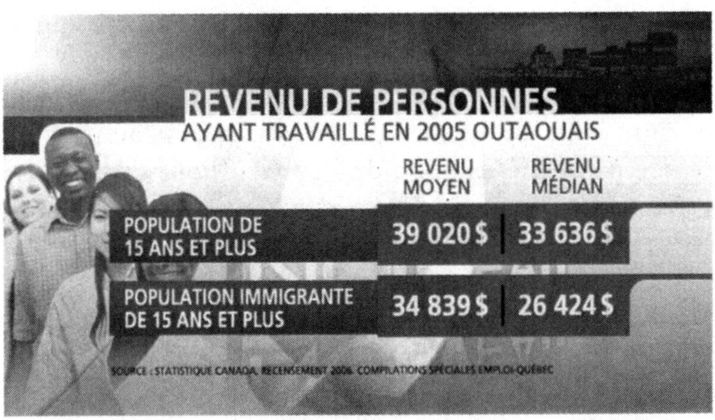

Source. Statistique Canada, recensement de 2006

Ces faits, chiffres et statistiques nous incitent à regarder du côté des États-Unis pour voir quelles leçons pourraient être apprises pour améliorer le sort des communautés immigrantes particulièrement celle d'origine ou d'ascendance africaine au Canada. Mais avant d'y arriver permettez-moi de décliner les approches théoriques sur lesquelles s'adossent ma réflexion.

II. Les théories qui inspirent ma réflexion

Notre travail s'appuie sur le socle des théories postcoloniales. Selon Achille Mbembé[164], il y a trois moments centraux dans le développement de la pensée postcoloniale. Premièrement, le moment inaugural qui est celui des luttes anticoloniales. Ces luttes sont précédées et accompagnées par la réflexion des colonisés sur eux-mêmes, sur les contradictions résultant de leur double statut « d'indigènes » et de « sujets » au sein de l'Empire ; par des débats entre ce qui relève des facteurs de « classe » et des facteurs de « race ».

Deuxièmement, le moment qui se situe autour des années 1980. C'est le moment de la grande herméneutique (*High Theory*), dont le temps fort est la publication de l'ouvrage maîtresse d'Edward Saïd[165]. C'est lui, un Palestinien apatride, qui pose les jalons de la théorie postcoloniale. Elle est comprise cette fois-ci comme une forme alternative de savoir sur la modernité et une discipline académique à part entière. L'un des apports décisifs de Saïd a été de montrer, contre la *doxa* marxiste de l'époque, que le projet colonial n'était pas réductible à un simple dispositif militaro économique, mais qu'il était sous-tendu par une infrastructure discursive, une économie symbolique, tout un appareil de savoir dont la violence était aussi bien épistémique que physique.

C'est également au cours des années 1980-1990 qu'une jonction s'opère entre la pensée postcoloniale et plusieurs autres courants aux généalogies particulières l'une de l'autre. Citons deux dont le mérite est d'offrir une assisse historiographique à ce qui jusqu'alors, consistait surtout en une analyse de textes littéraires. D'abord, les « *subaltern studies* », courant de réflexion historique né en Inde et qui développe une critique de l'historiographie nationaliste et anticoloniale tout en tentant de recouvrer les voix et capacités

---

[164] Mbembé, Achille, *Sortir de la grande nuit. Essai sur l'Afrique décolonisée*, Paris, La Découverte, 2010, p.75.

[165] Saïd, Edward, *L'Orientalisme. L'Orient créé par l'Occident*. Paris, Seuil, 1980, 392 p.

historiques des vaincus de la décolonisation (paysans, femmes, caste des intouchables, marginaux, subalternes) par le biais d'une relecture sélective du marxisme[166]. À cause du privilège accordé aux « sans voix » et aux « sans pouvoir », une bonne partie de l'inspiration théorique initiale de l'école des « *subaltern studies* » provient de Gramsci. Ensuite, il y a une pensée afro moderne qui se développe sur les pourtours de l'Atlantique. Ce courant de pensée est le fait des Afro-Britanniques, des Afro-Américains et des Afro- Caribéens. Sa préoccupation fondamentale est la réécriture des multiples histoires de la modernité au point de rencontre entre les faits de race et les facteurs de classe. Dans cette perspective, cette pensée afro moderne s'intéresse aussi bien à la question des diasporas qu'aux procédures par lesquelles les individus sont assujettis à des catégories infamantes qui leur barrent tout accès au statut de sujet dans l'histoire. Tel est notamment le cas de l'enfermement dans une race. W. E. B. Du Bois est de ce point de vue, le penseur afro-américain qui a analysé le mieux les effets du « sombre voile de couleur » dans lequel ont été enfermés les gens d'origine africaine dans le Nouveau Monde. Il fait valoir qu'un tel voile non seulement recouvre celui qui est obligé de le porter, mais encore, rend ce dernier méconnaissable et incompréhensible. C'est aussi un courant très sensible à la « thématique de la libération des esprits » et de la mémoire dans les conditions de la captivité, à la problématique de la dispersion (diasporas).

Troisièmement, ce moment est le fait central de notre époque qu'est la mondialisation. La plantation, la fabrique et la colonie ont été les principaux laboratoires où a été expérimenté le devenir autoritaire du monde tel qu'on l'observe aujourd'hui. C'est le mode de production, de circulation et de répartition des richesses, fondé sur le refus d'institutionnalisation de quelque domaine du « non appropriable » qui est analysé[167].Notre travail s'appuie sur le deuxième moment des théories postcoloniales, plus particulièrement celles des approches afro modernes. Voyons maintenant, les politiques américaines d'inclusion des minorités.

---

[166] Cf. aussi Ebanda de B'béri, Boulou (Dir.), *Les "Cultural Studies" dans les mondes francophones*, Ottawa, Presse de l'Université d'Ottawa, 2010, 316 p.

[167] Cf. Benoît, Awazi Mbambi Kungua, *De la postcolonie à la mondialisation néolibérale. Radioscopie éthique de la crise négro-africaine*, Paris, L'Harmattan, 2011, 204 p.

III. Les politiques américaines d'inclusion des minorités

Pour cette partie du travail nous empruntons à Pap Ndiaye la plupart de ses réflexions sur la situation des Afro-Américains. L'auteur est historien français, maître de conférences à l'école des hautes études en sciences sociales de Paris (EHESS). Il est un spécialiste incontournable de la question noire en France et aux États-Unis. Son livre, *Les Noirs américains. En marche pour l'égalité* est notre source principale[168]. Pour aborder la question américaine d'inclusion des minorités insistons sur trois points : premièrement, le mouvement des droits civiques ; deuxièmement, la politique « *d'affirmative action* » ; troisièmement enfin, la nouvelle visibilité des Noirs qui ne doit pas non plus occulter les difficultés auxquelles sont confrontés la plupart des membres de la communauté afro-américaine.

1) Le mouvement des droits civiques

La lutte pour l'égalité des Afro-Américains remonte aussi loin que le début de la traite négrière. On peut rappeler les suicides collectifs qu'organisaient les esclaves comme Nat Turner[169]. Mais c'est le mouvement des droits civiques qualifié de seconde reconstruction par certains historiens qui constitua pendant dix ans (1955-1965) une mobilisation populaire d'une ampleur inédite. La manifestation du 28 août 1963 à Washington en est l'un des temps forts. Ce jour-là, les Américains toutes couleurs confondues, Blancs comme Noirs, ont marché sur la capitale fédérale américaine pour manifester contre la ségrégation. Martin Luther King à cette occasion s'exprimait en ces termes :

---

[168] Ndiaye, Pap, *Les Noirs américains. En marche pour l'égalité*, Paris, Gallimard, c2009, 159 p.

[169] L'absence apparente de pensée stratégique dans ces soulèvements limités d'esclaves a parfois été commentée. La révolte de Nat Turner à Southampton, en Virginie, était le cas le plus célèbre. La révolte de Turner pouvait être comprise comme un rejet violent du paternalisme dans un monde qui, typiquement, gardait ses esclaves non sur de larges plantations, où un sentiment de classe aurait pu naître, mais dans de petits groupes proches de la maison, où le paternalisme soulignait quotidiennement les barrières insurmontables entre hommes libres et esclaves. L'extrême violence ordonnée dans un autre monde paraissait une réponse là où les frontières entre esclaves et hommes libres étaient la base immuable de l'interaction sociale quotidienne et intime. La violence démasquait l'illusion de la solidarité sociale. Cf. par exemple Durkheim, Émile, *The Elementary Form of Religious Life*, New York, The Free Press, 1995, [traduit par Karen E. Fields, 1912], p. 213.

« Après tant d'années, la communauté noire avait compris que son seul salut résidait dans l'unité d'action. Quand un Noir se révoltait, il était chassé de la ville ; si un millier de Noirs se dressait tous ensemble, la situation pouvait être radicalement modifiée ».

- Le principal moyen de lutte contre la ségrégation était d'ordre judiciaire

En 1946 déjà, la Cour suprême déclara inconstitutionnelle la discrimination dans les bus voyageurs d'État à État, et surtout, en 1954, à propos des écoles publiques, dans sa fameuse décision « *Brown v. Board of Education of Topeka* ». La cour déclara inconstitutionnelle la ségrégation dans les écoles publiques en ces termes : « la séparation des enfants sur un fondement racial génère un sentiment d'infériorité quant à leur statut dans la communauté qui peut affecter leurs esprits et leurs cœurs d'une manière irrémédiable ».

- Un autre moyen de lutte était le boycott (une action militante de masse)

Dans les bus de Montgomery, capitale de l'Alabama, une ligne imaginaire séparait les Blancs (devant) des Noirs (au fond). En fonction de l'affluence, les passagers noirs devaient céder les places assises aux passagers blancs. Une première occasion se présenta le 02 mars 1955 avec l'arrestation d'une jeune fille de 15 ans, Claudette Colvin, militante de la branche jeunesse du NAACP (*National Association for the Advancement of Colored People*)[170], pour refus de céder sa place. Mais Colvin était enceinte d'un homme marié, un petit scandale qui risquait de faire échouer l'opération. Une de ses amies, Rosa Parks, s'avéra meilleure candidate pour un parcours judiciaire éprouvant et risqué. Ainsi, le 1er décembre 1955, Rosa Park refusa de laisser sa place à un voyageur blanc. Le conducteur menaça d'appeler la police. Elle fut arrêtée et un boycott de la compagnie de bus s'ensuivra. Mais il fallait s'organiser si le boycott devait durer. C'est ainsi que le *Montgomery Improvement Association* (MIA) fut créée avec à sa tête un jeune pasteur de 26 ans du nom de Martin Luther King[171]. Le boycott a duré 381 jours et il avait fallu à la communauté

[170] En français, c'est l'Association nationale pour la promotion des personnes de couleurs.

[171] Il faut dire que l'arme du boycott n'était pas tout à fait nouvelle. Elle avait été utilisée dans le Sud des États-Unis par exemple, en 1952, par le militant Theodore

afro-américaine de mettre sur pied des formes de solidarité pratique pour tenir le coup comme le covoiturage, des automobilistes et des chauffeurs de taxi s'étaient portés volontaires pour transporter les usagers. Pendant ce temps, les bus étaient vides et la compagnie était au bord de la faillite. Des bâtons de dynamite furent jetés sur la maison de King, qui fut emprisonné aussi deux semaines à des fins d'intimidation. Le pays tout entier avait les yeux tournés vers Montgomery, et King devenait une personnalité d'envergure, à laquelle la grande presse consacrait des articles. Finalement, une décision de la cour suprême de novembre 1956 autorisait les passagers noirs à s'asseoir où ils voulaient dans les transports en commun du pays. La mobilisation des Noirs pour le boycott avait été couronnée de succès. C'est pourquoi le boycott des bus de Montgomery est considéré comme l'acte fondateur du mouvement des droits civiques aux USA.

- Une autre forme d'action, les vagues de *sit-in*

L'organisation de *sit-in* (occupation de lieux publics ségrégués) constitua une autre forme d'action. Ce n'était pas toutefois une innovation radicale[172]. La vague des *sit-in* commença en février 1960 lorsque quatre étudiants de Greensboro, en Caroline du Nord, s'assirent dans la cafétéria d'un magasin Woolworth's réservée aux Blancs. Personne n'osa les en expulser. Le lendemain, les protestataires étaient dix-neuf, quatre-vingt-cinq le surlendemain, et très vite *les sit-in* s'étendirent à toute la région.

- Une autre forme d'action, les voyages de la liberté (*freedom rides*)

Ces voyages rassemblaient des jeunes Noirs et Blancs. Ils voyageaient à travers le Sud des États-Unis pour apporter leur soutien à la population noire contre les lois discriminatoires. Le premier voyage eut lieu le 4 mai 1961 de Washington pour la Nouvelle-

---

Howard, qui sillonnait la région pour populariser ce moyen d'action plus radical que les méthodes purement juridiques.

[172] Gandhi et les indépendantistes indiens y avaient eu recours en Inde avant la guerre, ainsi que ponctuellement le *Congress of Racial Equality* (CORE). Fondé en 1942 par des étudiants de l'Université de Chicago, le CORE entendait appliquer la doctrine de la non-violence de Gandhi à la situation américaine.

Orléans mais avec difficulté car il y avait de la violence entre les voyageurs et certains Blancs racistes. Les voyageurs Blancs étaient particulièrement visés car considérés comme des traîtres à leur race. À leur retour dans le Nord, les militants étaient accueillis comme des héros. Les *freedom rides* eurent des conséquences non négligeables sur le mouvement des droits civiques. Leur couverture médiatique montra l'extrême violence des partisans de la ségrégation. Ce qui poussa le gouvernement à agir pour dé-ségréguer les gares routières.

2) La politique « *d'affirmative action* »

L'ascension figurante des Noirs est la conséquence des politiques de « *l'affirmative action* » à partir de 1965. Ces politiques que l'on traduit en français par « discrimination positive »[173] recouvrent aux États-Unis un ensemble de mesures qui accordent aux membres de groupes ayant été soumis dans le passé à un régime juridique discriminatoire un traitement préférentiel dans l'attribution de certains biens. Le dispositif s'applique à l'accession aux emplois publics, à l'admission dans les universités et à l'attribution de marchés publics[174]. À partir de 1965, cette politique d'action positive prit une tournure plus énergique qui visait à recruter les candidats en fonction notamment, mais pas exclusivement, de leur identité pour contribuer à la diversité[175]. Une des principales conséquences de cette politique était d'ouvrir les portes des universités aux femmes et aux Noirs. La hausse du niveau d'éducation en est une conséquence directe. Par exemple, en 1960, seulement 3% des Noirs possédaient un diplôme universitaire (contre 8% pour les Blancs) ; en 1980, 8% des Noirs possédaient un diplôme universitaire et 13% en 2008 (contre 23% pour les Blancs). Certains surent profiter de l'ouverture des domaines très exclusifs comme la conquête spatiale. Par exemple, en 1983, le

---

[173] La traduction n'est pas des meilleures car une discrimination ne peut pas être positive. C'est un oxymore et traduit notre état d'esprit. Esther Benbassa, directrice d'études à l'école pratique des hautes études à la Sorbonne et spécialiste de l'histoire des juifs et d'histoire comparée des minorités suggère le terme plus dynamique d'action positive. Cf. dans la revue *Mouvements* 2011, le dossier qu'elle a dirigé sur « la France en situation postcoloniale ».

[174] On peut par exemple exiger à un soumissionnaire dans un marché public de démontrer que son personnel reflète la diversité de l'Amérique et de prouver que les personnes issues des minorités n'occupent pas simplement des postes subalternes.

[175] Le terme est devenu officiel à partir de *l'arrêt Bakke* de la cour suprême. En prenant en compte cette identité dans le processus de sélection, la diversité était désormais considérée comme une chose positive pour tous les corps sociaux.

pilote de chasse Guion Bluford devint ainsi le premier astronaute noir. Il est suivi en 1991 par Mae Jemison, une Afro-Américaine docteure en médecine.

3) La nouvelle visibilité des Noirs

Au milieu des années 1960, le nombre de Noirs élus dans les instances décisionnelles était infime. Il y avait six élus noirs à la chambre des représentants et aucun maire de grande ville. Il fallait attendre 1967, qui marqua un tournant politique important, pour constater des progrès dans la représentation des Noirs avec l'élection de maires noirs dans plusieurs grandes villes comme à Gary dans l'Indiana. À Cleveland, dans l'Ohio, Carl Stokes fut élu de justesse devant son adversaire républicain grâce à une mobilisation des électeurs noirs ; Newark et Los Angeles élurent Tom Bradley maire de 1973 à 1993, puis Atlanta, La Nouvelle-Orléans et Detroit. Par ailleurs 17 Afro-Américains dont 4 femmes entrèrent à la chambre des représentants. Seul le Sénat était fermé aux Noirs jusqu'à 1967 où l'Afro-Américain Edward Brook fut élu pour le parti républicain de 1967 à 1979. Depuis lors, les seuls Afro-Américains à être élus au Sénat furent Carol Moseley-Braun de 1992 à 1998 et Barack Obama de 2004 à 2008. Aussi le poids grandissant des Noirs dans le parti démocrate les conduisit à réclamer plus de postes dans les instances du parti et plus de délégués dans les conventions nationales. Représentant environ 20% des électeurs du parti démocrate ils ne voulaient plus être de simples appoints électoraux. Ils créèrent des lobbies, comme le *Black Caucus* en 1969 qui rassemble les élus Noirs du Congrès, et la *National Black Political Assembly.* Du côté du pouvoir exécutif aussi des changements positifs sont notés. Par exemple, Jimmy Carter élu à la Maison Blanche en 1976, nomma des Noirs à des postes de responsabilités. Comme Patricia Harris au ministère du logement ou encore Andrew Young comme ambassadeur des USA aux Nations Unies et bien d'autres à des postes de responsabilités moins en vue. La situation économique des Noirs restait toutefois plus contrastée.

- Les difficultés de la communauté afro-américaine

À côté de la classe moyenne qui a profité de la politique d'action positive, une majorité de Noirs est laissée en rade par le système du fait de leur faible niveau scolaire. Aussi le départ des classes moyennes vers des quartiers résidentiels a contribué à isoler davantage ces personnes démunies. Car tant qu'elles étaient encore là, il subsistait des institutions viables (écoles, églises, magasins, etc.) qui tiraient leur stabilité et leurs revenus de la présence de familles salariées tout en bénéficiant aux plus pauvres. En outre, pour les enfants, l'existence de personnes à revenu constant, tiré de formes de travail conventionnelles, fournissait un modèle social positif. Pourtant, cette présence politique noire dans les municipalités s'accompagnait d'un appauvrissement des grands centres urbains, désertés par les sièges des grandes compagnies et les classes moyennes blanches. Les villes manquaient de revenus pour mettre en place des programmes d'aide efficaces et durables aux populations démunies qui continuaient d'y résider.

Toutefois, si les Noirs Américains sont dans leur grande majorité fiers des progrès accomplis depuis un demi-siècle, de leur représentation politique et de leur forte visibilité dans les domaines culturels et sportifs notamment, ils sont aussi inquiets de leur situation sociale et de l'avenir de leurs enfants. Car ils n'ignorent pas que beaucoup reste à faire. Par exemple, dans le domaine de l'emploi avec un chômage qui touche trois fois plus les Noirs que les Blancs américains ; en matière de justice aussi, où un million de Noirs sont dans les prisons pour une population carcérale de deux millions trois cent mille ; en matière de santé aussi, car une personne sur deux porteuse du VIH ou malade du SIDA est noire.

IV. Leçons à tirer pour la communauté afro canadienne

De l'expérience américaine nous retenons que la lutte pour l'égalité est un combat long et pénible qui exige des sacrifices personnels et collectifs mais aussi de la persévérance. Sous ce rapport, le CERCLECAD doit aller au-delà des conférences mensuelles pour mener des recherches thématiques et plus ciblées sur la situation des Afro- Canadiens, comme par exemple, les logements insalubres, le chômage chronique dans la communauté mais aussi, les « *success stories* » pour donner des exemples valorisants et inspirants aux jeunes qui, malheureusement, décrochent de l'école précocement en raison des difficultés personnelles et familiales de toutes sortes.

En outre, nous devons aussi travailler notre visibilité et notre réputation. La visibilité c'est qui parle de moi ? La réputation c'est que dit-on de moi ? Malheureusement, quand on parle des Noirs, c'est jamais de façon reluisante. Il y a malheureusement une mauvaise perception des Noirs que des siècles de l'ethnologie coloniale puis les médias dominants ont mis à construire. Il ne sera pas facile d'éradiquer cette situation du jour au lendemain. Mais nous devons commencer quelque part en prêchant par l'exemple dans nos comportements et nos attitudes quotidiens avec nos semblables.

On parle beaucoup des individualités c'est important, mais il y a des causes qu'une seule personne ne peut pas porter seule. Il faut des groupes pour peser par exemple sur les choix politiques de notre pays d'accueil et d'adoption. Comment ? En s'engageant politiquement, au sens large pas seulement en cherchant à être candidat à une élection fédérale, mais dans toutes les instances de pouvoir, du fédéral au provincial en passant par le niveau municipal, mais aussi, dans les commissions scolaires de nos enfants, dans nos églises, nos mosquées et nos synagogues.

Par ailleurs, on peut aussi travailler avec les individus qui sont disposés à le faire avec nous en essayant de coopter des personnes influentes qui portent l'Afrique dans leur cœur comme des anciens ambassadeurs, des fonctionnaires, des députés, des maires, des journalistes, des militaires, des agents de développement international, etc. De même, nous ne devons pas avoir peur ni être complexés à participer aux discours publics en prenant position face aux grands enjeux qui interpellent notre société d'accueil. Comment ? À travers des communiqués ou conférence de presse, des déclarations ou autres[176].

Conclusion

L'immigration est une tendance lourde des pays industrialisés confrontés au vieillissement de la population et au déclin démographique. Toutefois, si le Canada est connu comme un pays ouvert à l'immigration qui accueille environ 250.000 personnes par année, leur intégration sur le marché du travail demeure un défi de taille. Car le taux de chômage chez les communautés immigrantes est deux fois plus élevé que chez la population d'accueil plus particulièrement les immigrants d'origine ou d'ascendance africaine.

---

[176] Cf. Mearsheimer, John ; Walt, Stephen, *Le lobby pro-israélien et la politique étrangère américaine*, Paris, La Découverte, 2009, 500p. Dans ce livre que je conseille aux personnes qui veulent peser sur les politiques publiques de lire, les auteurs, deux universitaires américains réputés, expliquent les méthodes qu'utilise le lobby juif pour peser et influencer la politique américaine au Moyen Orient. Pour peser sur les choix politiques par exemple, il essaie de dominer le Capitole, d'élire un président pro-israélien et de mettre le gouvernement au pas. Pour peser sur le discours public, il contrôle les médias, domine les *Think Tanks* et surveille l'université entre autres.

Les politiques américaines d'inclusion des minorités sans être parfaites peuvent être source d'inspiration pour la communauté afro canadienne.

Bibliographie et références

Benoît Awazi Mbambi Kungua, *De la postcolonie à la mondialisation néolibérale. Radioscopie éthique de la crise négro-africaine*, Paris, L'Harmattan, 2011, 204p.

Bacharan, Nicole, *Les Noirs américains. Des champs de coton à la Maison Blanche*, Paris, Tempus, 2010, 618p.

Barack, Obama, *De la race en Amérique*, Paris, Grasset, c2008, 84p.

Dawson, Michael, C, *Black Visions: The Roots of Contemporary African-American Political Ideologies*, Chicago, University of Chicago Press, 2003, 352p.

Du Bois, W.E.B, *Les âmes du peuple noir*, Paris, La Découverte, 2007, 339p.

Ebanda de B'béri, Boulou (dir.), *Les "Cultural Studies" dans les mondes francophones*, Ottawa, Presse de l'Université d'Ottawa, 2010, 316p.

Foner, Eric, *Nothing but Freedom. Emancipation and its Legacy*, Baton Rouge, Louisiana State University, 2007, 142p.

Mbembé, Achille, *Sortir de la grande nuit. Essai sur l'Afrique décolonisée*, Paris, La Découverte, 2010, 246p.

Mearsheimer, John; Walt, Stephen, *Le lobby pro-israélien et la politique étrangère américaine*, Paris, La Découverte, 2009, 500p.

Ndiaye, Pap, *Les Noirs américains. En marche pour l'égalité*, Paris, Gallimard, c2009, 159p.

Ogbar, Jeffrey, *Black Power: Radical Politics and African American Identity*, Baltimore, Johns Hopkins University Press, 2005, 258p.

Sabbagh, Daniel, *L'égalité par le droit : les paradoxes de la discrimination positive aux États-Unis*, Paris, Économica, 2003, 452p.

Saïd, Edward, *L'Orientalisme. L'Orient créé par l'Occident*. Paris, Seuil, 1980, 392p.

Statistique Canada, *Recensement de 2006*, http://www.statcan.gc.ca, consulté le 15 février 2012

Ville de Gatineau, *Énoncé de valeurs. Des clés pour mon intégration à Gatineau*, Gatineau, Ville de Gatineau, 2011, 20p.

Chap XIII
L'Afrique, victime de ses ressources économiques

Par le Dr Alphonse SEKRE GBODJÉ[177]

Résumé

Le continent africain est fondamentalement riche en ressources agricoles, minières, et pétrolières. Ces différentes matières premières et l'importance du marché africain attirent les puissances occidentales et asiatiques qui, pour contrôler ces ressources n'hésitent pas à déclencher des conflits politiques ou armés au sein dudit continent. Elles y maintiennent et entretiennent des dictatures favorables à leurs intérêts économiques à partir du contrôle de l'appareil étatique et administratif des pays africains. L'Afrique est ainsi prise dans le jeu des intérêts géostratégiques et économiques des grandes puissances du monde et demeure le centre de toutes sortes de rivalités : coups d'État militaires ou électoraux, guerres civiles ou guerres inter-états.

Mots clés

Fondements, conflits politico-militaires, conflits armés, guerres civiles, ressources économiques, ressources minières, Occidentaux, Asiatiques, Afrique

---

[177] **Dr Alphonse SEKRE GBODJE**, Maître-Assistant, Directeur du Département d'Histoire à l'UFR/CMS de l'Université de Bouaké (RCI), est titulaire d'une Thèse Unique de Doctorat en Histoire contemporaine. Enseignant-chercheur en Histoire politique au Département d'Histoire de ladite université, les grandes questions de l'Afrique contemporaine, le pouvoir politique et la gestion des États africains postcoloniaux constituent son centre d'intérêt et d'étude. Alphonse SEKRE GBODJE est aussi enseignant d'éthique politique à l'Université Catholique de l'Afrique de l'Ouest (sis à Abidjan). Auteur de plusieurs articles scientifiques dont : « Les racines du pouvoir politique en Afrique », « le pouvoir politique dans les instances de l'Église en Afrique », « Le répertoire chronologique des coups d'État et conflits armés en Afrique : 1952-2012 », « Le pouvoir politique et sa gestion en pays dida », « L'Afrique et les défis de l'immigration », « L'Eglise Catholique face aux défis moraux de la vie politique », « Mori Touré et la fondation de l'État de Marabadiassa »… Très bientôt, la sortie d'un livre intitulé : « Le prêtre sans la soutane ».

Abstact

The African continent is fundamentally rich in oil and other agricultural or mining resources. These raw matérials added to the size and importance of the African market attract western and Asian rich and powerful countries, which do not hesitate to prompt political or armed conflits in order to control these resources. They tolerate dictatorship that favour their interests, Africa is there for trapped in the game of geostrategic and economical interests and stay the heart of all sorts of rivalries where these is always military coup, civil wars or wars opposing countries.

Key words:

Fundements, political and miltary conflits, armed conflits, civil wars, economics resources, mining resources, Western , Asian, Africa,

Introduction

La réflexion sur les causes des conflits en Afrique a été motivée par le « paradoxe africain ». Nous appelons le « paradoxe africain », la situation d'une Afrique à la fois riche en ressources naturelles et affamée, vivant au rythme d'incessantes crises armées. Pour le sociologue suisse Jean Ziegler, les conflits qui endeuillent l'Afrique trouvent le plus souvent leurs fondements dans l'idéologie des seigneurs du monde[178] qui règnent sur l'univers autant par leurs énoncés idéologiques que par la contrainte économique ou la domination militaire qu'ils exercent.[179] Le continent semble de ce point de vue, être pris dans le tourbillon des intérêts économiques, politiques et géostratégiques des puissances impérialistes

[178]Ziegler Jean, 2002, *Les Nouveaux maîtres du monde et ceux qui leur résistent,* Paris, Fayard, p.63. La figure idéologique qui guide leur pratique porte un nom anodin « Consensus de Washington », c'est-à-dire, une gamme d'accords informels, de ***gentleman agreements***, conclus tout au long des années quatre vingt et quatre-vingt-dix entre les principales sociétés transcontinentales, banques de *Wall Street*, Federal Reserve Bank américaine et organismes financiers internationaux – Banque mondiale, Fonds monétaire international etc. – en 1989, John Williamson, économiste en chef et vice-président de la Banque mondiale, formalisa le « consensus ». Ses principes fondateurs sont applicables sur n'importe quel continent. Ils visent à obtenir, le plus rapidement possible, la liquidation de toute instance régulatrice, étatique ou non, la libéralisation la plus totale et la plus rapide possible de tous les marchés – des biens, des capitaux, des services, des brevets etc. – et l'instauration à terme d'une ***stateless global governance (ce concept a été conçu par les théoriciens de la société de l'information, tels Alvin Toffleret Nicholas Negroponte)***, d'un marché mondial unifié et totalement autorégulé.

[179] *Idem*, p.63

occidentales[180]. L'État et les institutions politico-administratives se disloquent, les nations africaines se désagrègent et la fracture sociale, de jour en jour, devient très profonde. Le continent se trouve plombé ; presque dans tous les pays sévit la pauvreté et, le progrès au sens réel d'épanouissement des peuples africains y reste une vue d'esprit. *Comment comprendre et expliquer toutes ces contradictions et conflits qui plongent le continent dans un état léthargique et de pauvreté ? L'Afrique serait-elle victime de ses ressources économiques ?* Pour mieux aborder la question des fondements des crises africaines, nous avons compulsé les ouvrages de certains auteurs comme Blanchet (A.) et Gotman (A.)[181], Jean Ziegler[182], Mawuto R. Afan[183], Misrahi Robert[184], Max Liniger-Goumaz[185], Sémou Pathé Guèye[186], Willaumez (E.)[187], Assalé Tingbo (G.P.)[188]. À ces ouvrages s'ajoutent les articles du journaliste Michaël Pauron, Jacques Marraud des Grottes et Essaga Stéphane parus dans les hebdomadaires internationaux indépendants tels *Le Monde* et *Jeune Afrique*[189]. Ces écrits qui n'épuisent pas totalement le sujet, dans leur ensemble, ont permis de faire l'état de la question et de répondre à la problématique des causes des conflits en Afrique à partir de l'étude des matières premières africaines, du poids commercial du continent africain.

---

[180] Ce qui compte pour ces puissances, c'est l'exploitation abusive des ressources économiques du continent et non le bien être des citoyens africains. Cette attitude machiavélique des occidentaux expliquerait la recrudescence des conflits politiques – *coups d'Etat armés ou électoraux, rebellions armées, guerres civiles ou conflits inter-états*– qui endeuillent et maintiennent l'Afrique dans un état de précarité absolue.

[181] Blanchet (A.) et Gotman (A.), 1992, *L'enquête et ses méthodes : l'entretien*, Paris, Editions Nathan, 125 p

[182] Ziegler Jean, *op. cit*, p. 99 et suite.

[183] Mawuto R. Afan, (O.P.), 2001, *La participation démocratique en Afrique, éthique politique et engagement chrétien,* Paris, Cerf, 372p.

[184] Misrahi Robert, 1995, *Existence et Démocratie*, Paris, PUF, 244p.

[185] Max Liniger-Goumaz, 1992, *La démocrature, dictature camouflée, démocratie truquée*, Paris, Harmattan, p.212.

[186] Sémou Pathé Guèye, 2003, *Du bon usage de la démocratie en Afrique*, Dakar, NEA du Sénégal, 248p.

[187] Willaumez (E.), 1898, *Commerce et traite des noirs aux côtes occidentales d'Afrique*, Paris, A. Impr. Nationale, 212p

[188] Assalé Tingbo (G.P.), 2008, *La saison prochaine à Bengué*, Paris, ed. Thèlès, 195 p.

[189] Michael Pauron, 2010, (envoyé spécial de Jeune Afrique à Abidjan), *Jeune Afrique* (hebdomadaire international indépendant), 51è année, n° 2603 du 28 novembre au 4 décembre pp.75-76.

I- ESQUISSE D'ÉTUDE DES RESSOURCES AGRICOLES ET MINIÈRES

C'est la ruée vers les matières premières du continent. Il faut s'en accaparer et pour y parvenir, il faut une Afrique déstabilisée par les conflits armés, sans États forts capables d'imposer aux sociétés transnationales des règles de conduite et des modalités d'exploitation de ses matières premières vitales. Celles-ci accèdent facilement et sans protocole, aux ressources agricoles et minières qu'elles sucent sans état d'âme au détriment des nations africaines.

1. Les produits agricoles

Il serait fastidieux d'aborder ici, de manière exhaustive, la question des matières premières agricoles en tenant compte de l'ensemble des pays africains. L'étude insistera cependant, sur quelques ressources agricoles exploitées par certaines multinationales occidentales ou asiatiques sur fond de conflits en Afrique. En effet, dans la vision des concepteurs et tenants du colonialisme, les colonies, notamment, celles de l'Afrique devaient demeurer de véritables réservoirs de matières premières. Il n'était pas question de cultiver ou de faire prospérer une quelconque idée de progrès industriel sur le continent parce que, si l'Afrique, riche en ressources de toutes natures, devait se doter des structures industrielles fortes, elle relativiserait ou même, supplanterait les puissances colonisatrices en la matière. Presque tous les pays africains ont constitué et continuent d'être une source privilégiée d'approvisionnement en matières premières agricoles pour certaines sociétés occidentales : l'arachide du Sénégal pour *Lesieur* et, pendant longtemps, le coton du Tchad pour *Boussac.* En Côte d'Ivoire, le binôme café-cacao est détenu par plusieurs multinationales comme Cargill (société américaine gérée par les Français), Zamacom (société américaine), Novel-CI (société française), ADM (société américaine), Saf-Cacao (société ivoiro-libanaise), Oustan (société indienne) etc. À côté de ces sociétés étrangères, existent quelques entreprises mineures de cacao tenues par des nationaux : Coopadis et 2cucs. Dans ce pays, en effet, la balance agricole demeure largement excédentaire (18,5 % du PNB). L'agriculture se répartit pour moitié entre les cultures vivrières et les cultures d'exportations. La Côte d'Ivoire est le premier producteur mondial de cacao et le cinquième de café. Les exportations de cacao représentent 10 % du PNB et celles du café 2,7 %. La surproduction a entraîné l'effondrement des cours sur le marché mondial, ce qui a provoqué une forte baisse des revenus du monde paysan. La tendance semble s'inverser tant pour le cacao que pour le café. La production de coton dont l'exportation représente 1,6 % du PNB du pays, augmente régulièrement et fait de la Côte d'Ivoire l'un des pays producteurs clés de la sous région ouest-africaine. Aussi, le pays vend-il à l'étranger l'hévéa, l'ananas, la banane douce, l'huile de palme et l'anacarde. La pêche porte sur un peu plus de 100 000 t de poissons par an et l'élevage est peu développée[190].

Par ailleurs, depuis les années 1950 et, précisément, à partir de 1960, la production de bois a connu une chute vertigineuse consécutive à l'action de certaines sociétés multinationales comme *Thanry* installée en Côte d'Ivoire à Guiglo et à Duekoué ; *Cib* – Compagnie Industrielle de Bois – installée à Gagnoa. Cette société franco-italienne détient toujours le monopole d'exploitation de bois dans la région de Gagnoa. Dans toute la zone forestière du sud ouest ou du grand ouest du pays, plusieurs compagnies de bois y ont pratiquement déboisé les réserves forestières exploitables. Mais depuis 1990, on observe, une augmentation des coupes et des exportations (3,2 % du PNB) à cause de la politique de reboisement de l'État ivoirien.

Au Cameroun par exemple, les cultures d'exportation constituent la base de l'économie. Le pays est le sixième producteur mondial de cacao (2,1 % du PNB). Le caféier, couvre 400 000 hectares (85 % plantés en robusta) dans l'Ouest et le Sud, connaît un net recul à cause de la chute des prix. Autres cultures d'exportation : le bananier, l'hévéa, le palmier à huile et le coton. L'élevage, pratiqué dans le Nord, et l'exploitation du bois sont des ressources appréciables.

Au Gabon le bois est la principale ressource tirée du secteur primaire. *L'Okoumé,* dont le Gabon a, avec le Congo et la Guinée équatoriale, le monopole, représente 93 % des ventes de bois. Le cacao et le café sont les deux cultures d'exportation mais les ventes annuelles sont insignifiantes.

En Tunisie, la principale culture est le blé (20 % des terres cultivées). Elle est aussi, le deuxième exportateur mondial d'huile d'olive (27 % du PNB) après l'Italie. Orge, tomates, pastèques et agrumes sont les autres produits cultivés sur le sol tunisien. L'élevage se pratique de manière extensive avec un cheptel constitué d'ovins (6 290 000 têtes).

---

[190] Michael Pauron, *op. cit*, p. 1349.

En République démocratique du Congo (Ex-Zaïre), depuis les troubles de 1991, l'agriculture est la première activité du pays. La principale culture d'exportation est le café *robusta* (16ème producteur mondial). Les cultures vivrières du pays sont le manioc (30 % des terres cultivées, le maïs (15 %) et l'arachide (7 %)[191].

Cette agriculture africaine, continue d'être prisée par les puissances colonisatrices occidentales. Elles passent par tous les moyens pour en détenir le contrôle exclusif. Mais aujourd'hui, les partenaires économiques de l'Afrique se sont considérablement multipliés ; les Asiatiques, à leur tour, se ruent sur le continent pour y hypothéquer des terres fertiles. C'est le cas au Madagascar où *l'affaire Daewoo* a fait la une des journaux. Le géant sud-coréen *Daewoo Logistics* a annoncé la signature d'un contrat de « location » de 1,300 millions d'hectares de terres arabes pour 99 ans, en vue de la culture de maïs et de palmiers. Les détails du contrat sont très préoccupants ; la surface louée représente l'équivalent de la moitié des terres arables de l'île. Dans la partie Ouest de cette surface, Daewoo plantera le maïs d'origine américaine sur 1million d'hectares et, dans le secteur Est, sur 300 000 hectares, du palmier à huile importé d'Indonésie et du Costa Rica. La récolte brute sera convoyée vers la Corée du Sud au détriment du contribuable malgache[192]. Aussi, l'accord ne prévoit pas de versement d'argent à l'État malgache ; les investissements qui s'élèvent à 6 milliards de $ sur 25 ans, dans les infrastructures nécessaires à la mise en œuvre du projet tiendraient lieu de « prix de location de ladite terre ». Comment comprendre le « paradoxe malgache » ? Comment un pays aussi pauvre en ressources économiques, peut-il accepter que la Corée du Sud exploite de manière abusive et, presque gratuitement ses terres et, surtout, de convoyer toute la production de l'huile de palme convertible en biocarburant chez elle ? La réponse se trouve incontestablement dans la manifestation de l'idéologie impérialiste qui voudrait que les plus grands s'approprient injustement les biens des plus petits sans être inquiétés. Les réserves minières du continent ne seront pas épargnées, elles font également l'objet d'une exploitation abusive de la part des multinationales occidentales.

[191] *Idem*, p.1446.
[192] *Le Monde* du 20 novembre 2008, p. 22.

2. Les ressources minières.

Le sous sol du continent africain est immensément riche en ressources minières. L'étude indiquera seulement quelques foyers miniers et leur importance. Commençons par la République sud-africaine, première puissance économique du continent. Avec 82 % des réserves mondiales de manganèse, le pays occupe le premier rang mondial, mais également, demeure le premier producteur de platine et de chrome avec respectivement 69 % et 56% des réserves mondiales. Le pays est en outre, classé deuxième producteur de diamants avec 24 % des réserves mondiales et quatrième dans la production du charbon avec 8 % des réserves mondiales.[193] L'extraction de l'or avoisine 40 % de la production mondiale et le quart des exportations apporte le plus de revenus. Déjà avec ces performances, on peut affirmer que l'Afrique du Sud reste une grande puissance minière.[194] Loin des crises armées après la longue période de ségrégation raciale, le pays tire réellement partie de ses ressources, ce qui justifie d'ailleurs sa place de première puissance africaine.

Areva, une multinationale française pille l'uranium du Niger. Sur la base de ces prix moyens et d'une production oscillant entre 100 mille et 150 mille tonnes, la vente de l'Uranium du Niger se chiffre entre 4.2 milliards et 6.3 milliards d'euros[195]. Si le prix international avait été appliqué, le Niger aurait perçu entre 19 et 28 milliards d'euros. La perte est alors estimée à 22 milliards d'euros, soit environ 15000 milliards de F cfa. Enorme ! Pour un pays qui compte à peine 2 milliards de F cfa de Pib et dont le modeste budget est généreusement alimenté par l'aide public au développement pour plus de la moitié[196]. Le cynisme d'Areva va encore plus loin : les 100% de l'électricité, soit 225 millions de kilowatt/heure, proviennent de l'énergie fossile et sont largement importés du Nigeria voisin. Selon Areva encore, en

---

[193] Cf. *Dictionnaire Universel, op.cit.*, p. 1316.

[194] Le charbon, dont le coût d'extraction est le plus faible du monde, constitue la principale ressource énergétique du pays. 40 % du carburant liquide est produit à partir de ce minerai. Pour suppléer à l'absence de pétrole et préserver son indépendance énergétique, l'Afrique du Sud s'est lancée dans un vaste programme de construction de centrales nucléaires. Pénalisée par le manque d'eau, l'industrie est néanmoins la plus développée du continent. Les principaux secteurs industriels sont les industries alimentaires, la chimie et l'automobile.

[195] Cf : *www.fratmat.info* / Fraternité Matin du Lundi 14 mars 2011, 46e année/N°13903, pp. 2-3.

[196] *Idem.*

2006, la compagnie n'a atteint que le seuil de 100.000 tonnes d'uranium extrait. Le gouvernement du Niger a reçu 300 milliards sur un total de 2300 milliards de revenu de la vente[197]. Pour en arriver là, il a fallu réprimer et écarter, à la veille de l'indépendance le 03 août 1960, le patriote panafricaniste Djibo Bakary du Rassemblement démocratique africain qui avait le soutien des progressistes Kwamé N'Krumah, Sékou Touré et Abdou Moumouni, l'un des fondateurs marxistes-léninistes du parti africain de l'indépendance[198]. À y regarder de plus près, la véritable stratégie néocoloniale consiste à étendre la mainmise des entreprises monopolistes américaines et françaises en Afrique, soit étendue la mainmise des entreprises monopolistes américaines, européennes et françaises sur les matières premières.

Au Benin, les activités du secteur minier sont très limitées, bien que le sous-sol du pays soit riche en potentialités minières. On a l'or produit à Perma, le marbre à Idadjo, le calcaire à Onigbolo, le phosphate à Mekrou et le fer à Loumbou-Loumbou. Le gouvernement voudrait privatiser ce secteur minier mais les multinationales s'y intéressent peu ; il demande beaucoup d'investissement.[199] Au Burundi, le kaolin et l'or exploités par les orpailleurs en petite quantité, constituent les deux productions minières. Il existe cependant d'importantes réserves de nickel non exploitées. L'activité industrielle est restée à l'état embryonnaire. En Centrafrique, les mines de diamants (Bria et Berberati) constituent la grande richesse nationale. La production officielle représente 5,3 % du PNB et la production officieuse 15 %.

Au Gabon, on produit de l'uranium et du manganèse. Le gisement de phosphate découvert en 1989 contient des réserves évaluées à 50 000 000 t.[200] La Tunisie est le 6ème producteur mondial de phosphate avec une production en légère augmentation chaque année. En République démocratique du Congo (Ex-Zaïre), le sous-sol est infiniment riche en ressources minières. Avant 1991, les principales productions étaient le cuivre, le diamant, l'or, le cobalt. La Zambie est

---

[197] *Idem.*

[198] Cf : *www.fratmat.info* / Fraternité Matin du Lundi 14 mars 2011, 46e année/N°13903, pp. 2-3.

[199] C f. *Dictionnaire Universel*, *op.cit.*, p.1328 ; Cf. Jeune Afrique, éd. Afrique Subsaharienne, n°2603 du 28 novembre au 4 décembre 2010, pp.63-69.

[200] Cf. *Dictionnaire Universel, op.cit.*, p.1334-1342.

le 5ème producteur mondial de cuivre avec plus de 400 000 tonnes (15 % du PNB). Afin de compenser la baisse de la production et du prix du cuivre, des investissements ont été effectués dans la prospection de pierres précieuses (émeraude)[201].

L'Afrique compte plusieurs pays riches en minerais, ce tableau n'est donc pas exhaustif. Ses ressources dont l'exploitation a toujours constitué une source de conflits sur le continent, profitent aux multinationales occidentales. À ces minerais s'ajoutent les gisements pétroliers

II. L'Afrique et ses gisements de pétrole

Nous examinerons successivement la question au niveau des pays pétroliers de l'Afrique septentrionale, de la façade atlantique et du golf de guinée. Tous ces pays se trouvent en effet, dans le tourbillon des intérêts géostratégiques et économiques des Occidentaux.

1. L'or noir en Afrique septentrionale

« L'or noir », c'est le pétrole et, cette partie du continent constitue un grand réservoir pétrolier. En effet, l'or noir est produit dans les pays comme l'Algérie, la Tunisie, l'Égypte et la Lybie etc. Premier producteur africain de gaz naturel et troisième producteur de pétrole, *l'Algérie* dispose de réserves évaluées à 8,2 milliards de tonnes de pétrole et 4 500 milliards de m^3 de gaz. L'État avait le monopole de l'exploitation jusqu'à la loi de décembre 1992 qui autorise l'intervention de sociétés privées à concurrence de 49 % de la production. L'industrie est surtout, constituée de groupes surdimensionnés dont l'État reste le propriétaire[202]. En Tunisie, la production de pétrole est régulière. Le pays produit environ 5 millions de tonnes par an pour des réserves estimées à 233 millions de tonnes[203]. La production de gaz naturel est faible en Tunisie ; elle représente 0,4 milliard de m^3. En ce qui concerne l'Égypte, elle a produit en 1992, 46 millions de tonnes de pétrole, 10 milliards de m^3 de gaz naturel et, 8 à 10 milliards de Kwh d'hydroélectricité. Il faut toutefois, reconnaître que le secteur pétrolier du pays qui est particulièrement en développement n'est pas trop compétitif et son industrie, en cours de privatisation[204].

---

[201] *Idem,* pp. 1446-1364.

[202] Cf. *Dictionnaire Universel, op.cit.*, p.1334-1342.

[203] *Idem*, pp. 1353 et suite.

[204] *Idem*, pp. 1353 -1354.

L'économie de la Lybie reposait sur l'agriculture, avant la découverte du pétrole en 1958. L'élevage était une activité importante dans cette société de tradition nomade. La découverte de gisements de pétrole a transformé l'économie de la Libye, dont l'industrie repose désormais sur le raffinage du pétrole et l'industrie pétrochimique. Le pays de ce point de vue apparaissait comme l'un des pays émergeant du continent.

Mais malheureusement, sous le prétexte de chasser le dictateur et de promouvoir la démocratie, les Occidentaux avec à leur tête, la France et les États-Unis d'Amérique, ont monté de toutes pièces une rébellion armée sous le nom de CNT *(Conseil National de Transition)*. Ce Conseil a reçu l'appui financier, technique et logistique (armes, chars, avions) des Occidentaux qui, par le biais de l'OTAN, ont bombardé les villes et positions tenues par les troupes de feu colonel Kadhafi. Pour certains africanistes, l'ex-Président libyen est considéré comme l'un des fils de l'Afrique digne et, même, sa dictature si c'était le cas, serait mieux que la servitude morale et économique de l'Occident impérialiste. Feu colonel Kadhafi serait le père de la Lybie moderne et prospère : distribution gratuite de l'eau potable, de l'électricité et de logements aux citoyens libyens, construction des écoles, des universités et des centres de santé. Kadhafi qui a appelé de toutes ses forces à l'union du continent africain à travers une citoyenneté commune et un marché commun a toujours refusé la féodalisation du continent africain aux Occidentaux. Pour lui, les richesses du continent doivent profiter aux nations africaines. Sa vision de la gestion du pouvoir d'État et sa conception des États-Unis d'Afrique le feront apparaître comme un véritable radicaliste et intégriste, comme un chef d'État belliqueux et violent aux yeux des Occidentaux qui, dans le même temps, de manière sourdine et machiavélique, continuaient de soutenir sa dictature. En ce sens, le Président français Nicolas Sarkozy lui a même déroulé un tapis rouge avec les honneurs dus à un chef d'État, lors de sa visite officielle en France. Certains dirigeants européens comme lui, auraient bénéficié des largesses du guide libyen selon le fils du colonel Kadhafi. Ce dernier, au moment de la reconnaissance officielle de la rébellion libyenne par la France, a fait des révélations troublantes accusant le Président français d'avoir perçu une importante somme d'argent de la part de la famille Kadhafi pour le financement de sa campagne. Cette source démentie par l'Elysée n'a pas convaincu certains analystes de la vie politique française et observateurs de l'histoire de la Françafrique. L'histoire de la « *République des mallettes* » de l'avocat français Pierre Bourgi vient confirmer cette pratique des dirigeants et hommes politiques français de gauche comme de droite qui maraudent l'argent aux chefs d'État africains.

Au vu de ce qui précède, on pourrait dire que la guerre des forces coalisées de l'Occident impérialiste contre le régime du colonel Kadhafi était injuste et absurde. En réalité, il s'agit d'une guerre pour la conquête du pétrole libyen. Avec la chute du guide libyen, l'or noir du pays sera exclusivement aux mains des soutiens occidentaux du CNT et sera exploité sans conditions par les multinationales occidentales pour avoir pris une part importante dans l'assassinat du colonel Kadhafi. En réalité, il faut pourrir l'Afrique pour mieux l'exploiter, les pays de la côte atlantique connaîtront le même sort.

2. Les pays pétroliers de la façade atlantique

Les leaders de la production pétrolière de la façade atlantique sont l'Angola, le Congo, le Gabon, le Nigeria et le Cameroun. Certains de ces pays qui ont refusé le diktat et le bradage de leurs ressources pétrolières ont essuyé le courroux des impérialistes occidentaux. Ils ont connu les affres et les meurtrissures de la guerre du pétrole. C'est le cas en Angola où les Américains et les Soviétiques se sont longtemps livré une guerre sans merci à travers les fractions rivales du sécessionniste Jonas Savimbi et du Président angolais Edouard Dos Santos. Le pétrole constitue l'enjeu de ce conflit soviético-américain qui a eu lieu sur le sol africain. En effet, le pétrole est la principale richesse de l'Angola soit 45 % de son PNB. Depuis 1985, des puits sont en activité dans le Nord du pays et la production annuelle s'élevait à 25 millions de tonnes. Ce pétrole provient notamment, des puits *offshore* de l'enclave de Cabinda. En 2010, le pays produisait 1.7 millions de barils par jour avec une réserve pétrolière estimée, la même année, à 13 500 millions de barils[205]. Aucun plan de développement socioéconomique du pays n'a été prévu. Ce qui importe, il faut le déstabiliser en affaiblissant les structures étatiques avec le concours de ses propres fils afin d'ouvrir le champ libre aux prédateurs américains et russe. Cette guerre prendra fin avec la mort de Jonas Savimbi après avoir fait des millions de morts civils et militaires.

---

[205] Cf. *Jeune Afrique* (hebdomadaire international indépendant), 51ème année, n° 2603 du 28 novembre au 4 décembre 2010, p.77 (*voir données cartographiques)*.

Aussi faut-il souligner le destin de Malabo, toutes proportions gardées. Hier, la Guinée équatoriale, l'un des pays les plus pauvres au monde, a été brusquement propulsée quatrième producteur d'or noir d'Afrique subsaharienne avec une réserve de 1.700 millions de barils, produit 307.000 barils par jour devant le Gabon et le Congo[206]. Le pays est aujourd'hui un acteur incontournable de la CEMAC – *Communauté Économique et Monétaire de l'Afrique Centrale–*, au point d'avoir imposé sa présidence à la BEAC – Banque des États de l'Afrique centrale– au nez et à la barbe du Gabon, puissance pétrolière déclinante. D'aucuns, percevant un rééquilibrage politique, vont jusqu'à prédire la fin de l'hégémonie du Nigéria dont les réserves pétrolières s'élevaient en 2010, à 37 200 millions avec une production 2 millions de barils par jour[207]. Quant au Cameroun, la production de pétrole offshore dans le golfe de Guinée est en baisse. Ses réserves pétrolières sont estimées à 55 millions de tonnes et celles de gaz naturel (non encore exploitées) à 115 milliards de mètres cubes[208].

Par ailleurs, avec une production constante 8 800 000 tonnes, le pétrole *offshore* est la principale richesse du Congo. Il s'agit d'un pétrole lourd dont le prix de vente est inférieur à la qualité de référence. Les réserves qui, au début de l'exploration étaient évaluées à 113.000. 000 de tonnes –sans les réserves du site de N'Kossa, récemment découvert–, sont estimées en 2010, à 1.900 millions de barils avec une production de 274 000 barils par jour.[209] Au Gabon, la production de pétrole, sur les sites maritimes de Mandji et de Rabi Kounga, progresse malgré un coût d'exploitation élevé (13 dollars le baril contre 5 dollars en Arabie). En tenant compte des estimations récentes, en 2010, les réserves du pays s'élevaient à 3 700 millions de barils pour une production de 229 000 barils par jour.[210] Mais il faut avouer que le potentiel pétrolier de ces deux pays, c'est-à-dire, le Congo et le Gabon exagérément exploité par les multinationales françaises (Totale et Elf) est en baisse de production. Voici ce qu'en disait Michael Pauron, envoyé spécial de Jeune Afrique à Abidjan :

---

[206] Michael Pauron (envoyé spécial de Jeune Afrique à Abidjan), *Jeune Afrique* (hebdomadaire international indépendant), 51e année, n° 2603 du 28 novembre au 4 décembre 2010, pp.75-76.

[207] Cf. *Jeune Afrique* (hebdomadaire international indépendant), n° 2603 du 28 novembre au 4 décembre 2010, voir *données Cartographiques déjà citées*, p.77.

[208] *Dictionnaire Universel*, *op.cit.*, p.1337.

[209] cf. *Jeune Afrique* (hebdomadaire international indépendant), n° 2603 du 28 novembre au 4 décembre 2010, *données cartographiques déjà citées*, p.77.

[210] *Idem.*

« Hier, rois du pétrole africain, le Gabon et le Congo ont perdu de leur lustre. D'ici à 2015, avec une production de 250.000 barils par jour, le Ghana ravira la place de sixième producteur subsaharien à Libreville, avant, peut-être, de devancer Brazzaville, si le potentiel pétrolier d'Accra se confirmait. Une situation d'autant plus ennuyeuse pour ces pays à la production déclinante que leurs revenus dépendent au moins à 50% des pétrodollars. Le Congo pourrait se remettre en selle, avec la mise au jour du champ géant de Mboundi (2 milliards de barils de réserves). La tâche est plus ardue au Gabon. Depuis cinquante ans, les majors se sont concentrés sur les réserves disponibles à terre. Ali Bongo Ondimba a repris les choses en main. Le pays a lancé un appel d'offres sur des blocs marins d'exploration mais, avec une production quotidienne qui a baissé de 100.000 barils en dix ans, a du mal à trouver preneur. Bongo s'est même rendu au Cap, en novembre dernier, pour tenter de séduire les investisseurs lors de la grand-messe annuelle de la profession. Sans succès. L'appel d'offres a été retiré, pour être mieux préparé... »[211].

Quel commentaire faire de cet extrait de l'article de Michael Pauron ? Comment expliquer l'épuisement du stock pétrolier du Gabon ? Pour nous, la longévité politique du président Oumar Bongo se justifiant par le bradage des réserves pétrolières, les multinationales françaises (Totale et Elf) vont exploiter de manière abusive et incontrôlée le pétrole gabonais. Cette option du président gabonais explique en partie, sa « stabilité politique ». On pourrait même dire que Bongo, à l'instar de ses pairs présidents africains, a vendu son pétrole aux Occidentaux pour acheter la paix et la stabilité politique de son pays. Cette règle – *vendre du pétrole pour acheter la stabilité politique*– qui tend à maintenir l'Afrique dans une logique de dépendance absolue, va s'étendre aux autres pays pétroliers du golf de guinée.

---

[211]Michael Pauron (envoyé spécial de Jeune Afrique à Abidjan), *article déjà cité*, p.76.

3. Les pays pétroliers du golf de guinée

Aux pays anciennement reconnus comme producteurs de pétrole en Afrique, s'ajoutent aujourd'hui, la plupart des pays du golf de guinée : le Ghana, la Côte d'Ivoire, le Liberia, la Siéra-Léone et le Togo. Comme le souligne Michaël Pauron, le golf de Guinée ne sera plus ce qu'il était ; de la Sierra Leone au Bénin, en passant par le Liberia, la Côte d'Ivoire et le Togo, tous se voient soudainement pris d'une fièvre de l'or noir[212].

Au large du Ghana, un gigantesque champ pétrolier dénommé *Jubilee* a été découvert en 2007 par deux petites compagnies indépendantes, à savoir l'Américain *Kosmos Energy* et le Britannique *Tullow Oil.* Cette découverte aura l'effet d'un électrochoc chez les majors, c'est-à-dire, chez les grandes sociétés pétrolières occidentales. Toute la région du golf est en ébullition ; les réserves prouvées du *Jubilee* avoisinent les 1.8 milliards de barils. Pour Stéphane Essaga[213], cet évènement concentre d'ores et déjà toutes les caractéristiques contemporaines de l'industrie pétrolière en termes d'enjeux géologiques, écologiques, socio-économiques et géostratégiques. Avec une production de départ de 120.000 barils par jour, le Ghana atteindra en 2015, 250.000 barils par jour sur 3.000 millions de barils de réserves. Les dernières découvertes réalisées dans les eaux ghanéennes (Tweneboa et Owo), portant les réserves du pays à 3 milliards de barils, sont localisées à quelques kilomètres seulement de la frontière ivoirienne. Ainsi, le pays, deuxième producteur mondial d'or et de cacao, pourrait voir son taux de croissance, de 3.5% en 2009, au moins doubler.[214] Le FMI–*Fonds Monétaire International*– estime par ailleurs, qu'en 2013 les recettes cumulées d'exportation du pétrole pourraient atteindre 3.5 milliards de dollars soit environ 2.6 milliards d'euros, alors que les revenus combinés du cacao et de l'or ont culminé à 2.8 milliards de dollars en 2007. Aussi, sur la période allant de 2012 à 2030, les recettes attendues sont d'environ 20 milliards de dollars, soit une contribution du PIB de 4% à 5% par an.[215]

---

[212]Michael Pauron (envoyé spécial de Jeune Afrique à Abidjan), *article déjà cité*, p.75.

[213] Essaga Stéphane, directeur exécutif de Carpem (Centre africain de recherche sur les politiques énergétiques et minières) cité par Michael Pauron (envoyé spécial de Jeune Afrique à Abidjan), *article déjà cité*, p.75.

[214] *Idem*, p.75.

[215] *Idem*, p.75.

Avec une réserve pétrolière estimée à 100 millions de barils, la Côte d'Ivoire produisait 57.000 barils par jour en 2010, alors que sa production était de 63 000 tonnes en 1992. Situé dans les eaux territoriales près de la frontière ghanéenne, le bloc pétrolier ivoirien possède des similitudes géologiques avec le Ghana. Pour Jacques Maraud des Grottes[216], directeur « Afrique » pour l'exploration et la production de Total, si la zone d'exploitation est prometteuse, les réserves ivoiriennes pourraient atteindre 1.5 milliards de barils. La société Total qui a investi 5 milliards de dollars en 2009 sur le continent, dont une grosse partie dans le golf de Guinée, consacrera quelque 100 millions de dollars sur deux ans pour explorer son nouveau permis en Côte d'Ivoire. L'exploration en eaux ivoiriennes continue et, nous en sommes convaincu, de nouveaux blocs offshores seront mis aux enchères par les nouvelles autorités ivoiriennes. À ce sujet, Jacques Maraud, reconnaît qu'il y aura une vraie compétition entre les multinationales occidentales et, donc, le risque d'une surenchère plus importante. Son groupe se disant intéressé par toute la zone ivoirienne, souhaite prendre plus de risques afin d'augmenter sa part d'exploration dans le pays[217]. En effet, les potentialités minières et énergétiques de la Côte d'Ivoire aiguisent l'appétit de multinationales occidentales et, à l'instar de nouveaux pays pétroliers du golfe, la concurrence d'intérêts économiques s'avère très rude dans le pays. Et, comme le souligne monsieur Duncan Clarke, expert international en matière d'hydrocarbure, la bataille ne fait que commencer ; outre la montée en puissance des sociétés nationales africaines – *Gnpc* (Ghana National Petroleum Corporation) au Ghana, *Sonangol* en Angola, *Petroci* en Côte d'Ivoire…–, le nombre de sociétés occidentales ou asiatiques présentes sur tout le secteur pétrolier, actuellement de 500, pourrait atteindre 1500 sur toute l'Afrique d'ici trente ans[218]. *Kosmos et Anadarko*, deux sociétés américaines et l'italienne *Tullow* rivalisent avec le *Gnpc* dans l'exploitation de pétrole au Ghana. Les sociétés américaines *Chevron et Anadarko* exploitent respectivement le pétrole du Liberia et de Sierra Léone découvert depuis 2009.

---

[216] Jacques Maraud des Grottes, directeur Afrique pour l'exploration et la production de Total, cité par Michaël Pauron in ; *Jeune Afrique* (hebdomadaire international indépendant), 51e année, n° 2603 du 28 novembre au 4 décembre 2010, p.79.
[217] *Idem.*
[218] *Jeune Afrique*, n° 2603 du 28 novembre au 4 décembre 2010, p.79.

En Côte d'Ivoire, Michaël Pauron fera remarquer que la société française Total a acquise une participation de 60% dans *le permis CI-100*, tandis que *Yam's petroleum* de l'architecte et homme d'affaire Pierre Fakhoury, conserve 25% du contrat et que la société nationale, Petroci, détient les 15% restant. Cette opération qui s'est faite au détriment du groupe BP, Shell, ENI, Lukoil et Vanco, aurait coûté beaucoup d'argent à la société Total.[219] Le Président ivoirien Laurent Gbagbo dira à ce titre, *« Je vends le pétrole, et j'utilise l'argent pour construire »*[220]. Quant à la Présidente du Liberia, Ellen Johnson-Sirleaf, l'argent du pétrole doit être bien utilisé pour les générations futures, mais aussi, elle ne manque pas d'évoquer les risques de déstabilisation de son pays et, partant, de tous les pays pétroliers de l'Afrique de l'Ouest[221]. Pour nous, ces craintes restent justifiées dans les pays aux institutions les plus fragiles ; le pétrole y fonctionne souvent comme catalyseur de conflits armés. La rente pétrolière suscite en effet, des guerres d'intérêts entre les États producteurs et les multinationales occidentales. C'est la « *théorie de la malédiction des matières premières* », elle touche presque tous les pays du monde producteurs de pétrole. À ce niveau, examinons le cas ivoirien pour comprendre la complexité du sujet. Nous l'avons déjà dit, le *permis CI-100* pour l'exploitation de l'or noir octroie 60% à Total, 25% à *Yam's petroleum* et 15% à *Petroci.* Outre ces sociétés, on a la présence de *Sinopec* et d'*ExxonMobil* qui explorent les eaux profondes du pays. À quelle logique répond cette répartition disproportionnée ? Comment comprendre et expliquer la forte part qui revient au français Total et la très faible part de Pétroci, société ivoirienne ? Comment comprendre que le propriétaire soit toujours mal servi surtout, quant il s'agit des ressources d'un pays africain ? La réponse se trouverait incontestablement dans l'idéologie de ceux que le sociologue suisse, Jean Ziegler appelle les « *Nouveaux Maîtres du Monde* » qui sont toujours animés de l'idée de domination et d'exploitation de *ceux qui leur résistent,* c'est-à-dire, des plus faibles politiquement, militairement et économiquement[222]. C'est par exemple le cas des États-Unis, de la Grande-Bretagne, de l'Allemagne, de

---

[219] Michaël Pauron, *Jeune Afrique* (hebdomadaire international indépendant), 51e année, n° 2603 du 28 novembre au 4 décembre 2010, p.79.

[220] *Jeune Afrique*, n° 2603 du 28 novembre au 4 décembre 2010, p.79.

[221] *Jeune Afrique*, n° 2603 du 28 novembre au 4 décembre 2010, pp.76-77.

[222] Ziegler Jean, *Les Nouveaux maîtres du monde et ceux qui leur résistent,* Paris, Fayard, 2002, p.63 et suite.

l'Italie, de la France et maintenant du Canada, qui ont toujours mené et privilégié en Afrique, une politique de dominants à dominés. Se plaçant en effet, dans leur politique de pré-carrés, les ressources agricoles, minières et énergétiques de leurs empires coloniaux doivent impérativement profiter plus aux nations colonisatrices. L'intérêt supérieur des peuples africains, dans cette vision des tenants du néocolonialisme compte peu. Ces puissances occidentales passent, en effet, par tous les moyens : coups d'État armés ou électoraux, rebellions et guerre civiles pour déstabiliser les régimes africains hostiles à leur politique hégémonique. Pour Monseigneur Bernard Agré, Archevêque d'Abidjan, « *la communauté internationale n'a que la volonté de dominer* »[223]. Il faisait ainsi allusion à l'attitude machiavélique des autorités françaises et aux agissements souvent incongrus de certains pays occidentaux qui, voulant faire main basse sur les ressources pétrolières et minières de la Côte d'Ivoire, livrent une guerre absurde à ses autorités légales et légitimes à travers une rébellion armée depuis dix ans. Peu importe les nombreuses pertes de vies humaines, le plus important, ce qui compte, c'est le *business.*

Retenons partiellement qu'ici, on comprend tout le sens de la notion d'impérialisme. Le plus fort domine et le plus faible est soumis. Mais également, avec la mondialisation et surtout, les partenaires économiques de l'Afrique se multipliant, ces matières agricoles, minières et énergétiques deviennent l'objet d'intérêts économiques et parfois même, de rivalités entre les multinationales du monde qui suscitent des crises armées sur le continent. C'est le cas en République démocratique du Congo où, nous voyons comment les Occidentaux pour leurs intérêts ont encouragé à déclencher les conflits. La guerre dans l'Est de ce pays est, en effet, une guerre de contrôles des ressources économiques. À la recherche des matières premières, ils ont décidé de faire cette guerre. Ils ont cherché les acteurs et ont pris les Rwandais et les Ougandais comme des mercenaires. Ils ont monté les Banyamulengé contre les autres tribus du Kivu et, dans le même temps, le travail d'exploitation était confié aux multinationales qui pillaient et continuent de sucer les ressources. La guerre devient alors du *business*. Comment accepter cette absurdité ? Pour nous l'Afrique est complice de son désastre économique qui la plonge dans le sous-développement. L'inconscience et

[223] Cf. entretien réalisé par Marie-Adèle Djidjé avec l'archevêque d'Abidjan Bernard Agré dans le quotidien ivoirien *Fraternité Matin*, n° 13835 du lundi 20 décembre 2010, p. 6.

l'irresponsabilité de ses dirigeants favorisent l'état agonisant du continent. En effet, pour leurs propres intérêts, ils n'hésitent pas à cautionner l'action sans scrupule des Occidentaux qui pillent les richesses de leurs nations et organisent des tueries de leurs peuples. Le MONUC, la mission de paix de l'ONU, présente pour instaurer la paix en République démocratique du Congo, ne fait que compter le nombre de civils tués et, cela, ne détourne les États impérialistes de leur objectif final : provoquer la guerre en Afrique, piller ses ressources et faire mainmise sur son commerce.

III. L'AFRIQUE, UNE PLAQUE TOURNANTE DU BIZNESS MONDIAL

Le poids du marché africain et l'importance des économies nationales d'ailleurs malmenées par certaines institutions financières mondiales, constituent la trame de cette partie de l'étude.

1. L'attrait du marché africain

En avril 2008, le patronat français et les grands financiers anglais déclaraient que « *l'Afrique reste très rentable* »[224]. L'Afrique offre un grand cadre de *business*, c'est-à-dire d'affaires. Le continent constitue en effet, un grand pôle économique, une plaque tournante des échanges commerciaux. Les puissances économiques mondiales, notamment, les sociétés multinationales capitalistes se mobilisent autour de l'Afrique qui, non seulement, offre de grandes perspectives et de garanties de commerce, mais aussi, constitue un potentiel marché de consommation. En 2008, les échanges commerciaux entre la France et le continent africain s'élevaient à plus de cinquante deux milliards d'euros (52 000 000 000 d'euros)[225]. Le CIAN (Conseil français des investisseurs en Afrique) annonce quarante milliards d'euros (40 000 000 000 d'euros) de chiffre d'affaire pour les quatre-vingt (80) entreprises adhérentes au dit Conseil[226]. Ici, un constat s'impose. La France agit en véritable maître en tant que premier partenaire commercial dans son empire colonial –la Côte d'Ivoire, le Benin, le Sénégal, la Guinée, le Mali, le Niger, le Burkina Faso, le Togo, le Tchad, la Mauritanie, la Tunisie, l'Algérie, l'Égypte, la République Centrafricaine et le Madagascar etc.– Les grands secteurs d'activités économiques – l'eau, l'électricité, le bâtiment, les transports et la logistique – sont aux mains des multinationales

---

224 cf. le site : linternationalmagazine.com pour la déclaration du patronat français et des financiers anglophones, en avril 2008.

225 *Idem.*

226 *Idem.*

françaises. Mais dans ces États africains, la mainmise des Français est confrontée directement à la concurrence des autres impérialismes. Les Chinois ont infiltré pratiquement toute la zone d'influence française en même temps que certains pays asiatiques comme l'Inde. La valeur des échanges entre la Chine et l'Afrique passe de 817 millions de dollars en 1997 à 10 milliards en 2000, pour dépasser les 100 milliards de dollars en 2008.[227] La courbe est identique pour l'Inde. En 1991 ses échanges commerciaux avec le continent africain s'élevaient à 967 millions de dollars pour culminer à 95 milliards en 2008[228]. Il est vraisemblable que ce volume augmente peu car l'économie indienne est beaucoup moins tournée vers l'exportation contrairement à la Chine.

Par ailleurs, la France se heurtera à la volonté des États-Unis de diversifier leurs sources d'approvisionnement, notamment en pétrole. Il faut en effet, sécuriser les États-Unis en matière de ressources pétrolières. Les pays comme l'Angola et le Nigeria visités par Hillary Clinton au nom de l'administration Obama, expriment fort bien cette volonté états-unienne qui est perçue en France comme une réelle menace. Car, le seul avantage concurrentiel de la France — pour parler comme les économistes libéraux — réside justement dans les réseaux néocolonialistes qui ont construit un système simple mais efficace : les dirigeants africains favorisent les entreprises françaises qui, à leur tour, les subventionnent. Le « plus » réside dans la protection politique et parfois militaire de la France. En d'autres termes, faire des affaires avec les entreprises françaises, c'est la garantie de s'enrichir, mais aussi, la garantie de rester au pouvoir ou de le conquérir par un coup d'État militaire ou électoral, piétinant du coup, le processus démocratique enclenché en Afrique dans les années 1990 ; la conséquence, c'est la destruction des économies nationales africaines.

2-La destruction des économies nationales africaines : l'action des institutions financières internationales (FMI, BM, OMC)

En Afrique, les multinationales agissent de plus en plus sans contrepoids politiques, si bien que les États africains se trouvent de plus en plus fragilisés par le F.M.I. et la B.M. d'un côté, et par les

---

[227] Cf. le site : linternationalmagazine.com pour la déclaration du patronat français et des financiers anglophones, en avril 2008.
[228] *Idem.*

multinationales de l'autre. À cette situation s'ajoute celle de la dette extérieure publique et la complicité des dirigeants africains qui font que les États n'assurent plus à leurs peuples la satisfaction des besoins fondamentaux alors que les ressources naturelles sont pillées ou bradées à de puissantes multinationales. On notera que, depuis quelques temps, la Chine se fait forte d'apporter une aide véritable aux pays africains. Le sénateur socialiste Pierre Galand écrivait dans *Le Soir* du 28 septembre 2006 : « *Toutes les régions du monde qui ont appliqué les politiques d'ajustement préconisées par le F.M.I. et la B.M. (austérité, privatisation, libéralisation) ont enregistré une augmentation de la pauvreté absolue durant les années 90* ». En Afrique subsaharienne, on compte 74 millions d'indigents supplémentaires. À titre de comparaison, ils sont 20 millions dans l'ancien « bloc soviétique ». On ne s'étonnera donc pas de l'avis exprimé dans *Le Soir* du 18 octobre 2006 par l'ancien ministre des Finances argentin, Roberto Lavagna : « Le *problème du F.M.I., c'est qu'il ne s'agit plus d'une institution représentant des pays, mais que ce sont les acteurs du système financier qui contrôlent pour mieux protéger leurs intérêts et ceux des bailleurs de fonds. Il faut se libérer du F.M.I., car, en appliquant sa propre logique financière, il en arrive à détruire la production nationale, avec d'énormes dégâts sociaux* ». On reconnaît dans cette opinion un des principaux motifs pour lesquels plusieurs pays d'Amérique latine contestent de plus en plus, sous des formes diverses, la lourde tutelle des États-Unis et en sont même arrivés récemment à mettre le F.M.I. en difficultés. Le continent africain devra lui aussi, chercher certainement, à élaborer sa propre politique en la matière.

Conclusion

L'étude entreprise reste une modeste contribution à la connaissance des fondements des crises politico-militaires en Afrique. Trois axes fondamentaux ont été explorés : les matières premières du continent, le système commercial mondial qui a cours en Afrique et la démocratie biaisée sur le continent. Que faut-il en retenir ? Les hypothèses émises ont-elles eu des réponses ? Les objectifs de départ ont-ils été atteints ? Si oui, sur quels points significatifs ? Quelles sont les zones d'ombre ? Quelles sont les nouvelles pistes de recherche pour des études postérieures ? Bref, quels sont les résultats qui mettent en relief l'intérêt et la valeur historique de cette étude ?

Le premier et le deuxième volet de la réflexion ont permis de comprendre que le continent africain est victime de ses ressources agricoles, minières et pétrolières. En regardant de plus près et de manière objective les raisons des coups d'État, des rebellions, des guerres civiles et des conflits inter-états en Afrique, on note qu'au-delà du comportement machiavélique des dictateurs africains, il s'agit des crises d'intérêts économiques animées et entretenues par certaines puissances impérialistes occidentales. Le troisième axe a examiné le poids du marché africain dans la balance commerciale mondiale. Ce marché est très attrayant et fait l'objet d'une rude concurrence entre Occidentaux et Asiatiques au détriment des nations africaines.

En définitive, l'expertise des rapports des différentes crises politiques, de leurs protagonistes et, surtout, de leurs fondements devrait, donc, se mettre à l'effusion pour prévenir ou endiguer d'éventuels coups d'État, rebellions et guerres civiles en Afrique. Au lieu de développer un esprit de belligérance et se faire complices de la destruction de l'Afrique, les dirigeants du continent gagneraient à prendre conscience de la misère de leurs peuples et à penser une nouvelle stratégie de sortie du sous développement. L'intérêt scientifique d'une telle étude, est de taille.

Sources et éléments bibliographiques

a) Sources

*http://www.rfi.fr.

*http/ *www.fratmat.info/*Fraternité Matin du lundi 13 décembre 2010, 40[6] année/N° 13829.

*http/ *www.fratmat.info/*Fraternité Matin du jeudi 16 décembre 2010, 46e année / N°13832.

*http/ *www.fratmat.info/* Fraternité Matin du samedi 25 au dimanche 26 décembre 2010, 46 [e] année / N° 13839.

*http/ *www.fratmat.info* / Fraternité Matin du Lundi 14 mars 2011, 46e année/N°13903.

**Le Monde* du 20 novembre 2008.

**Jeune Afrique, n°2603 du 28 novembre au 4décembre 2010, pp.75-76.*

b) Les articles parus dans des revues

*Bere (Z.), 1992, « La crise africaine est-elle une crise d'identité ? », in *Revue de l'Université Catholique de l'Afrique de l'ouest*, Abidjan, éd. UCAO, pp. 37-46.

*Biaka Zasseli (I.), 1992, « La légitimité démocratique comme mesure d'évaluation du pouvoir d'État », in *Revue de l'Université Catholique de l'Afrique de l'ouest*, Abidjan, éd. UCAO, pp. 137-145.

*Bleou (M.), 1992, « Conflits, guerres et Droit de la personne », in *Revue de l'Université Catholique de l'Afrique de l'ouest*, Abidjan, éd. UCAO, pp. 89-92.

*Kabran Marie-Thérèse, 2002, « Non violence et culture de la paix », in *Actes du Colloque d'Abidjan sur la paix, violence et démocratie en Afrique*, Abidjan, CEDA, pp. 294-299.

*Kolie (A C), 1992, « Gestion des conflits et culture de paix », in *Revue de l'Université Catholique de l'Afrique de l'ouest*, Abidjan, éd. UCAO, pp. 67-88.

*Kouakou Koffi, 2002, « Paix, Démocratie et bonne gouvernance », in : *Actes du Colloque d'Abidjan sur la paix, violence et Démocratie en Afrique*, Abidjan, CEDA, pp. 67-88.

c) Ouvrages consultés

* TOURAINE Alain, 1994, *Qu'est-ce que la Démocratie*, Paris. Fayard, 290 p.

* HERMET Guy, 1993, *Culture et démocratie*. Paris Albin Michel et UNESCO, 29 p.

*HANS KELSEN, 2004, *La démocratie. Sa nature. Sa valeur,* Paris, Dalloz, 215 p.

* SCHUMPETER Joseph, 1965, *Capitalisme, Socialisme, Démocratie*. Paris, Payot, 489 p.

*KAFFO FOKOU Roger, 2002, *Demain sera à l'Afrique*, Paris, l'harmattan, 215 p.

*MAMADOU Coulibaly, 1998, *La guerre de la France contre la Côte d'Ivoire*, Abidjan, Imprimerie Nationale de Côte d'Ivoire, 95 p.

*LINIGER-GOUMAZ Max, 1992, *La democrature, dictature camouflée, démocratie truquée*, Paris, Harmattan, 212 p.

*MISRAHI Robert, 1995, *Existence et Démocratie*, Paris, PUF, 244 p.

*SEMOU PATHE, Guèye, 2003, *Du bon usage de la démocratie en Afrique*, Dakar, NEA du Sénégal, 248 p.

*ZIEGLER Jean, 2002, *Les Nouveaux maîtres du monde et ceux qui leur résistent,* Paris, Fayard, 363 p.

Chap. XIV.
Rapport de conférence du CERCLECLAD (27 octobre 2012)
Titre : en Afrique, tout passera par l'éducation : réflexions sur des stratégies efficaces et des projets porteurs

Par Levit KOLOKO[229]

Aujourd'hui plus qu'hier, avec l'évolution galopante de la mondialisation, l'Afrique est à la croisée des chemins. Bien que les pays africains arrivent en tête de liste des économies à forte croissance, l'Afrique reste très vulnérable et devra relever plusieurs défis : la lutte contre le VIH Sida et les pandémies, le recul de la corruption et la bonne gouvernance, l'essor économique et l'attrait des investissements étrangers et surtout, une éducation portée vers l'excellence. L'éducation est au cœur de tout processus de développement. L'éducation est au cœur de l'innovation, de la

[229] Levit KOLOKO est Camerounais, marié, père de 3 enfants et travaille à Ottawa comme enseignant, au niveau secondaire, pour le CEPEO (Conseil des Écoles Publiques de l'Est de l'Ontario). Il quitte le Cameroun en 1999 après une Licence en Économie Internationale et une Maîtrise en Relations Internationales (IRIC). Il obtient ensuite à l'IPGD (Institut de Politique et de Gestion du Développement) d'Anvers en Belgique, un *Master* en Management International, avant de s'établir en 2002 au Canada où il obtient un Baccalauréat en éducation de l'Université d'Ottawa. Levit KOLOKO a œuvré comme stagiaire au MULPOC (Bureau des Nations Unies au Cameroun, en charge des projets économiques pour la sous-région Afrique Centrale) et dans la division de l'aide au développement à l'Union Européenne à Bruxelles. Il est membre fondateur de Nufi-Canada à Toronto et a été président de la COCACO (communauté camerounaise d'Ottawa-Gatineau) de décembre 2008 à décembre 2010. Levit est membre de l'AAED (association pour l'aide à l'éducation et au développement), une ONG basée au Canada, mais qui œuvre dans les domaines de l'éducation et de la santé dans le monde et notamment au Cameroun. Il a été membre des conseils d'administration de Franco-Présence et de l'UP-MREF (union provinciale des minorités raciales et ethnoculturelles francophones). Levit KOLOKO siège depuis six ans à la Fondation Trillium de l'Ontario, comme membre communautaire bénévole, nommé par le Gouvernement de l'Ontario. Levit KOLOKO a reçu en juin 2012, la Distinction pour Services Bénévoles du Ministre des Affaires Civiques et de l'Immigration de l'Ontario. Il est aujourd'hui Président-Directeur Général de la CEPAP (Coopérative Enseignants Pas A' pas), une dynamique coopérative regroupant une trentaine d'enseignants ethnoculturels francophones d'Ottawa issus de plus de 10 pays d'origine (Cameroun, Haïti, Algérie, Burundi, Liban, Cote d'Ivoire, RD Congo, Tunisie, Mali, Maroc...) qui offre des services pédagogiques bénévoles aux enseignants, aux parents et aux élèves.

création d'emplois et de la croissance économique. L'Afrique connaît aujourd'hui une double crise à ce niveau : l'une concernant l'accès à l'éducation et l'autre étant relative à la qualité de l'enseignement.

Au cours de la conférence, les participants (réunis en petits groupes de discussion) ont pu dégager des stratégies efficaces pour l'Afrique dans le domaine de l'éducation. Ils ont également mis en lumière des projets porteurs pouvant être mis en branle par la diaspora africaine au Canada (individus, organisations). L'Afrique doit profiter de tous les « raccourcis » pour l'émergence d'une éducation du développement afin d'améliorer la situation de ses populations. Les participants à la conférence ont travaillé dans un concept de Forum ouvert, leur permettant d'être propriétaires des thématiques de débat et auteurs directs des idées produites (individuellement et en petits groupes constitués).

Toutes les idées avaient un point central : montrer comment à partir de l'étranger (et en l'occurrence dans la région Ottawa-Gatineau), les amis de l'Afrique pouvaient améliorer l'état de l'éducation dans les pays africains. Des solutions venant de la diaspora africaine, car notre contribution aux efforts de développement de notre continent est d'abord d'ordre intellectuel.

En guise de solutions, sous l'angle de trois axes (appropriation de la pensée ; utilisation des raccourcis technologiques ; promotion des modèles de jumelage), les participants ont proposé ou encouragé les solutions suivantes :

La réappropriation de la pensée par les populations africaines

L'éducation est obligatoirement un instrument lié au pouvoir politique/philosophique. Il faut donc une volonté politique ambitieuse pour développer les contenus et les infrastructures en éducation. L'éducation est souvent à l'origine de la diaspora. Nos élites actuelles ont été formées dans les universités occidentales. Il faut donc éviter la fuite des cerveaux africains vers les sociétés du Nord. L'orientation des politiques d'éducation devrait mettre l'accent sur les filières technologiques (prenant en compte les stratégies et besoins de développement des nations concernées) et sortir du cycle vicieux de la diplomation absolue. Les politiques d'7éducation devraient aussi intégrer la problématique de la transmission du savoir. Les langues africaines peuvent aussi être des langues d'enseignement. Il est impératif de les promouvoir pour que la littérature africaine, l'histoire africaine, l'actualité africaine et les perspectives de développement africaines… soient dites, écrites et lues dans leurs versions originelles.

L'utilisation des raccourcis technologiques

L'Afrique peut utiliser des raccourcis pour combler certains retards en matière d'éducation. Les statistiques montrent que les transferts unilatéraux d'ordinateurs de seconde main n'ont pas forcément amélioré la qualité de l'éducation en Afrique. Il existe tout de même des initiatives et modèles gagnants que les communautés africaines peuvent exploiter pour déployer leurs politiques d'éducation et de développement :

-- Utiliser l'éducation à distance, en renforçant par exemple l'Université virtuelle africaine (qui a des campus au Kenya, au Sénégal et en Afrique du sud). Cette université permet aux membres de la diaspora africaine d'offrir des cours (reconnus à l'International) à des centaines de jeunes étudiants encore sur le continent. C'est un modèle d'acquisition du savoir à moindre frais.

-- Vulgariser les savoirs et les productions africaines. Le CERCLECAD par exemple, grâce à son vaste réseau Internet de plus de 1500 adresses, diffuse les publications (rapports de recherches, parutions de livres, enregistrement DVD de conférences...) des chercheurs africains, des plateformes du Nord vers celles du Sud et inversement. Ce fonctionnement en réseau pour s'auto-responsabiliser peut d'ailleurs être renforcé par la mise en place ou l'émergence d'autres supports médiatiques (radio/télévision communautaire ethnoculturelle francophone).

Le renforcement de modèles de Jumelage efficaces

Des partenariats de style gagnant-gagnant peuvent être établis et renforcés entre les acteurs du Nord et ceux des pays africains.

-- Le Programme Jeunesse Canada Monde peut permettre par exemple aux jeunes Africains de la diaspora d'aller s'impliquer en Afrique dans des coopératives de développement agricole.

-- Dans son cours de développement international, le professeur Abdoulaye Gueye, dans le cadre d'un projet de jumelage entre l'université d'Ottawa et l'université de Dakar, a permis à de nombreux étudiants sénégalais de travailler avec les mêmes atouts que ceux des étudiants canadiens.

-- Dans le même ordre d'idées, l'OIM (Organisation Internationales des Migrations), a un programme pour rendre les vacances d'experts d'Africains « constructives », lors de leurs séjours en sol africain. Des ingénieurs africains au Canada par exemple, peuvent offrir leurs services aux administrations de leurs pays d'origine (pendant leurs vacances), contre la prise en charge partielle de leurs frais de séjour.

-- Des jumelages entre écoles du Canada et celles de pays africains est à encourager. L'école Ibn Batouta (créée et gérée par la communauté djibouto-somalienne d'Ottawa-Gatineau) est aujourd'hui une référence qui peut être reproduite dans d'autres communautés de la diaspora et entretenir une relation plus intime avec d'autres écoles en Afrique.

-- De même, la CEPAP (Coopérative Enseignants Pas A' Pas), qui est pour l'instant, la seule organisation pancanadienne regroupant uniquement des enseignants issus de pays francophones d'Afrique, soutient les décrocheurs ici et envisage dans le cadre de son expansion à l'international d'encadrer leurs collègues en leur offrant formations adaptées, ressources pédagogiques et cadre de réseautage.

Les participants ont aussi reconnu que l'émergence de bonnes idées/projets ne doit pas être bloquée par la difficulté (à ce stade) de la mobilisation de leurs financements. De même, les participants à la conférence ont admis qu'une approche péjorative, misérabiliste ou victimisante de l'Afrique ne lui est point profitable. Le sous-développement et la pauvreté ne sont pas des fatalités. Ces situations peuvent être temporaires ou réversibles. Le développement est un processus endogène qui tire ses ressorts de l'énergie et des talents des communautés concernées. Il reviendra d'abord aux Africains eux-mêmes de paver les chemins de ce processus pour leur continent.

Chap XV
Recensions des ouvrages

Aimé Césaire, *Nègre je suis, nègre je resterai. Entretiens avec Françoise Vergès,* Albin Michel, (« Collection Itinéraires du savoir »), Paris, 2005, ISBN : 2-226-15878-2, Prix : 14 Euros.

Ce livre d'entretiens entre Aimé Césaire et Françoise Vergès prend des allures testamentaires et autobiographiques, car il s'agit des propos qu'Aimé Césaire livra pendant les dernières années de sa vie sur terre. Mais étant donné qu'un écrivain ne meurt jamais, et encore plus un écrivain fondamental (le Nègre fondamental comme il s'auto-désignait lui-même) de l'envergure d'Aimé Césaire, ne peut que susciter des questionnements incessants surtout en cette période où le monde vit une des plus grandes crises d'organisation, du sens de la vie et de l'économie néolibérale oppressante. Dans cet ouvrage à la fois récapitulatif et prospectif, nous voyons surgir la pertinence politique, philosophique et poétique de toute l'œuvre magistrale d'Aimé Césaire qui a su rester digne, debout et fier de la négritude jusqu'à la fin de sa vie, malgré les critiques outrancières, extravagantes et acerbes de Raphaël Confiant, l'un des chantres de la créolité dont je vais recenser l'ouvrage pamphlétaire dans cette livraison d'Afroscopie. Dans ces entretiens, Aimé Césaire maintient haut le cap de sa critique du colonialisme et de la revendication de la fierté, de la dignité et de l'humanité des Nègres, longtemps expulsés de l'humanité par l'idéologie esclavagiste, coloniale, raciste et européocentrique dont les avatars continuent de secouer la planète à travers les résurgences du racisme anti-noir dans les sociétés multiculturelles d'Europe et d'Amérique du Nord. En d'autres termes, Françoise Vergès opère une lecture « postcoloniale » de toute l'œuvre d'Aimé Césaire en montrant la persistance de la violence esclavagiste, raciste et coloniale à travers les relations explicites et implicites de domination dans les rapports sociaux, dans les relations à la terre, au travail, au temps, à l'existence et à l'imaginaire : « *La postcolonialité opère une déconstruction de la lecture de l'histoire, en faisant par exemple de l'esclavage non pas seulement une période historique déterminée, mais une structure d'organisation des rapports humains qui se décline à la fois dans les rapports sociaux, dans l'imaginaire et dans les relations à la terre, au travail, au temps, à l'existence. Elle analyse les nouvelles formes de brutalité et de violence à l'œuvre dans la nouvelle étape de globalisation et propose des pratiques de solidarité avec les groupes et les peuples soumis à ces violences* » (p. 85). Jusqu'au bout de sa trajectoire existentielle, Aimé Césaire est resté habité par les angoisses, les impasses et les contradictions dans lesquelles évoluent les Antilles françaises, mais sans sombrer dans la victimisation ni la résignation. Bien au contraire, il confiait à Françoise Vergès qu'il fallait assumer le destin antillais et réunionnais en restant débout avec fierté, dignité et responsabilité. Ces entretiens entre Césaire et Françoise Vergès se déroulent sous forme d'une tournée d'adieu à la Martinique, où Césaire montre à son hôtesse les beaux paysages de l'île en lui précisant les noms des plantes et en échangeant sur les philosophes qui ont façonné sa vision de l'activité intellectuelle, politique et poétique. Le Nègre fondamental est resté arrimé mystiquement, politiquement et poétiquement à l'Afrique d'où partirent les esclaves asservis et déshumanisés aux Antilles, dans les Caraïbes et en Amérique du Nord, durant les 4 siècles de la traite des Noirs : « *Chez Césaire, être noir renvoie à une histoire transcontinentale, et avant tout à l'Afrique qui fut la source d'une diaspora éclatée à travers le monde. Ce n'est pas quelque chose en plus, mais quelque chose de différent ; l'existence n'en devient ni pire ni meilleure que celle des autres, et pourtant ces autres sont coupables d'ignorer l'histoire de la mise en esclavage, de la déportation, de la création des plantations et de la naissance de sociétés nouvelles dont la mémoire brûle encore de ces événements* » (p. 15). Dans ces ultimes entretiens, Césaire a réaffirmé avec force son ancrage solide dans l'humanisme, entendu précisément comme l'impératif catégorique de traiter tout être humain dans sa dignité inaliénable d'humain, irréductible à l'animalité ni à la chosification dans l'optique déshumanisante du Code noir qui assimilait les esclaves nègres en meubles appartenant au maître blanc. C'est dans cette exigence éthique et politique du respect inconditionnel de « l'humanité de tout être humain » sans discrimination aucune qu'il faut comprendre sa position selon laquelle : « *les dégâts causés par l'esclavage aux Africains sont irréparables, parce que non monnayables* ». Mais en même temps, il demandait aux peuples européens qui ont infligé des siècles d'esclavage, de racisme et de colonialisme aux peuples non occidentaux, de bien vouloir apporter leur soutien économique et logistique aux programmes de développement dans les anciennes colonies européennes d'Afrique, d'Europe et des Antilles. Nous avons ici une *relecture postcoloniale* de toute l'œuvre littéraire de Césaire qui en dévoile l'intentionnalité politique, éthique et thérapeutique.

Benoît Awazi Mbambi Kungua.

Raphaël Confiant, *Aimé Césaire. Une traversée paradoxale du siècle*, Écriture, Paris, 2006 (Édition revue et complétée), Postface de Jean Bernabé, ISBN : 978-2-909240-72-5, Prix : 21 Euros.

Dans ce pamphlet outrancier, injuste et caustique, Raphaël Confiant se livre à un « parricide » et dévoile vraiment une dose haine qu'il entretient envers Aimé Césaire. Ce n'est pas le « parricide » en tant que tel qui pose problème – car tout auteur doit être critiqué, car toute œuvre humaine est imparfaite -, mais, ce qui pose décidément problème sont les moyens violents et insultants que Confiant utilise pour discréditer toute l'œuvre et la vie d'Aimé d'Aimé Césaire qu'il qualifie d'échec total. D'une part, Confiant fait un tour de force et décrète *ex cathedra* que sa « fameuse créolité » est plus fondamentale que la Négritude de Césaire, ravalant de facto cette dernière à n'être qu'une province marginale de la créolité ; mais d'autre part, Confiant tombe dans le piège du racisme niais et primaire en traitant Césaire de petit bourgeois noir, appartenant à la frange la plus dominée de la classe des mulâtres. C'est vraiment malhonnête et incongru d'attaquer Césaire sur ce point de la pigmentation, car il n'a jamais revendiqué une quelconque appartenance à la race mulâtre dont Confiant se fait fort d'appartenir. Que Confiant n'ait pas encore compris que la couleur de la peau n'induit aucune supériorité ni infériorité, et que l'idéologie raciste et esclavagiste à la base du colonialisme et de l'impérialisme continue de faire des ravages dans les sociétés occidentales, et de façon plus pernicieuse dans les Antilles et autres îles d'où ont sévi 4 siècles d'esclavages des Nègres et des Indiens, constitue une réalité navrante et qui enlève toute pertinence scientifique à ses verbiages sur la créolité, où Confiant tente justement de s'arroger une prééminence sociale et intellectuelle au nom de *sa* pigmentation mulâtre et blanche. D'autre part, Confiant tombe facilement dans le piège de l'insulte personnelle, ce qui le rend lui-même méprisable. En voici quelques illustrations de cette bassesse morale et intellectuelle du créoliste, mulâtre et chabin, Raphaël Confiant : « … *Le prophète jette l'idée d'indépendance aux oubliettes et le reste du troupeau n'a plus qu'à s'aligner derrière lui ! Orgueil faramineux que celui d'un professeur du lycée, fût-il sorti de la prestigieuse Normale sup, qui trace le destin de tout un peuple sous prétexte que ce dernier serait aliéné (et donc incapable de faire un choix lucide). Orgueil d'un fils de la petite bourgeoisie nègre, agrégée de facto à la classe mulâtre dont elle est fatalement amenée à véhiculer les pires errements. Orgueil monstre qui a conduit la Martinique au bord du désespoir ... le ventre plein, il est vrai* » (p. 288). Cette seule citation suffit à montrer le racisme explicite de Raphaël Confiant envers les Nègres à travers ses attaques contre le Nègre fondamental. Je ne comprends absolument pas le lien d'inhérence entre la prétendue appartenance de Césaire à la « petite bourgeoisie noire » et son agrégation automatique (de facto) à la classe mulâtre. En quoi et pourquoi la petite bourgeoisie noire devrait-elle nécessairement se laisser arraisonner par le bas par la prétendue classe mulâtre ? Raphaël Confiant est fils de son peuple dont il charrie consciemment et inconsciemment les schèmes intellectuels racistes et pathologiques au sujet de l'acceptation non interrogée de la supériorité de la race blanche et de l'infériorisation automatique de la race noire dans la stratification idéologique et mondiale des races. Écrivant cette recension lors d'un séjour en Guadeloupe et en Martinique en mai-juin 2013, je me suis rendu compte au quotidien combien toute la société antillaise, et surtout, tous les rapports de pouvoir et de domination sont empiriquement arrimés aux phénotypes des individus selon une hiérarchie qui met la couleur « blanche » au sommet et la couleur noire au bas de l'échelle des pouvoirs. Il est stupéfiant de voir l'ampleur des troubles pathologiques, psychiques et mentaux chez des nombreux martiniquais de couleur sombre, y compris les mulâtres comme Confiant, qui se font rejeter, non seulement par le reste de la société, mais surtout par leurs propres géniteurs et parents pour motif d'avoir une peau noire ou plus sombre. Des parents obligent leurs filles d'épouser des hommes à la peau plus claire (chabine, comme le phénotype de Raphaël Confiant) pour blanchir un tant soit peu le phénotype de la famille. Que Rapahaël Confiant tombe si naïvement dans ce racisme primaire et pathologique, et qu'il traite Césaire de « petit professeur de lycée, fût-il sorti de la prestigieuse Normale sup » constitue une démonstration patente de son aliénation raciale et idéologique qu'il tente de maquiller avec le concept creux, pompeux et vague de créolité. Que vient faire le fait que Césaire ait été professeur de lycée et pourquoi se sentir obligé de mentionner qu'il a fréquenté la prestigieuse Normale sup » ? S'agit-il d'une crise de jalousie pour n'avoir pas soi-même fréquenté une institution si prestigieuse de l'élitisme français ? N'est-ce pas là une posture caractéristique de petits esprits aigris, racistes, néoesclavagistes et jaloux du succès des esprits plus brillants que les leurs ?

Benoît Awazi Mbambi Kungua.

L'HARMATTAN, ITALIA
Via Degli Artisti 15; 10124 Torino

L'HARMATTAN HONGRIE
Könyvesbolt ; Kossuth L. u. 14-16
1053 Budapest

ESPACE L'HARMATTAN KINSHASA
Faculté des Sciences sociales,
politiques et administratives
BP243, KIN XI
Université de Kinshasa

L'HARMATTAN CONGO
67, av. E. P. Lumumba
Bât. – Congo Pharmacie (Bib. Nat.)
BP2874 Brazzaville
harmattan.congo@yahoo.fr

L'HARMATTAN GUINÉE
Almamya Rue KA 028, en face du restaurant Le Cèdre
OKB agency BP 3470 Conakry
(00224) 60 20 85 08
harmattanguinee@yahoo.fr

L'HARMATTAN CAMEROUN
BP 11486
Face à la SNI, immeuble Don Bosco
Yaoundé
(00237) 99 76 61 66
harmattancam@yahoo.fr

L'HARMATTAN CÔTE D'IVOIRE
Résidence Karl / cité des arts
Abidjan-Cocody 03 BP 1588 Abidjan 03
(00225) 05 77 87 31
etien_nda@yahoo.fr

L'HARMATTAN MAURITANIE
Espace El Kettab du livre francophone
N° 472 avenue du Palais des Congrès
BP 316 Nouakchott
(00222) 63 25 980

L'HARMATTAN SÉNÉGAL
« Villa Rose », rue de Diourbel X G, Point E
BP 45034 Dakar FANN
(00221) 33 825 98 58 / 77 242 25 08
senharmattan@gmail.com

L'HARMATTAN TOGO
1771, Bd du 13 janvier
BP 414 Lomé
Tél : 00 228 2201792
gerry@taama.net

MARQUIS

Québec, Canada